JN045853

「核時代」における 戦争と平和の枠組み

―「核兵器のある世界」から「核兵器のない世界」へ―

星野昭吉 著

発行 テイハン

まえがき

1945年７月米国のアラモゴルドで世界最初の核実験が行われ、８月には広島・長崎に原爆が投下されたことで、事実上の「核の時代」の到来となった。それから2020年で75年目を迎える。基本的には、核戦争の危機と核拡散状態の悪化の動向は依然として、地球環境破壊問題とともに我われ人類滅亡の危機を大きく構成している。この人類絶滅の危機状態はもはや、単なる杞憂に終わりそうにない。このことは、今年の米科学誌『原子力科学者会報』で発表された、核による地球滅亡までの「終末時計」が象徴的に物語っている。この「終末時計」は、地球滅亡の時を深夜の０時として、それを起点に脅威が増大すればその針を進め、反対に脅威が縮小すれば遅らせる。最近では、オバマ政権時の2015年の５分であった針が、トランプ政権の２年目と３年目は、これまで最短の1953年の２分前と同じく２分前までと針は大きく進められた。だが、2020年には、これまでの最短の２分前からさらに大幅に進められ、わずか100秒前までに短縮されている。もちろん、最近の地球滅亡までの「終末時計」が核戦争の危機のみならず地球環境破壊の危機をはじめその他の危機的条件をも加味したものであるが、核戦争の危機的状況を重要視したものであることを否定する必要性はない、といってよい。

たしかに、今日まで核戦争の危機とみなされたことは何度かあったものの、実際には核戦争の勃発は回避され、J.ギャディスのいう「長い間の平和」[1)] は冷戦終焉後も今日まで続いているとみられている。だが、1945年の広島・長崎での原爆投下以来、核兵器が実際に使用されていないことが、核抑止戦略（理論）の核戦争防止のメカニズムとして、平和維持能力の正当性を保証しているのだろうか。第二次大戦後、イデオロギーと（核）軍事力による米ソを中核とする東西冷戦構造が支配するなかで、核戦争が回避され、一応核戦争が勃発しなかったのは、核兵器の抑止機能が正常に作用した結果であり、核抑止戦略や理論が正しいものであるとの結論を容認することはできない。仮に核戦争の危機回避に核兵器の抑止力があったとしても、核兵器の存在が抑止力として機能したのではなく、あるいはその一部の条件でしかなく、また、実際に核戦争勃発を防いだのが、むしろ反戦・反核の世論・運動・思想や政策決定者の政策や理性、規範や道徳、戦争に対する忌避（タブー)、歴史的背景などの、いわば非核抑止力に依存しているとみてよい。N.タネンワルドはなぜ第二次大戦中に核兵器を発明し、使用した国家がそれ以降核兵器を使用しなかったのかの説明を核のタブーに求めている。「核抑止だけでは1945年以来、米国による核兵器の不使用を説明できない。等しく重要なのは核使用を禁止する強力なタブーである[2)]」。核抑止論（戦略）には本質的に、非核抑止力はほぼ考慮されていない。

また、世界における巨大で有効な核兵器類は、キューバ・ミサイル危機のような厳しい挑発、カルギィル紛争のような多くの脅威や恐怖などが存在してきたにもかかわらず、1945年以後のいかなる形態の戦闘にも使用されていないために、核兵器類による抑止の思想がかなりの程度に結果的に成功していることで、概してその存在意義を十分に証明しているように思われている。しかし、軍事的兵器類としてよりもむしろ政治的兵器としての兆候のなかで、核兵器の使用はつねに容認されてきているとみてよい[3)]。1962年のキューバ危機が核戦争の回避を可能にしたことは実は、幸運でしかなかったのであり、さまざまな複合的な条件が重なった結果であったのである[4)]。

さまざまな核戦争の危機に対して、とりわけ米ソの核超大国の政策決定者なり軍部が意図的に核抑止力を発動させたことで、または非核抑止によって、あるいはとくに何らかの具体的な抑止力に依存することなく、核戦争が回避されたかどうかを科学的に検証することはきわめて困難である。核戦争が起こらず平和が存在していることが、核抑止力に関係しているかどうか、また、核抑止力が有効に機能した結果であるかどうか、を誰も客観的に証明することはできない。「そのことが抑止機能の作用したことになるかどうかは証明も反証もできないことから、核抑止を平和の略奪だとみなすことはできない。むしろこの体制は戦時体制の日常化を意味し、『戦争ではないが平和は不可能』（Raymond Aron）なのである」[5)]。核抑止体制のもとでは事実上、核戦争は勃発（存在）してはいないが、強固な平和は存在していないし、あるいは安定的な平和状態の存続は困難である。すなわち、核抑止戦略は本質的に、つねに、いつでも戦争を引き起こす手段である核兵器を所有しており、また、つねに、いつまでもそれを行使することの必要性と可能性によって支えられているのだ。そのために、軍拡競争を激化させ、核戦争の潜在的可能性を構造的に内包している核抑止体系は本来的に矛盾の体系である以上、それが「長い間の平和」の実現をなぜ可能にしたかどうかを批判・検討されねばならない。そうするなかで、核抑止体系に内在する矛盾があっても、核戦争勃発の危機を回避できたのは、核抑止戦略の成功というより別の要因（非核抑止力）にも依存していることが具体的に理解することができる。一例をあげれば、「戦後35年に亘るヨーロッパの相対的平和は、核抑止論によって維持されたのではなく、それには特殊な歴史環境があった」。その具体的内容は、まず戦後処理によって、東西間に体制（イデオロギー）上の対立が存在していても、ヨーロッパ分割をめぐる両者の利害一致は可能だった。第２に、世界的な反植民地闘争が続発し、米ソは第三世界へ積極的に介入することで、第三世界が紛争の中心となり、ヨーロッパはもはや紛争の中心ではなくなったため、ヨーロッパは相対的平和を享受できた。第３に、現在の軍拡競争は量から質への転換期に入り、ヨーロッパの軍備増強への動きにある程度の歯止めがかかった[6)]。

核兵器が戦争の危機を可能にしたかどうかの科学的検証は明らかに困難であるものの、核兵器の到来が「核時代」の国際システムの在り方に重大な影響を及ぼし、また、これまでの歴史になかったような決定的な役割を演じてきたことは否定できない。その影響力や役割は、国際システムの権力構造、紛争構造、展開過程、そしてとりわけ変容した新しい国際システムにおける新しい戦争と平和の枠組みの構成である。我われは、核兵器の出現（「核時代」）に核兵器が戦争と平和の在り方の決定的な規定要因となっていることを明確に認識しなければならない。それだけに、「核の時代」のその枠組みの形成・展開・変容過程を批判・検討するなかで、戦争と平和にとっての核兵器の本質と影響力、その存在意義、その役割、そこに内在するジレンマ、そしてそのジレンマを解決する必要性・可能性、さらにそのジレンマを解決していく方策（ガバナンス）、などを模索する作業が重要な課題となる。要するに、簡単にいうならば、それは、新しい、複合的な視点からの核抑止理論・戦略の脱構成・再構成作業にほかならない。そうするなかで、今日、核戦争の危機をめぐる諸問題が、もはや古くなりつつある、それほど重要視する必要性のない課題ではなく、過去・現代・未来の我われ人類・文明滅亡の危機を地球環境破壊と共に構成していることを認めなければならない。「核の時代」の歴史過程はもはや終わったものでも、軽視できるものでもないのだ。そうした認識や理解ができない限り、その危機が消滅するとか、低下するのではなく、その危機は高いレベルで維持され、強化されることになる。

ピエール・ルルーシュは、「核時代」についてこう述べている。核兵器の発明は1945年から90年代にかけて、全世界の構成（秩序）に重大な影響を及ぼし、永遠に「人類自らの破滅」の運命を避けることができないほどの、人類史上かつてない重要な歴史過程を構成した。米ソ両国を中核とするイデオロギーと核兵器で対決する冷戦体制が形成され、展開された。核に支配された紛争は核兵器の手詰まり状態を経験するなかで、実際に1948年のベルリン危機をはじめ、1962年のキューバ危機、それ以外の朝鮮半島、ベトナム、アフガニスタンのソ連、フォークランド諸島のイギリス、アフリカでのフランスの介入、そして湾岸危機に対しても核兵器は政治的にも軍事的にも何の役割も演じていないし、また核兵器は確実に使用されていない。こうして核抑止の信仰が通用しなくなり、「核の政治的・戦略的利用価値がなくなり、核君臨の時代が終わったのは、1940年代から敵が核兵器を組織的に避けるようになったのが原因である」。そのことで、その後は「ポスト核時代」とみている[7)]。たしかに、ピエール・ルルーシュの主張するように、核によって支配されてきた冷戦構造が大きく変容をみるなかで、とりわけ米ソ関係やヨーロッパ政治構造の変容、第三世界勢力の台頭、世界的レベルでの反核・反戦世論や運動の展開、また環境破壊や貧困、人権抑圧、ジェンダー、内戦などの地球的規模の問題や紛争群の形成とともに、核兵器の存在意義や役割の相対的低下、核戦争の危機の低下（この意味は、本質的に核戦争勃発の可能性が低下したとか、喪失したこと、あるいは核戦争が起こらないことではなく、実際は単に核戦争を容易に起こせなくなったことにすぎない）でしかない。あるいは、核兵器拡散や核軍縮、核廃絶の問題が解決をみたことではない。すなわち、「ポスト（脱）核時代」とは、「核時代」を規定する核兵器をめぐる基本的諸問題が解決されたとか、その特性の時代性が根本的に変容したり、喪失したことではない。冷戦の終焉は同時に「核時代」の終焉を意味しない。「核時代」の一定期間に表出する単なる部分的な変容にすぎない。

そうしたことから、C. D. ウォルトンのいう「第一次核時代」「第二次核時代」との考え方は注目に値する[8)]。ウォルトンは、冷戦中もまた脱冷戦時代においても核兵器は国際政治に重要な役割を果たしているとする。およそ1945年からソ連邦崩壊の91年までの「第一次核時代」は米ソ核超大国によって支配された。この期間にイギリスやフランス、中国の３か国が核保有国となり、また、少なくともイスラエルやインド、南アフリカ（後に廃棄）の３か国も宣言はしていないものの核保有国となっている。1949年ソ連が原爆を手に入れた後は米ソ間で無限の核軍拡競争を展開するなかで、「相互確証破壊」関係を構成することで、事実上の相互抑止力が作用する「恐怖の均衡」が成り立つことになった。同時に水平的な核拡散を防ぐための核拡散防止条約（NPT）体制もさまざまな矛盾や問題を抱えながらも成立することで、核戦争危機や核兵器の役割・影響力の相対的低下という事態が表出した。たしかに79年のソ連軍によるアフガニスタン侵攻事件を契機に第二次冷戦が展開されることになり、NATO と WTO 諸国へ米ソが中距離核ミサイルを配備する軍拡競争が激化することで、ヨーロッパでの局地核戦争の危機が高まった。85年ゴルバチョフ政権の誕生とともに米ソ間で本格的な核軍縮の方向が模索され、87年に３回目の米ソ首脳会談で「中距離核戦力（INF）全廃条約」が結ばれた。米ソとも直接的な核対立を相互に回避したのみならず、また多くの地域や国ぐにの紛争での核の使用を控えた。こうして冷戦終焉を迎えることになった。そのことから冷戦終焉には、核戦略問題について「核の忘却」と呼ばれる状況がたしかに、一時的に生じたのである。

冷戦構造の崩壊とともに始まる「第二次核時代」に入ると、冷戦構造の底辺で流動している米ソ間の全面的な核戦争の危機は相対的に低下し、米ロを中心として核兵器の絶対的数量は縮小したものの、次第により多くの国への核拡散の動きが強まってきた。「第二次核時代」において、垂直的レベルでの核の縮小と水平的レベルでの核の拡散との共存は、「第一次核時代」にみられなかった複雑な問題を引き起こすことになる。もちろん、前者の垂直的レベルの核弾道弾数の縮小は単純に好ましい現象とはいえない。なぜならば、相手に対する抑止能力が弱まってしまうとか、核戦争を回避することが困難となるとか、あるいはまた、水平的レベルでの核兵器の拡散と関係がないとか、などということができない。依然として核戦争の危機を維持し、高めていることは否定できない。

しかし、前者以上に後者の水平的により多くの国家や地域、主体（団体）への核拡散問題が重要であるということを意味するものではないが、後者が明らかに複雑で問題解決にとって難しい問題を内包していることはいうまでもない。なぜならば、核保有国の数が増大すればするほど、それぞれの国家や主体との関係が複雑で、不安定なものとなり、対立や紛争が生じることで、有効な抑止力は作用しなくなる。抑止の対象が多元化し、また多様化すればするほど、抑止関係が複雑となり、「第一次核時代」に通用した抑止理論や戦略は作用することは困難となり、予測できない事態が発生することになる。核戦争の危機を回避する機会や条件が意図的であれ偶然であれ、弱くなったり、喪失することになる。これまでの米ソ間の対称的抑止関係と異なり、核超大国と非核国やテロ集団との非対称的主体間のいわば非対称抑止関係であれば、その危機を回避するための有効な抑止力が作用することは容易ではない。

また、水平的な核拡散の問題は、ある国家が他国や非国家主体を抑止しようと試みる場合に、それらの相手の軍事的特性ばかりか、政治的・文化的・経済的特性にも十分にかつ適切に対応されるべきだ。ある国が他国に対する抑止力を効果的なものにするためには、他国内の諸状態や諸問題ばかりか、指導者や軍部、政策決定過程の特性を明確に認識しなければならない。また、その国をとりまく世界平和・安全保障環境に十分注目する必要がある。そうした諸条件が考慮されない限り、有効な抑止効果をあげることができないばかりか、事実上抑止は失敗することになる。核拡散が進展し、抑止対象の多元化・多様化が不可避となればなるほど、そうした傾向は強まっていく。

たしかに、NPT 体制が存在しているものの、文字通り核拡散を防止するという本来の役割をほとんど果たすことができず、形骸化しており、NPT 体制に本質的に内在する矛盾を露呈している。なぜならば、NPT 体制は事実上、核の拡散を防ぐというよりも、とりわけ五大核保有国にとって都合のよい核管理体制にほかならないからだ。それらの核保有国には実際に核兵器削減の積極的努力はみられない。ほかの核保有国は NPT に加盟していないし、また、核保有国を目指している国も加盟を控えている。

こうして、水平的レベルでの核拡散の防止を志向する NPT 体制は事実上、その成立当初から十分に機能していなかったが、21世紀に入ってからは、テロ集団の手に核兵器が渡り、それが使用される可能性が懸念されるようになった。それ以外でも、核兵器製造の原料や技術をもって政治的・軍事的理由で核保有国になることを考えている国が潜在的には多く存在している。とりわけ北朝鮮は核保有国になるため公然とあるいは秘密裏に多くの核実験やミサイル発射実験を行い、今では核保有国になっている。核保有国になった現在でもその動向は基本的に変わっていない。イランの核開発制限について英仏独＋米露中の六か国とイランとの間で「包括的共同計画」に合意が存在していたものの、トランプ政権によるその合意からの離脱で、イランがその開発のレベルを高めている。なおシリア、イスラム国、トルコ、イスラエル、パレスチナ、クルド、イラン、サウジアラビア、イラク、また米国やロシアが加わって止めどもない複雑な中東紛争が展開するなかで、つねに不透明な核問題が危機的状況を呈している。

ところが、そうした事態の推移と並行して、従来の核超大国の米ロや中国の間でも核兵器に関わる問題をめぐって政治的・軍事的緊張が高まることになった。とりわけ2014年のロシアによるクリミア侵攻事件以来、米ロ関係は悪化した。プーチンがこの事件が起きた当初の段階で核兵器使用の準備をしているとの発言をしたことで、核戦争の危機が懸念された。また、トランプ政権は、米ソ冷戦の終焉を導いた重大な要因であった「中距離核戦力（INF）全廃条約」にロシアが違反しているとのことから、その条約の有効性の見直し、それからの離脱の方向に舵を切った。21年２月に失効する新 START の継続も危ぶまれている（しかし2021年１月にバイデン政権のもとで、米ロ間の新 START の2026年２月までの５年間延長が合意をみている)。そして核兵器の小型化をはかり、限定核戦争を実施できるような方策を模索さえしている。さらに、米国は、中国の東シナ海や南シナ海、西太平洋への海洋進出や急激な軍拡に伴う米中の緊張関係の強化に対応する、核抑止力も含む安全保障戦略の見直しや強化をはかるようになった。こうして、核兵器問題をめぐる危機的状況が復活するようになった。同時に、核戦略問題について「核の復権」と時代がやってきたのだ。

高橋杉雄と秋山信将が主張しているように、「核拡散の進展と大国間関係の悪化という国際政治における現実に直面して、『核の忘却』の時代は終焉し、核戦略論に関する知的基盤の再構築が開拓されつつある。2018年版核体制の見直し（NPR）では、プラハ演説の方向性に沿って策定された2010年版NPRの国際情勢認識の甘さが激しく批判され、低出力核兵器の開発・配備の方針が示された。専門家の間でも核抑止をめぐる議論が再び活発に行われるようになってきている。いわば、『核の復権』の時代が到来していたのである」[9)]。

たしかに、冷戦構造が支配するなかで核抑止論や核戦略は重要な地位と役割を占めていたものの、冷戦終焉と同時に、相対的に核戦争の危機が現実に後退し、また核兵器の役割も低下したり、制約された結果、それが核抑止力や核抑止戦略が有効であったかどうかに関して十分に検討されることなく、核抑止力や核抑止戦略、核兵器の役割についての思索は停滞したり、軽視されることになった。しかし、「第一次核時代」の特性はたしかに、核戦争の危機の低下、核兵器の役割の低下という事態は、核兵器を使う・使わないという使用の問題であって、核兵器を所有する・所有しないという所有（保有）の問題ではない、ということだ。核戦争を防ぐには明らかに、核兵器が単に使用されないことではすまない。もちろん一時的には戦争を防ぐことが可能であっても、本質的に戦争を防ぐことはできない。なぜならば、核兵器が存在している限り、紛争状態が悪化したり、偶発的な条件が重なったり、相手の意図や行動を誤解したり、政策決定者や軍部の特別な思惑によって、そしてまた、そもそも核抑止戦略はいざとなれば核兵器を使用する特性をもっているところから、核戦争はいつでも起こりうるからである。前述したように、核戦争の回避は本質的に、核兵器を使用する・使用しないかの問題ではなく、所有しない・廃絶する条件でしかない。

「第二次核時代」に入り、核拡散の動向の深化と核大国米ロ中の間での核兵器をめぐる関係の悪化により、核戦争危機の高まりと核兵器の役割が再認識された。そして核抑止力と核抑止戦略の有効性が再び模索されることになった。そのことは実際には、核抑止論（戦略）が正しいとか、核兵器存在の役割が最も重要であるとか、を意味しない。

以上みてきたように、「第二次核時代」の21世紀に入ると、一方で、核兵器と核戦略をめぐる問題の危機的状況が高まっていくが、他方で、これまでも核兵器廃絶を求める世論や運動が存在してきたが、次第にグローバル・レベルでの本格的な核軍縮を推進して、「核のない世界」が模索されることになった。両者の関係は非両立的というよりも両立的なものである。なぜならば、前者が強まれば、それに対抗する考え方や解決策や打開方法が模索されることになる。両者が非対称的関係であり後者の勢力が弱いことは何ら問題ではない。重要なのは、核抑止論・戦略を根本的に批判・検討し、核戦争の危機を回避することができるのは、核抑止力および核戦略ではなく、本質的には核廃絶しかないことを認識することだ。

そうした規範的な核廃絶の方向が模索されるなかで、その実現がきわめて困難であることは否定できないものの、2017年7月に成立した「核兵器禁止条約(TPNW)」が事実上の核廃絶の具体化の第一歩にほかならない。この条約は、「核兵器のいかなる壊滅的な人道上の帰結を深く憂慮し、その結果として核兵器が完全に廃絶されることが必要であり、このことがいかなる場合にも核兵器が決して再び使用されないことを保証する唯一の方法であり続けていることを認識し」、「核兵器が継続的に存在していることにもたらされる危険（事故による、誤算による又は意図的な核兵器のあらゆる使用）を防止する責任を共有していることを強調し」、「核軍縮を求める倫理上の要請があること及び核兵器のない世界を達成しかつ維持する緊急性があることを認め」、「また、1946年1月24日に採択された国際連合総会の最初の決議及び核兵器の廃絶を求めるその後の決議を想起し」、「核兵器の法的拘束力のある禁止は、核兵器の不可逆的で、検証が可能であり、かつ透明性を有する廃絶を含む、核兵器のない世界の達成及び維持に向けた重要な貢献となることを認識し、この目的に向けて行動することを決意し」[10)]、などを規定している。もちろん、現在のどの核保有国も署名しておらず、今すぐにこの核兵器禁止条約の実質的な強い法的拘束力は大きく期待できないものの、今後、核兵器の法的拘束力のある禁止をそれらの核保有国や未署名国でも否定したり、軽視することができず、それらの国ぐにの核問題に対する思考・行動様式に影響を及ぼすことになろう。そうしたことからも、核兵器禁止条約の成立は、「第二次核時代」とは異なる特性をもつ「第三次核時代」に入ったといえよう。

第二次大戦末期に国際政治は核兵器の到来で決定的な影響を受けるなかで、核をめぐる平和と安全保障問題を中心に「第一次核時代」と「第二次核時代」の世界政治として形成・展開・変容過程を歩んできた。両時代において世界政治では基本的には、核抑止論・戦略が支配してきたが、これが「第三次核時代」の政治を支配することは肯定できない。この理論・戦略は、「国際社会は無政府状態である」、「戦争は政治の一手段である」、また、「核戦争を防ぐには、核戦争に備えよ」などのドグマの上に成り立っている。この核抑止論・戦略が現実の世界政治の舞台で現実を構成し、展開させ、また変容させる力をもっていることは、核抑止論・戦略の正当性を証明するものではない。それらの問題や核抑止論・戦略がドグマとして、あるいは神話として現実を動かしてきたに過ぎない。したがって、「核時代」の戦争の危機を回避し、世界平和・安全保障を実現するには、核抑止論・戦略を批判・検討するなかで、核兵器廃絶の必要性を明らかにし、世界平和・安全保障構築の必要・可能条件を抽出しなければならない。

そのために、第1章では、「核時代」とは何かを明らかにしたうえで、紹介的なものであるが、核兵器使用後の世界はどのようなものかを検討し、また、核兵器の出現が国際政治にどのような影響を及ぼしたのか、核をめぐる戦争と平和の国際政治においてどのような役割を演じてきたのか、さらに、「核時代」における戦争と平和の枠組みを解明していく。第2章で、抑止とは権力関係であり、抑止力はその権力様式の一つであるところから、その抑止はどのような権力関係であり、どのような権力様式であるかを検討していく。そのうえで、核抑止論・戦略の本質や構造、矛盾、問題点を明らかにしていく。第3章では、第二次大戦後から冷戦構造の崩壊までの「第一次核時代」において、核抑止理論・戦略がどのような特性をもつものであり、実際にどのように現実を構成し、展開し、変容させてきたのか。どのような役割を遂行してきたのか、どこに問題があったのか、などを検討する。とくに米ソを中心とする核軍拡・軍縮の形成・展開・変容過程に焦点を向ける。第4章では、冷戦後の「第二次各時代」において水平的レベルの核拡散問題とTPN体制がどのような関係にあるのか、また、クリントン政権、G. W. ブッシュ政権、オバマ政権、そしてトランプ政権などの核抑止戦略および核態勢の変容過程を解明していく。第5章においては、2017年7月の核兵器禁止条約（TPNW）の成立を「第三次核時代」の始まりと捉え、この条約の形成過程を分析し、「核時代」にとってどのような歴史的意義をもっているのか、この条約が核兵器の存在と核抑止論・戦略にとってどのような意味をもっているか、そしてまた、この条約の成立が「核の復活」の時代といわれている現在のグローバル核支配秩序へいかなる影響をおよぼしているか、などを考察していく。第6章で、グローバル核支配秩序を現状維持志向核秩序としてのNPT体制と現状変革志向非（反）核秩序をTPNW体制と捉え両者がどのような弁証法的運動を展開しているかを明らかにしたうえで「核兵器のない世界」を実現していくための必要・可能条件の抽出を試みる。

なお、取り上げている主題の性格と文脈から、各章の間で内容の一部が重複している部分があることを述べておきたい。また、使用する資料が十分であるとは思えない。一部の原文と訳本の付け合わせのために、また新しい資料を探すために、多くの大学の図書館、また、広島大学平和研究センターや広島市立大学平和研究所、長崎大学核廃絶研究センターへ行くつもりでいたが、新型コロナ禍のため許可されなかった。なお、獨協大学元院生の湯浅知二さんと長瀬慎平さんに今回もワープロ入力をお願いした。ここに感謝の意を表したい。また、厳しい出版事情のなかで本書の出版が可能となったのも、㈱テイハン代表取締役会長の市倉泰さんと代表取締役社長の坂巻徹さんのご尽力と、企画編集部長の南林太郎さんのすぐれて適切な編集作業のおかげであり、深くお礼を申しあげる。

2021年３月

星野昭吉

1）J. ギャディスは、「長い平和」の構造的要因として、二極性や、米ソ間の非相互依存性、戦争を回避しようとする国内的影響力、行動的要因として、核使用に対する指導者の態度や偵察革命、イデオロギーの穏健化、米ソによるゲーム規則などを指摘する。

2）Farrell, Theo, "Nuclear non-use：constructing a Cold War history," *Review of International Studies*, Vol. 36 (2010), pp. 819－29.

3）Ghosh, P. K., "Deterrence Asymmetry and Other Challenges to Small Nuclear Forces," *Contemporary Security Policy*, Vol. 25, No. 1 (2004), p. 37.

4）See Pelopidas, Benoit, "The unbearable lightness of luck：Three sources of overconfidence in the manageability of nuclear crises," *European Journal of International Security*, Vol. 1, part 2 (2017), pp. 240－62.

5）高柳先男「平和研究のパラダイム」(有賀貞ほか編『講座国際政治—国際政治の理論—』東京大学出版会、1989年）307頁。

6）マレク・テー「80年代の欧州安保」(K. コーツ編／丸山幹正訳『核廃絶の力学』勁草書房、1984年）38頁。

7）ピエール・ルルーシュ／三保元［監訳］『新世界無秩序』日本放送出版協会、1994年、92－138頁参照。

8）See Walton, C. Dale, "The Second Nuclear Age：Nuclear Weapons in the Twenty-first Century," in Baylis, John, James J. Wirtz, Colin S. Gray, eds., *Strategy：In the Contemporary World*, 3rd ed（Oxford：Oxford University Press, 2010）, pp. 208－226.

9）高橋杉雄・秋山信将「『核の復権』の現実」（秋山信将・高橋杉雄［編］『「核の忘却」の終わり―核兵器復権の時代―』勁草書房、2019年）３－６頁参照。

10）NPO 法人ピースデポ編、梅林宏道監修『核軍縮・平和2018―市民と自治体のために―』緑風出版、2018年、223－24頁。

目　次

第１章

「核時代」における戦争と平和の枠組み

1 はじめに ―「核時代」における戦争と平和の枠組み―

我われ人類は広島・長崎の原爆投下から、核兵器によってその存在が確実に絶滅する可能性を回避することができない「核時代」を迎えることになった。ギュンター・アンダースが強調するように、このことは我われがこれまでの経験した単なる変化ではなく、量から質への転換といえる新しい種類の激変、つまり前代未聞の恐ろしい種類の激変であった。「絶対的なものへの激変」とは、「われわれが神に似た状態に達した事実、すなわち『核兵器』を所有して全能を獲得したという事実である。新たな激変が、強大な力を有する状態から全能を有する状態への激変だからである」。もちろん、我われの状態は神学的な意味での完全な「神のような状態」ではないが、人類を含め地上のあらゆる生命の存続か死滅かを決める黙示録的な力をわれわれが有するかぎり、少なくとも消極的意味で「全能」が問題になる。このことは政治的には、いかに大きな政治組織の本質的にはその力は本質的に限定されることが含まれていたが、いまや政治組織の力が無限になっていることを意味する。こうした事実は明らかに、奇怪な状況であるが、結局、人類も含めすべての生き物を絶滅させる核兵器という全能を有する側は、他の保有国を全体的に消滅させ得るばかりか、他の保有国によって消滅させられることも可能であるところから、どの保有国もすべて全能といえる完全に強力をもっているだけではなく、完全に無力でもある。そして、彼はこの核の脅威を全体主義の問題として把握すべきという[1)]。

アンダースが強調するように全能といえる地球上のすべての生物を絶滅させる核兵器の存在は、全能であるが故に同時に無力ともなるジレンマを本質的に内在させている。そうした矛盾を内在化させている核兵器の全能性は、実際には核兵器が本質的に全能性を内在化させていることからの役割から見た機能的帰結であって、根源的な特性ではない。すなわち、そのことは、核兵器が潜在的かつ客観的に人類を含めてすべての生物を絶滅させうる能力を否定することを意味するのではない。もし実際に核兵器が使用されたならば、すべてを破壊する能力をもっていることがまさに「核の脅威」の本質にほかならない。したがって、ある核保有国がそれを先に使用しても一国勝ちは不可能であり、他の核保有国によって大きなダメージを受けざるをえない。事実上、そうした「核の脅威」を内在化、構造化している状態が「核時代」なのだ。核戦争勃発の可能性が単に低いとか高いとかの程度の問題ではない。本質的問題は、つねに核戦争が起こる可能性が常態化していることだ。

軍事戦略の理論家であるバーナード・ブロディは、全世界を絶滅させる可能性をもつ全面核戦争は無意味なものになるので、軍上層部の目的はこれまでのように戦争で勝利を収めるのではなく、戦争を避けなければならない、という。核ミサイル時代における核兵器の役割は核抑止が絶対的なものとなったのだ。「核時代」においては、従来の抑止は決定的な失敗も成功もない柔軟な相対的政策であったが、抑止はいかなる失敗も許されない絶対的な戦略的政策となったのである[2)]。

だが、ブロディが主張する核兵器（原爆）を「絶対的兵器」と捉えることに対して疑問が指摘された。「最初の核兵器は、バーナード・ブロディが名づけたような『絶対』的なものではなく、その破壊力は他の兵器の範囲を超えなかった（広島を焦土にした原爆の破壊力は、Ｂ－29爆撃機約200機が搭載する爆弾と同等だった）。また少なくとも当初は、核兵器の数も限られていた。だが、1950年代初頭までに、こうした状況は関連する二つの出来事によって変わった」。それは、ソ連が1949年８月に最初の核実験に成功し、米国による核兵器独占状態を終わらせたことであり、また、核のゲームを行うプレイヤーが二か国になったことで、ゲームのルールを変更せざるをえなくなったことである。実際にその時点から核報復の可能性を無視して、核攻撃を行うことができなくなった。すなわち、核戦争が勃発した場合には決して一人勝ちはできなくなった[3)]。彼のそうした考えは、冷戦時代を反映するものであり、冷戦後の「核時代」においては核兵器の相対化が大きく進展をみたといってよい。しかも、そもそも冷戦時代においても核兵器が全面戦争を抑止する絶対兵器として一部分であれ、一定の核兵器の活躍を認めることができても、核戦争の抑止には実際には、非核抑止力が大きく作用した結果であったことを理解しなければならない。たしかに、ブロディが核戦争を抑止する抑止機能を過大評価していると批判することは正しいとしても、核時代において核戦争になれば人類社会の絶滅を可能にすることになるので、どうすれば核戦争を防ぐ（抑止する）ことができるか、との問題意識は評価しなければならない。ブロディの「絶対兵器」としての核兵器を強調する背景に核の脅威、核戦争の脅威の認識が存在していることに注視しなければならない。

「核時代」においては、実際に核兵器の規模や量、能力が低下したり、縮小したり、また核抑止戦略が運よく一時的に効果的に作用したり、あるいはまた世界平和や安全保障環境が好転したところで、核兵器が全廃することなく存在する限り、事実上、核の脅威や核戦争勃発の危機は潜在的に、構造的に存在する、との認識が何よりも重要かつ必要である。たしかに、1945年８月の広島・長崎での原爆投下以来、「核時代」の開始から今日まで核戦争は起きていない。しかし、そのことは本質的に、核の脅威や核戦争勃発の危機が弱まったり、なくなったことを意味するものではない。むしろそうした認識ができないことがかえって核の脅威や核戦争の危機を維持・強化することになる。したがって、「核時代」は終わったのではなく、続いているのだ。明らかに今日、「核兵器の復権」といわれるように、さまざまなレベルで核戦争の危機が高まっている。核の脅威や核戦争の危機は今日では存在していないとの認識自体は、核戦争は絶対に避けることができないという考えと同様に、核戦争の危機を維持し、高めることにつながる。

キャンベル・クレイグは、「核時代」を理論としての「核革命」と捉える。「核革命」とは技術の近代史における一つのエピソードという。1960年代中ごろまでに米ソは、大陸間弾道ミサイルに数百発（後に数千発）弾道弾を貯め込んだ。戦争が起きた際には米ソ両国は相互に、両国とそれぞれの同盟国の主要な都市を容易に破壊することができるようになった。しかも対象のほとんどの人びとばかりか、政府や交通・通信機関、医療機関などの破壊を数時間というスピードですることができるようになった。そのため米ソ超大国ともそうした攻撃に対する物理的防御の信頼できる手段をみつけることができなくなった。そうした基本的説明から、クレイグは次のような三つの論争的な仮説を提示した。第１の仮説は、全面核戦争、実際上はいかなる国民をも殺すことになるだろうということだ。第２のそれは、核兵器の破壊力は小規模な核戦争もまた不条理なものにするというものだ。また第３の仮説は、実質的な核兵器をもつ国家間での小規模のまた大規模の核戦争も不条理であり、急激な政治変動を防ごうとも、核戦争はそれでもいつか起こるようだというものだ。なぜならば、警戒システムが失敗するかもしれないし、攻撃が意味を取りちがえられうるし、そして政策決定当事者がパニックに陥り、正常な判断を失うこともある。さらに偶発的な可能性もある[4)]。クレイグがいう三つの仮説は妥当なものとみてよい。だが第3の仮説のより本質的根拠を言及していないといえる。それは核戦争が起こる、つまり核兵器を使用する要因というよりも核兵器が存在していることにほかならない。

核の脅威が核戦争の危機を克服するには、核抑止力や核抑止戦略ではなく、非核抑止力や核の全廃であるといってよい。換言すれば、「核戦争を防ぐには、核戦争に備える」のではなく、「核戦争を防ぐには、平和に備える」ことが必要なのだ。こうした主張がいかに必要かつ重要であるかを明らかにするため、核兵器が人類社会に対し、またとりわけ世界（国際）政治に対してどのような影響を及ぼしてきたのか、そしてまたどのような役割を果たしてきたのかを検討しなければならない。

2　人類社会・文明の絶滅の危機

「核時代」とは思想的にも現実的にも、具体的に核兵器が使用される、されないに関係なく、その存在が人類社会に支配的な影響を及ぼしている時代を意味する。この支配的影響とは一般的には、核戦争の危機がつねに存在し、また核戦争の勃発によって人類社会・文明のみならず、自然環境の破壊や絶滅を可能にすることである。だが「核時代」の支配的影響を考える場合、核兵器の使用つまり核戦争の危機の問題のみならず、核兵器の存在そのものの問題でもあることを理解しなければならない。なぜならば、ある一定の期間、短期的であれ長期的であれ、核戦争の勃発がつまり巨大な破壊が起こることがないとしても、核兵器が存在する限り、核戦争が発生する可能性が、すなわち莫大な破壊が発生する可能性があり、そして核兵器の開発や所有、強化のための実験の関係者やその地域のヒバクおよび環境破壊などの犠牲を大量に生み出しうるからである。

そうした巨大な破壊力をもつ核兵器の存在および使用が実際に人類社会や文明、生態環境に決定的な大打撃を与えるとしても、具体的にどの程度のものなのかを問うことは必要とされる。ウォード・ウィルソンは、水爆は「革命的な」兵器であることの結論を問題視し、水爆がもたらした大変革は現実というよりも幻想であり、水爆が戦争で真に決定的な役割を果たすことに疑問を呈する。「その巨大な爆発は確かに決定的なものに違いない。その一部は疑問の余地なく正しい。核兵器は莫大な破壊力を持ち、多数の核兵器が使われるような戦争は大惨事になるだろう。だが、核兵器が必ずしも決定的なものであるかどうか、あるいは、特に戦争において有効な兵器がどうかはわからない。核兵器のサイズの拡大は誇張され、その後の核弾頭の小型化によって相殺されている。水爆革命は1950年代には影響があったかもしれないが、今日ではほとんど効果がない」。核兵器は著しく危険であるので、核兵器が戦争で決定的役割を果たすかをあいまいにせず、詳しく検討していくことは、賢明な政策を抽出していくためにも必要であると主張する[5)]。

ウィルソンのそうした主張は決して無視することはできないものの、核兵器の戦争における「革命的な」役割を過小評価したり、あるいは軽視することは実際には、その役割を過大評価したり、あるいは誇張したりすることと同様に、重大な危機をもたらすことにつながる。なぜならば、核兵器の所有意欲を助長し、その所有を正当化し、そしてまた、核戦争を安易に考えたり、核兵器の使用を正当化することになる。ハンス・モーゲンソーが述べているように、客観的な事実の重大さを考慮するならば、核戦争があっても生存は可能であるという結論を出している楽観派は、核戦争による人類絶滅を予想する悲観派の主張を否定するよりも、結果的には支持しがちになるという矛盾を抱えている。明らかに核戦争による人類絶滅を予想する後者の悲観的見解の方が前者の楽観的見解より優勢である。核戦争の勃発が、全文明や人類はもちろんのこと、西欧文明ひとつを滅ぼすことさえありえないとみて、国家が正しい政策をとるならば、核戦争の破壊的結果から再建は、ハーマン・カーンは最高10年で、また、テラーは５年で可能としている[6)]。こうした楽観派の革新的見方をとれば、核戦争勃発を阻止するよりもそれを容易に進めてしまう方向に力が傾斜することになる。

ウィルソンのいっているように、たしかに、その爆発エネルギーによって単純に核兵器の大きさが計られることで、誤解を生み出す。推定15キロトンの爆発エネルギーを有する広島原爆と１メガトンの核兵器を比較すれば、爆発エネルギーは必ずしも実際の状況を示しているのではないことが分かる、という。１メガトンの爆弾は100万トンの TNT 火薬と同量の爆発を生み出すが、爆発エネルギーに換算すると、１メガトンの爆発は広島に投下された原爆の66.7倍の大きさである。そのことは66.7倍の破壊力がありうることを意味する。したがって、１メガトンによる破壊地域空間は15キロトンの広島原爆による破壊区域空間の66.7倍の広がりをもつと想像できるものの、実際には5.5倍の広がりに過ぎない。しかし、このことは、一定の条件に基づく、一定の時間での破壊区域空間の広がりであり、この広がりは、爆発高度や天候、地形により、また時間の経過と共に他の地域空間への広がるばかりか、威力の強度の高さを考慮することが必要である。一つの要素や条件によって単純に原爆と水爆の破壊力を比較考量することは明らかに、核兵器の恐ろしい「革命的な」本質をぼかすことになる。

原爆も水爆も核兵器として、爆発力規模が異なるとしても、根本的に莫大な破壊力をもっており、戦争において決定的な役割を果たす可能性をもっていることが認識されねばならない。我われが何よりも重視すべきは、はっきりさせるべき問題は、核兵器がいかに人類社会や文明、地球環境を絶滅させる可能性をもつ恐ろしい「革命的な」兵器であることを、科学的データと手法を用いて検証することなのだ。このことは、核兵器が戦争の在り方を決定するほどの全能をもっていることのみを強調することを意味しない。核兵器のもつ「革命的な」破壊力が絶対的なかつ普遍的なものではなく、その全能に抵抗したり、挑戦したり、抑えたり、弱めたり、あるいはまた変容させる必要条件と可能条件が存在することも主張したいからである。

核兵器による戦争が人類世界にどのような影響を及ぼすかを検証する場合、考慮すべきいくつかの条件を明らかにしなければならない。一つ目は、恐るべき莫大な「革命的な」兵器である核兵器が使用された場合に、人類世界にどのような影響を及ぼすのか、つまりどのような具体的な結果をもたらすかについては、現実の核戦争からではなく、予測であっても、それは単なる抽象的な、規範的な、ありまいな、あるいはまた非現実的なものではないということだ。広島・長崎の原爆投下、長期にわたる多量の、多種多様な核実験、核事故（原発事故）などの実例を通しての科学的・実証的な基礎に基づくほぼ妥当なものとみてよい。もちろん、一つのシナリオではなく複数のシナリオに基づく検証であるため、答えが複雑で、幅広いものであっても科学的手続きをとっている以上、特別に問題があることを意味しない。このことは明らかに、核兵器使用（核戦争）の影響をあいまいにしたり、その過小・過大評価をもたらすことを意味するのではなく、その影響についての厳しい客観的な実態を適切かつ妥当に提示しているとみてよい。

二つ目は、核兵器が大量破壊をもたらす兵器として、伝統的な通常兵器と区別して位置づけられるが、両者を明確に二分化して、無関係な兵器としてみるべきではない、という問題である。核兵器が通常兵器では想定できないほどの莫大な破壊力をもっている点で一応、両者を区別することは可能であっても、二分化することはできない。なぜならば、破壊力の大小という程度のレベルで区別することができても、兵器（軍事力）として果たす機能や役割は部分的に共通するものがあるばかりか、通常兵器による戦争であっても場合によってはそれがエスカレートして核兵器を使用する戦争になることもある。また、戦略的に両者を結びつける政策が実際にとられていることからも、両者を単純に二分化して捉えるのではなく、両者の連動性を十分に理解しなければならない。

三つ目は、核兵器の機能や対象領域の規模の大中小から一般的に、戦略的核兵器や戦域的核兵器、戦術的核兵器に区別されるが、それら三者は単純に三分化できないし、またむしろ問題である、という点である。それら三つのレベルの核兵器が他のレベルの核兵器と無関係に閉鎖的に機能的に作用するのではなく、他のレベルに広がりをもって作用することがむしろ一般的である。二つ目の条件と同様に、戦術的核兵器の一定地域空間の破壊は戦域的核兵器の地域空間にも戦略的核兵器の空間への広がりで影響を及ぼし、同じく第二のレベルの空間での破壊の影響が第三のそれに広がりをもっている。また、その逆のことも正しいといってよい。この三者の関係性は具体的な政策面でもみられる。この条件を理解することによって、核兵器の人類世界への影響力の実態により迫ることが可能となる。

四つ目の条件は、核兵器による多種多様な破壊対象を一応区別することができるものの、実際には、それぞれ閉鎖的な破壊の対象領域を構成しているのではなく相互作用関係を形成している問題である。そのためそれらの破壊の対象間の相乗効果により、その破壊状態を相互に強化することになる。そのため各々の破壊対象を結びつけながら総合的な対応策を講じなければならない。そうでなければ、破壊状態を弱めたり、解決をしていくどころか、それらをより悪化させることになる。

五つ目の条件は、前述したように、巨大な破壊力をもつ核兵器が戦争に支配的な影響力を及ぼすことは否定できないものの、そもそもその核兵器の使用に抵抗、反対、否定する要因からなる能力（影響力）によって核兵器の潜在的な全能を押しとどめることが事実上、「核時代」において可能だったし、また現在でも可能にしている、ということだ。その影響力を「非核抑止力」といってもよい。こうした意味で、核兵器が戦争の在り方をすべて規定する全能の兵器とみることは現実というよりも神話（幻想）ということができる。

そうした諸条件を考慮しながら、核兵器の人類世界に及ぼす影響を検討してみよう。この場合、ヨハン・ガルトゥングの、世界を六つの部分に分けて考察していることが参考になる[7)]。世界を六つの部分に分けて考察することが、核兵器（新型兵器）がもたらす影響をよりよく理解できるからという。世界をまず人間領域と非人間領域に区分する。前者の人間領域をさらに、人間自身のその人間によってつくられた環境、つまり「人間居住環境」とに分ける。過去の戦争は一般に、人間を殺傷したり、人間居住環境を破壊したり焼き払ったりすることを目的とするものであった。人間居住環境を構成する農業においては、多くの紛争が家畜や農産物を略奪したり、破壊するためのものであった。その後、これが産業資源をめぐるものとなり、またそれを破壊するための紛争へと変容していった。しかしつい最近までは実際には、後者の非人間環境はほぼ戦争の対象領域ではなかった。しかし現在では非人間環境が明らかに、戦争ばかりか人間自らの生活水準の向上や経済発展を求めるなかでその環境の汚染や破壊を強化している。

ガルトゥングは核兵器のもたらす影響の問題をより明快にするために、世界環境を、人間圏（人間・人間居住環境）、生物圏（動物・植物・微生物）、大気圏・水圏・地殻、宇宙圏の四（五）つの部分から構成されているとみる。さらに、大量破壊兵器は究極的にあらゆるものを破壊する兵器であるため、破壊の対象の観点から、破壊の対象範囲の大きな広がりを考慮して、完全破壊＝人間破壊＋社会破壊（社会構造、文化）＋環境破壊（生物・原子・水・地殻・宇宙）という定式を提示する。こうしたガルトゥングの定式は基本的には正しいものであるが、言葉の表現上、次のような定式にしたい。人類世界の絶滅＝人類絶滅＋人類社会・文明絶滅（人類社会絶滅・人類文明絶滅）＋環境破壊（生物、原子、水、空気、土壌、地殻、宇宙）。人類世界の絶滅は三つの部分の単なる総和ではないことに留意すべきだ。これら三つの部分は実際には、個々別々に自律的な現象ではなく、それぞれ三つの部分が相互に連動関係を構成しており、その相乗効果でそれぞれの破壊や絶滅のレベルを高めるばかりか、それらが空間的に大きな広がりを、また時間的に長期にわたる広がりをもつことで、全体の人類世界の絶滅のレベルをよりいっそう高めることになる、ことを理解しなければならない。

核戦争が実際にどのような人類世界の絶滅をもたらすかの科学的分析を試みる場合に、その出発点として広島・長崎への原爆投下による甚大な被害を否定も、軽視も、また矮小化もできない。そしてまた、その深刻な破壊行動をいかなる政策、論法、思考、思想によっても正当化できるものではない。1945年8月6日と9日に広島と長崎で使用された原子爆弾は、その6年前にドイツが破壊的手段を手に入れる可能性があることを恐れ、核分裂の軍事的利用の可能性について注意を促す目的で、アインシュタインがルーズヴェルト大統領に手紙を提示したことを契機としてマンハッタン計画が誕生した。このマンハッタン計画は1945年7月にアラモゴルドの砂漠での最初の核実験の成功に導いた。その直後、トルーマン大統領は形式上、日本の無条件降伏を求める「ポツダム宣言」の受け入れ拒否（実際は黙殺）を理由で、最初の原爆投下を実施したのである。戦後になってドイツが米国（連合国）より先に莫大な破壊力をもつ脅威の核兵器を手に入れるという恐怖がなかったことが明らかになり、「マンハッタン計画を正当化する主要な論拠はなくなった。もとより核兵器開発努力を正当化するためのほかの理由が考えだされてはいた。いずれにせよ問題は爆弾を製造すべきかどうかということではなく、それをいつ作るのかということだったのである。それゆえ戦後の歴史がはじまったとき、その後数十年にわたって国際社会を支配すべき教訓は、広島［・長崎］が破壊されたという事実そのものから引き出されるべきであった[8)]」。

これまでの予想を超える脅威の破壊力をもつ核兵器（原子爆弾）が現実に広島・長崎で使用され、またその莫大な破壊力をもっていることを不幸にも証明することになった。こうした驚異的な破壊力をもつ核兵器が人類世界に登場したことによって、軍事力（兵器）が国際社会の平和と安全に果たす役割やその存在意義、世界（国際）秩序における役割、そして、政策決定過程における政治外交と軍事力の関係、国家間関係における戦争と平和の関係の様式、などに大きな影響力を及ぶことになり、また、それぞれの問題を規定することになる。たしかに、原爆の破壊力は一定の地域空間と一定の時間の枠組み（範囲）のなかでの破壊力の問題であっても、その破壊力はほとんどすべての存在がその対象となってることは避けられない。しかも実際には時間の経過と共に、その一定の破壊力の空間は広がりをもつのみならず、その破壊力のレベルや対象に広がりをもっている。第二次大戦後、米ソの全面的な対立を反映する東西冷戦構造が形成され、展開していく過程で、より莫大な地球的規模の破壊力を求める核軍拡競争が必然的に進展していくことになる。

こうして一部の地域空間の全面的破壊（絶滅）の枠組みが、その後より広い地域空間のその枠組みが拡大し、水爆（熱核兵器）が増強されるなかで全地球的の絶滅の枠組みが、つまり人類世界絶滅の枠組みが形成されることになる。今日では、核弾頭弾の数がその最盛期に比べて減少していても、依然として人類世界を何度も絶滅させうる核兵器体系が存在している。ジョナサン・シェルは『地球の運命』のなかでこういっている。「現在の世界は、核兵器による人類絶滅の危機に直面している。私はむしろ、この危機がもたらす物理的な損害の大きさ、人間としての活動に与える意味、具体的な活動への影響などを検討することに努めてきた。この危機は、地球全体を静かに包み込んだ“おり”のようなもので、すべての人間がそのなかに閉じ込められてしまっている。そして人類が核兵器によって絶滅する危機の重大な影響―地球上の政治全体だけでなく、人類全体だけでなく、人類全体に対して与える永続的な影響―がこの“おり”の“さく”になっている」[9)]。まさに核戦争による人類世界の絶滅の危機が支配する枠組み（空間）という「おり」が地球的規模で拡大したと同時に、その「おり」を形成する核兵器体系が地球的規模で拡大していることを理解しなければならない。

3　核兵器使用後の世界

(1)　広島・長崎への原爆投下後の世界

こうした第二次大戦後から現在までの核兵器体系および人類世界の絶滅の危機のグローバル化の原点が事実上、広島・長崎での原爆投下であり、また、それにより広島・長崎の一定の地域空間の全面的破壊にほかならない。そこで広島・長崎で投下された原爆はどのようなものであり、また、それがどのような破壊をもたらしたかを検討しておく必要となる。

広島で投下された原爆「リトルボーイ」の爆発エネルギーは、TNT火薬の爆発エネルギーに換算して12.5（あるいは15）キロトン、長崎での「ファットマン」のそれは22キロトンと推定されている。前述したように、原爆の爆発エネルギーが単純に破壊力の大きさと直結しているのではないものの、原爆の破壊力がこれまでの兵器では想像できないほどの驚異的な破壊力をもっていることを認めなければならない。このことは、爆発後の一定の期間での破壊力の生み出す結果で終るのではなく、時間の経過と共に、また長期にわたってその破壊力の影響の広がりと強さが表出することを意味する。また、破壊の結果が一定の地域空間で止まるのではなく、より広い空間にその影響力が及ぶことになる。このことは実際に、原爆以上のより強力な爆発エネルギーをもつ水爆（熱核兵器）の破壊力についてもいうことができる。水爆の破壊力の影響は空間的にも時間的にも原爆のケース以上に大規模な広がりと強さをもっている。

とりあえず、広島・長崎での原爆の投下がどのような影響を及ぼしたかを、F.バーナビーとJ.ロートブラットの見解を中心に、紹介的なものであれ、みてみよう[10)]（同論文の引用および参照の箇所については、かなり多くあるため煩雑となるので、特別の場合以外ではいちいちそれを明示しない。以下の著書や論文についても同様に扱うことにする）。原爆が爆発すると、大きくは爆風と火災（火球・熱線）、電離放射線の三種類が発生する。原爆爆発時のエネルギーの約半分が爆風、その約３分の１が火球・熱線、そして全エネルギーの約15%が電離放射線となった。

爆風の前線は、衝撃波として音速あるいはそれ以上の速度で広がり、30秒後には約11キロ先に達した。衝撃波の広がるなかでその背後の気圧が大気圧以下に下がることで、爆心に向けて激しい風が吹き込んでくる。広島ではゼロ地点から２

キロ以内のすべての建物が爆風によって壊滅的打撃を受けた。すなわち、広島では13平方キロ、また長崎では７平方キロの地域が絶滅的状態に追い込まれ、つづく火災で灰じんに帰している。爆風と火災で、広島の約７万6,000の建物の３分の２が全壊、全焼した。長崎の５万1,000の建物の４分の１が全壊、全焼し、さらに多くの建物が大きな被害を受けた。多くの人びとが爆風と熱線によって即死している。

爆風の次に大きなエネルギーをもつ熱線は人体に致命的な打撃を与えると同時に、大火災を引き起こし、一定地域の圧倒的な多くの人びとや動物、植物（草・木）、建物を焼きつくす。核爆発に伴ってできた火球の温度は、瞬間的に太陽内部と同水準のセ氏数百万度となって、１秒以内に約400メートルの最大直径の大きさのものとなり、表面温度はセ氏約5,000度にまで低下した。

広島の場合、ゼロ（爆心）地点から500メートルの地点で最初の３秒間に受けた熱線の量は晴れた日の太陽の出すそれの約600倍に達した。３キロ離れた地点でも、最初の３秒間の熱量でも太陽のそれの40倍もあった。長崎の場合には、熱量は広島の場合のその２倍であった。また、その熱線はゼロ地点から４キロ離れたところでさえ、露出した人間の皮膚を熱傷させるほど高いものだった。ゼロ地点から約1.2キロ以内での戸外にいた人びとは、熱傷で死亡している。

それにつづいて旋風を伴う火事嵐が広島と長崎をおそった。それは広島ではとくに激しいもので、ゼロ地点から２キロ以内で、半日でほぼ燃えるものはすべて焼きつくした。

そしてまた、広島と長崎でも、油じみた強い放射能を含んだ、いわゆる「黒い雨」が激しく降った。

原爆の爆発エネルギーの約15％が、電離放射線（物質に作用して電気を帯びた粒子を生じる放射線）として放出された。その約３分の１が初期放射線として、爆原から１分以内に放射された。残りの約３分の２が残留放射線として放射線降下物から放出された。広島と長崎のゼロ地点での初期放射線量は、それぞれ前者では数万ラド、後者で前者のそれより数倍多かった。人間は、全身線量として700ラド（吸収された放射線量の単位で、１ラド＝0.01ジュール／キログラム）以上を浴びると事実上すべての人がかなり早い日時で死亡し、約450ラド（空中線量）放射線を浴びると半数の人が１ヵ月ほどで死亡する。一般的には大量の放射線にさらされた人びとは即座に無能力化し、放射線症の最初の症状である吐き気、嘔吐に苦しめられ、その後吐血し、高熱を出し、激しい下痢となり、腸から大量に出血した。そして10日ほどで死亡した。被曝線量がそれより少なくても、ほぼ同様な症状が現われた。そして敗血症がしばしば死亡の原因となった。

以上みてきた核爆発による爆風や火球および熱線（火災）、電離放射線などにより、人びとや動植物、建物などが、即時に、数時間後に、当日に、数日後に、数か月後に、あるいはまた1年後になどと短期的影響として生じた死や破壊、ダメージであった。しかし、爆発による長期的影響もあったことも無視することができない。例えば、広島・長崎の生存者で、1945年の末時点でも生存していた人びとの多くは、一応健康そうにみられていた。だが後になって、眼の障害、白血病、悪性腫瘍、精神神経症などといったさまざまな症状が現われはじめた。両市には局地的な放射性降下物はほとんどなかったので、そうした後障害としての長期的影響は、両市特有のものといえよう。

長期的影響として象徴的なものが白血病だ。白血病は最初の20年間に多発している。この間、高い被線量の人びとの死亡率は、被曝しなかった日本人のそれの約30倍という高さであった。死亡率は37年後でも、全国平均値に近づいていない。生存者の間での甲状腺ガン、乳ガン、肺ガン、骨ガン、消化器系のガン、またそれらの他のガンの発生率も、被曝しなかった人びとより高くなっている。また、爆発したとき母親の胎内にあった子供たちの間でも、何らかの先天性奇形とくに小頭症が増え、知能発達に問題をかかえている。

広島と長崎に対する原爆の爆発で、両市の人口のそれぞれ少なくとも40%、26%が死亡したとみられている。平地の広島と山地の長崎の犠牲者の数は地形の違いから一様ではないが、爆心地点からの距離ごとの死亡率は、両市ともほぼ同様であった。爆発した直後、ゼロ地点から500メートル以内にいた人びとはほぼ全員が死亡している。2キロ以内では約60%が死亡した。死亡の約4分の3までが、爆発から24時間以内に生じている。もちろん、爆発の後障害で、爆発後数週間、数ヵ月、そしてまた数年にわたって犠牲者が出ている。

爆発当時、広島には市民以外に数万の兵士や朝鮮人強制労働者もいたが、正確な人数は分かっていない。最も信頼できる推定では、約35万人が広島市にいたようである。1945年末までに、その人口の40%にあたる14万人が死亡した。その高い推定でさえ少なすぎる。

長崎で爆発があった当時、約28万人がいたようである。最も確かな推定によると、45年末までにその約20%に当たる7万4,000人が死亡したようだ。長崎でも多くの朝鮮人がいたものの爆発による死者数は正確に分かっていない。45年の末以降の長崎での犠牲者数についても分かっていない。両市の死者数は、合わせて25万をはるかに超えると推定できる。

以上みてきたバーナビーとロートブラットによる広島・長崎原爆の惨禍についての分析は必ずしも十分なものとはいえないが、その概略は妥当なものであろう。だが、例えば、川名英之が検討しているように[11)]、日本側の資料からみたその実態の分析の方がより適当なものといえよう。ただ、ここで前者を中心にその実態をみていったのは、その後に検討した三つの核惨禍の世界との関連性を重視したからである。しかし、何よりも重要なことは、広島・長崎の被害の構造とその被害のもつ意味が、水爆を使用した場合の原点となっていることを理解することである。田中孝彦が強調しているように、実際に、広島と長崎、そして日本で展開されてきた多様な「ヒロシマ、・ナガサキ」の主張で基調をなしてきた四つのものは、１、核兵器は極めて非人道的な兵器であること、２、その惨禍は、交戦当事国のみならず、他の広範な人びとにも及び、さらに人類の滅亡にもつながること、３、そうした特質をもつ兵器は将来二度と使用されるべきでないこと、４、全面核戦争に連動する可能性のある、通常戦争も防止されるべきこと、などである[12)]。

⑵　水爆使用後の世界―１

広島・長崎に対する原子爆弾使用で、予想をはるかに超える圧倒的な破壊力をもつために、再び使用してはならない恐るべき兵器であるかを知ることになった。第二次大戦後に次第に冷戦状況が表出してくるなかで、核兵器を独占していた米国に対抗して、1949年８月に初の原爆実験を行った。それ以降、米ソはより強い破壊力を求めて、多くの核実験と激しい軍拡競争に入っていった。このより強力な破壊力をもつ核兵器が水爆にほかならない。マンハッタン計画に関わり、協力した多くの科学者は、驚異的破壊を可能にした恐るべき核兵器を製造したことに責任と後悔を深くした。だが、核融合反応技術を取り入れた水爆の開発を進めるべきかの問題をめぐってそれらの科学者の間で対立がみられた。「一方でE.テラーは、どんな犠牲をはらってでも、できるだけ早く水素爆弾を開発したいと考えたが、その理由のひとつは1949年の実験で明らかになったソ連の原爆所有に対抗することになった。他方では、オッペンハイマーは、技術的、政治的ならびに道徳的理由から水爆開発計画に優先順位を与えること反対した。ためらいは政治家と軍部の断固たる介入によって一掃され、1952年11月１日、最初の水爆実験、暗号名「マイク」が太平洋で行われた[13)]」。この最初の水爆実験「マイク」爆発は驚くべき結果をもたらした。この爆発では、エルグラブのサンゴ礁の小島を海から消滅させてしまい、また、エニウエトク環礁のある小群島のひとつエンゲビに、この島に30分もいたら生命が危なかったといえるほどの強い放射性降下物が降り注いだ。また、1954年３月にビキニ環礁で強力な水爆「ブラヴォ爆弾」実験を行ったが、予想していた範囲を超えて放射性降下物が広がり、爆発地点の東およそ167キロのところで操業していた日本の「第五福竜丸」が被曝する事件まで起きている。ひん死から致死量までの放射能を生み出した「ブラヴォ爆弾」の核分裂破片が、太平洋の約7,000平方マイルにわたって拡散したことは、およそ１年近くになってやっと明らかとなった[14)]。ソ連も米国と同様に、より強力な爆発力および破壊力をもつ水爆実験を重ねており、米ソは相互に、無限のより強大な水爆開発競争を激化していった。だが注目すべきは、両国とも水爆の爆発力の強化に関心をもっているが、その破壊力およびその結果について正確かつ適切な理解も評価もできなかったし、また、歪曲したり、隠蔽したりしたことだ。

原爆の爆発力（エネルギー）と破壊力と水爆のそれらに圧倒的な差があることはいうまでもない。もちろん、前述したように、原爆も水爆も同様に、爆発力と破壊力は単純に比較することは正しくない。爆発力はTNT火薬に換算して、キロトン（1,000トン）とメガトン（100万トン）を意味する。原爆は爆発力は概して、TNT火薬に換算して数千トンであるため、単位はキロトンを使用するが、水爆のそれは一般的にはTNT火薬に換算して数百万トンであるためメガトン単位を用いている（もちろんすべての水爆がメガトン級のものばかりでなく、より小型のキロトン級のものも多数ある）。原爆も水爆もそれらの爆発力がどれだけ強力なものであるかということよりも、どれだけ強力な破壊力をもっているかが重要な問題である。水爆が大きな爆発力を可能にするかよりも、強大な破壊力を可能にするかに最重要視していることは否定できない。それだけに、水爆を使用した場合、ヒトやモノ、社会、自然環境に、とりわけ相手の国家や人びとにダメージを与えるのか、どのような結果をもたらすのか、を検討する必要がある。

そのためにも、水爆が原爆より大きな破壊力を可能にした仕組みをみておくべきだ。原爆は核分裂兵器であるのに対し、水爆は核分裂融合兵器である。すなわち、高木仁三郎がいっているように、水爆は核分裂と核融合を組み合わせることにより、原爆よりはるかに大きな威力を生み出した核兵器でもある。そのため大型の水爆は3F爆弾などとも呼ばれている。「３Ｆとは、Ｆ（核分裂＝Fission）―Ｆ（核融合＝Fusion）―Ｆ（核分裂）の三重方式の意味である」。この3F爆弾は、核分裂と核融合の組み合わせることで大きな威力をもつが、同時に初期の原爆とは比べようのない大量の放射能（死の灰）を生み出すため、汚い水爆と呼ばれている。ブラヴォ爆弾によるビキニの死の灰の惨劇は、その汚さが原因となっている[15)]。また、ラルフ・E. ラップは、原爆より強大な威力を可能にする水爆は事実上、三段階の装置―核分裂→核融合→核分裂―の核兵器だったとして、次のようにいう。最初、起爆用の原子爆弾を使って熱核爆発を起こす、これが次に、高速中性子群で大きいウラン238の被覆を攻撃し、爆発を起こさせたのである。ウラン238の被覆は、実際に三つの目的に役立った。①爆発を強烈にするため中性子をとじこめた。②それ自体を爆発させて爆弾の威力を高めた。③中性子一つを吸収するごとに、二つの中性子を解放して、中性子の補給をたくさんふやした」。こうした兵器製造上の技術突破によって、水爆は長期の効果をもつ極悪非道な核兵器となった。こうした核兵器による攻撃は、相手の全国民を標的とし、その国土を長期にわたって汚して住めない土地に変えてしまうのだ。３Ｆ兵器は過剰殺人（オーバーキル）に、さらに、新しい次元として緩慢殺人（スローキル）を加えたのだ[16)]。

それでは、水素爆弾による爆発はどのような結果をもたらすのか、つまりどのような効果を生み出すのかを考えてみよう。その際注目すべきは、水爆といってもどの規模のものなのか、あるいは核戦争の場合のようにどれだけの総量のものなのか、一応、分けて考えることができる。前者の場合、小型の200キロトンないし500キロトンから、大型の１メガトンから10メガトン、あるいはそれ以上の数10メガトンなどの規模のものがあるが、実際的には１メガトン級の爆弾を標準的規模として検討していくことが妥当であろう。F. バーナビーと J. ロートブラットの考察を中心に高木仁三郎やラルフ・E. ラップの考察も加えてみていこう。今日一般的な水素爆弾の爆発力（エネルギー）は原子爆弾の場合のそれと大体同じように、約50% が爆風として、35% が熱線として、そしてあとの15% が放射線のエネルギーとして放出される。

最も大きなエネルギーとして放出される爆風は、一気圧を超える過剰な圧力の波として伝わる過（爆）圧といわれるもので、熱線よりやや遅れて到達するもので、都市の住民と建物を破滅に追いやる最大の原因となる。低い上空で爆発させた１メガトン水爆は、爆心地点から５－７キロメートルによって最大で秒速70キロメートルもの風が吹き抜ける。この地点では堅固でない建物のほとんどは破壊してしまう。その外側半径10キロメートルの地点でも、最大風速は秒速30－40メートルに達する。この爆風は、爆心からの距離に応じて数秒～数分後に各地点を通過しながら、建物を壊し、その破片や窓ガラスで人びとを傷つけ、10数キロにわたってダメージを与えながら遠ざかっていく。１メガトンの水爆で、直径10キロメートル程度の都市の市街地が瓦礫の山と化してしまうのだ。１メガトンの水爆で、爆発地点からの、9.6キロ以内のすべての木造家屋が倒壊され、爆発地点から6.4キロ範囲のレンガ建てのアパートが破壊され、その4.8キロ以内のかなり強固な事務所の建物のすべてが倒壊してしまい、さらにまた、1.6キロ以内の地下避難所のすべてがやられてしまう。爆風は多くの建物を倒壊させるが、同時に、建物の破壊に伴って多くの人びとが犠牲となったり、そもそもその強風で人びとは多くの建物や路面に打ちつけられて死に追いやられる。概して１メガトン水爆の上空での爆発で、爆心から５～７キロメートルの範囲が致死領域となる。その致死領域の内側の面積と人口密度の条件によるが、致死領域の半径が７キロメートル、人口密度が3,000人／平方キロメートルとすると、爆風の効果のみによる死者は約46万人となる。

火災についてどうみたらいいのだろうか。メガトン級水爆の火災の効果は、爆発よりいっそう恐ろしい。１メガトン水爆が爆発する瞬間に、１千万度を超える高温の火球の心が形成させると同時に電磁波として熱放射する。次の瞬間に火球が上昇しながらふくれ上がり、巨大な太陽のように閃光を発するであろう。１メガトン水爆で火球の直径は2.4キロメートルにも広がるようだ。この閃光は強烈なもので、それを直接に目撃した人は、数100キロ離れたところにいても盲目となってしまう。

また、火球に伴う熱線は、強力な熱エネルギーを爆心地点から高速に近い速さで放射状に広がり、火災や火傷などの被害を引き起こす。爆発地点から14.4キロ離れていても皮膚の第二度熱傷を起こし、爆心の数キロメートル以外の戸外で熱線をあびた者の衣服は燃え、大火傷で死亡するだろう。爆発地点付近の建物は跡形もなく燃え尽き、その外側から数キロメートルの範囲でほとんどの建物はすぐに焼け焦げたり、燃え尽きてしまうことになる。さらにそれより外側の広範の地域にも火災が広がり、その上、ガス・電気系統の故障や事故などが重なることで、火災は集合的なものとなり、山あらし現象が発生することになる。この山あらし現象は、都市におけるメガトン級爆撃における唯一最大の殺人要因となりうる。

水爆の爆発エネルギーのうち放出される放射線は、全エネルギーの約10～15%ほどである。爆風や火球・熱線としてのエネルギー量と比較して破壊力としての効果は小さい。しかし、最も複雑で、恐ろしい効果をもたらすものが核放射線と放射能および放射線降下物（フォールアウト）と第二次放射能にほかならない。そのため、核兵器が悪魔の兵器といわれている。

１メガトン水爆の爆発に大量の核放射線は、（高速）中性子とガンマ線である。中性子は、核分裂の直接の結果として放射状に放出されるが、空気中や建物を通過する過程で吸収され、威力を大幅に縮小したり、消滅していくものの、数キロメートル地点の人体に影響を及ぼす。ガンマ線は一種の電磁波で、ラジウムによって、またＸ線の形で放射され、人体に強力な影響を与えるものだ。ガンマ線は核爆発と同時に直接に放出されるが、中性子と同様に空気中の原子に急速に吸収されるため致死範囲はそれほど大きなものではない。だが、中性子もガンマ線は、大気圏外では空気がないためメガトン級爆発による恐るべきそれらの放射線を数千キロ地点にまで広がる。とくにガンマ線で注目すべきは、中性子と大気との相互作用によって生成する第二次ガンマ線と核爆発の「死の灰」が放出するガンマ線である。

爆心地点に近い地域で最強の放射線（2,000ラド＜吸収線量の単位＞以上）を吸収した人は、まず中枢神経がダメージを受け、数日のうちに死を迎える。１メガトン級水爆の上空爆発では、その範囲は爆心地から約２キロ内ではそうした状態に陥るだろう。その外側で約500ラドまで放射線を吸収した人は、それによる細胞死で多くの人が一週間以内で死ぬことになる。このもっとも外側の400〜500ラドを吸収する人は、何とか早期の死を避けることが可能でも、潰瘍などの消化器系の疾病やその他の障害をもつことになる。このレベルの放射線は一般に、半致死線量といわれているものである。１メガトン水爆の上空爆発では、この「致死領域」は爆心地点を中心とする約直径５キロメートルの円形地帯となるだろう。

また、その５キロメートルの円形地帯の外側１キロメートルほどの地域では、吸収放射線量は数10〜400ラドと弱まり、大多数の人びとは早期の死を免れることが可能である。しかし、それらの人びとは、食欲不振や脱水症状、発熱、頭痛などの障害が表出し、さらに造血組織の細胞破壊が生じるために白血球やリンパ球が減少することで、他の病気にかかりやすくなり、結局、死亡する人も多くなるだろう。さらに、バーナビーとロートブラットは、１メガトン水爆による放射性降下物による積算線量とそれを生ずる地域の面積との関係を次のように分析している。10ラド—56,000平方キロ、25ラド—32,700平方キロ、50ラド—18,600平方キロ、100ラド—10,500平方キロ、200ラド—5,500平方キロ、400ラド—2,600平方キロ、600ラド—1,700平方キロ、800ラド—1,200平方キロ、1,000ラド—900平方キロである[17)]。

これまでみてきたようなメガトン級水爆の爆発による直接の第１次放射線よりも危険なのは、核爆発後に一定の時間を経てから地表に降下する、強力な放射能を含んだチリの粒子である、放射性降下物（フォールアウト）だ。フォールアウトの粒子が風にのって広範囲に拡散し、何日も、何か月も、何年にもわたって人体に著しく有害な放射線を長期間にわたって放出し続け、水源や海洋、河川、森林、農地、農産物、動物、住居などの、人びとおよびその生活環境を全面的に汚染し、著しく悪化させてしまう。

放射性降下物の電磁波が人体にどのような被曝をもたらすのかを計る単位としてレントゲンがある。すなわちこの放射線の生物学上の計算に使用される基礎単位がレントゲンである。レントゲンとは、生物組織を電磁波が照射する線量の単位であり、放射線の殺す力の目盛りにほかならない。医学で用いられているX線のように、100レントゲン以下の放射線量であるなら、多くの場合、急性または検出できる影響を受けることはほぼない。すなわち、この程度の照射ならば病気にならない。100～200レントゲンの放射線量の場合では、多くの人はしばらくの間「放射線症」にかかるだろう。主な兆候としては、衰弱や吐き気、実際に吐いたりする。人間がこのような程度のものであれば、2、3日か2、3週間以内で完全に回復することになろう。そして、200レントゲン以上の放射線量であると生命にかかわる。200～300レントゲンの間の照射であれば、1か月以内に一部の人間が死ぬ。300～400レントゲンであれば、治療を受けなければ人びとの3分の1が死ぬことになろう。さらに400～600レントゲンの間での死亡率は50%かそれ以上に高くなるだろう。しかしすぐには死ぬことはない。一時的には回復したようにみえても、1か月以内には死ぬことになる。そしてまた、1,000レントゲンを超えれば、すべての兆候が急速に現われ、犠牲者はけいれんを起こし、異常な行動をとるようになる。

放射線を放出する性質を意味する放射能は、爆発当初はストロンチウムやヨウ素、セシウム、炭素、プルトニウムなど206種類以上の放射性核種からなっている。そのなかで寿命の短いものはしだいに衰退して消失していくが、寿命の長いものだけが残っていく。一方、比較的低い高度で核爆発が起こる場合に放出される放射性降下物で、その粒子は比較的大きなもので、かなり一日以内という短時間で降下するもので、初期フォールアウトと呼ばれるものだ。他方、比較的に小さい微粒子の降下物で、遅延フォールアウトという種類のものだ。この微粒子は爆発によって上空に昇り、大気圏上層や成層圏に届く。その微粒子は数か月以上経ってから全地球的規模で降下してくる。遅延降下物は全体としての放射能強度は弱いものとなっているものの、依然として人体にとって相当有害な長寿命の放射能を含んでいる危険なものだ。危険な放射能は全地球的規模で広がりをもち、また、その危険な影響が長時間にわたって強固に持続するために、直接人体に対してのみならず、地球生態系に対して大きな脅威となっている。

以上みてきたように、1メガトン水爆の爆発によって、爆風や火球・熱線、核放射線の影響とそれらの相乗作用、さらに火災のような二次的事態などによって、半径数キロ程度で広がる大都市もほとんど壊滅的な被害をこうむることになる。その外側の地域は火災のような被害を受けるが、その内側が受けたほどの大きな打撃はないだろう。だが、放射性投下物放射能の影響を避けることができない。結局は1メガトン水爆によって死者数は数10万から100万の間の範囲となろう。バーナビーとロートブラットは、1メガトンの核爆発威力を、爆風による致死面積として71平方キロ、熱線のそれとして391平方キロ、そして放射線のそれとして22平方キロとして、核兵器使用の具体的な一つの総合的結末のケースを指摘している[18)]。

たしかに、これまでみてきた核兵器使用のもたらす人類世界の絶滅的効果や、人類世界に及ぼす核兵器の影響を検証してきたとはいえない。1メガトン級水素爆弾の爆発による人間にとっての物理的・生物的・生態的な影響なり効果についてみてきたに過ぎない。しかし、このことをあまり否定的に考える必要はない。たとえ1メガトンの水爆でも広島・長崎での原爆と比較して人類世界にとって圧倒的な影響力をもつことを明らかにしてくれる。そのことから、自国にとっても相手に対しても核兵器使用の歯止め力学が作用する。1メガトン水爆がどれだけの威力を発揮できるかを知ることが、知らないよりその使用の危機を回避する助けとなる。1メガトン核兵器使用の影響力は、ある特定の地域や国に限定されており、人類世界の絶滅の問題に大きな意味をもってはいない、という安易で、楽観的考え方に警鐘を鳴らすことができる。放射性降下物の問題をみても、それがいかに全ての人類世界絶滅につながる意味をもっていることが理解できよう。また、実際に戦略上、非核保有国に対して使用されることも、また事故で偶発的に使用されることもありうる。したがって、この1メガトン核兵器使用（爆発）の影響や結果について予測することは現実的である。たしかに、一般的には一発の水爆の使用そのままで事がすむ、ということよりも、むしろ別の核兵器も反撃として、また報復として使用されることになり、大規模核戦争が展開されることになる、とも予測することができる。それら二つの予測の有用性は実際には、非両立的な対立するものではなく、相互補完的なものである。

⑶ 核戦争勃発後の人類世界―2

そこで、これから人類世界にとって核戦争の影響や結果について、スウェーデン王立科学アカデミー編『1985年6月世界核戦争が起こったら—人類と地球の運命—』[19]と、C. セーガン『核の冬—第三次世界大戦後の世界—』[20]を中心に参照しながら検討していく。

核戦争による長期的影響に関する科学的検討を試みた初めての本格的な報告は、1975年に米国の科学アカデミーの委員会による『多重核爆発の長期的世界的影響』というものであった。しかし、この報告の内容は、「人類は大規模核戦争でも生き残れる」とも理解できるものだった。長期的影響の評価は、“かなり楽観的過ぎる”バイアスのかかったと思われる部分が散見している。また、その後出された米国の技術評価局の『影響評価』は、一応、参考とはなるものの、やはり十分なものではなく、安易な見方をしている[21]。概して戦争や戦略そして核兵器をはじめ軍事力に関わる問題についての研究や調査は、それらの研究や調査の主体が、国家（政府）やそれから直接関係をもつ、あるいはそれから資金援助を受けている研究・調査機関であり、国家（利益）からの視点で、国家や軍部にとって都合のよい資料やデータを駆使して、現体制側の意向に沿った分析・調査の結果が抽出される傾向が強い。そのためそうした問題についての評価は事実上、どうしても厳しいものよりも甘い、楽観的なものになりがちといってよい。「人類は大規模核戦争によって絶滅することはない」、「人類は大規模核戦争が起こっても生き続けることができる」、「人類は大規模戦争の長期的影響を容易に克服することが可能だ」といった楽観的な評価が出てくることになる。こういった楽観的な評価はほぼ同時に、「人類は大規模核戦争を避けることはできない」、「核戦争が起きても仕方がない」、「起きてもかまわない」という甘い考え方を反映している。そこには、「人類は大規模核戦争を回避すべきである」、「それを回避することができる」などといった考え方は存在しないし、あるいはまた、こうした考え方はまったく無視されている。

先にみたように、大規模核戦争が勃発したら、人類世界の絶滅につながるほどの恐るべき結果を引き起こすことになる事態を、厳しい科学的手続きで検証を試みたものが、『1985年6月世界戦争が起こったら—人類と地球の運命—』（原題『核戦争とその結末』）である。本書は、地球的規模の核戦争が人間や地球生態系に壊滅的な打撃（影響）を及ぼしているかを現実的・科学的に評価を試みることによって、大規模核戦争による人類世界の破局を回避することに役立つことを意図している。核戦争の影響は実際に、自然環境とくに生物圏にとってもっとも破壊的なものになるところから、核戦争と環境が相互作用関係にあることに焦点を当てている。そのことは、核兵器の使用で、直接的に、あるいは短期的な影響として人間の死や人体へのダメージ、生態環境の破壊のみではなく、長期的影響としての地球的規模の決定的な破滅、とりわけ破局的な生態環境の破壊を重視していることを意味している。また、「限定」核戦争や「単一（発）」核戦争ではなく、大規模核戦争に重点を置くのは、「限定」核戦争は起こりえないのであって、核戦争はいったん起きてしまうと実際には限定することも、制御することもできず、大規模核戦争に発展することが避けられないからだ。ひとたびいかなる核兵器が使用されると、ほぼ自動的により大規模な核戦争へとエスカレートすることになる。そのため、大規模核戦争によってそれだけに大規模な破局的結果をもたらすことになる。だからこそ、核戦争を起こしてはならない、という意図がそこに見え隠れしているかがわかる。

「アンビオ」諮問グループは、そうした問題意識に基づいて、「基準シナリオ―核戦争はいかに戦われるか―」を作成している[22)]。この「基本シナリオ」は基本的に核戦争はいかに戦われるかの一つのケースを示している。このシナリオは、地球的規模の核戦争（大規模核戦争）が、1985年6月初めの週日のニューヨーク時間の午前11時、モスクワ時間の午後6時に勃発する、と想定している。この時までに、米ソは大量の核弾頭を貯め込んでいながらも、米ソのどちら側もよりいっそう強力かつ高精度の核兵器や有効な運搬技術を求めて激しい競争を展開しており、その結果、軍部の指導者が核戦力の使用に慎重さを欠くようになっていると考えてもよい。また、ペルシャ湾での超大国の抗争がこの頃までに最悪の危険状況にまで高まっているかもしれない。中東諸国のなかでいつでも政治的混乱が起きる可能性もある。1980年代中期には、世界の安全保障にとって危機的な時期となりそうだ。そうした危機を背景として、第三世界のどこかでの戦争はヨーロッパに広がる可能性がある。ヨーロッパでの戦争は通常兵器で始まるだろうが、一方が他方の領内への浸透が早まると共に、核戦争にエスカレートする。原子砲の射程が110キロ以下であれば、すぐに使用されうる。核戦争は恐らく、戦術核兵器の使用によって始まることになる。さらに大きな攻撃目標を求めて戦局が拡大していくなかで、大規模な戦略核兵器を行使する世界戦争へと急速にエスカレートする。かなり早い段階で米ソが本格的に核兵器を互射するようになる。

核による世界戦争のシナリオを作成する上での問題は、5万個から6万個に及ぶ多量の核弾頭の目標をどう設定するかである。米ソの核兵器庫はかなりの過剰殺戮状態にあるので、目標の具体的選定は著しく困難である。この基準シナリオでは、総弾頭のうち14,737個に絞って目標を定めた。その総メガトン数は1985年の水準の半分以下で、約5,750メガトンになる。

基準シナリオでは、北米やヨーロッパ、ソ連を核戦争の主要戦略地域としているが、その他の多くの国も戦略的、政治的に重要である。事実上の大国である米ソは相互に、その他の一部の国が核戦争後に国際政治の支配国になることを防ぐために、それらの国をも目標にすることもある。核兵器の設置を禁じたトラテロルコ条約が締結されている中南米諸国も目標になるとしている。ソ連の核弾頭は主として北米やヨーロッパ、中国を対象として発射される。その発射の目標は、米国のそれよりも広範囲に及んでいると同時に複雑である。

この基準シナリオにおいて、目標は人口目標、軍事目標、経済産業目標の三つに分類している。注視すべきは、軍事・経済産業目標はほぼ、都市やその周辺にあることだ。また、核爆発の影響についても、地表で爆発する場合と空中での爆発する場合とで異なっている点についても注目すべきだ。爆発が地表で起こった場合には、局地的放射性降下物によって死傷者数が最大となるが、爆発そのものによる即死者数はむしろ少なくなるという。そのことは、この基準シナリオの目的が核爆発が直接、環境へいかに大きな影響を及ぼしているかについて強調することにあるからだ。

基準シナリオでは、米国やカナダ、西欧、東欧、ソ連、日本、南北朝鮮、ベトナム、オーストラリア、南アフリカ、キューバなどの都市が、その人口規模に応じて１メガトンから３メガトン数の、また、中国や東南アジア（ベトナムを除く）、インド、パキスタンなどの人口50万人以上の都市が、その人口規模に応じて１メガトンから10メガトン数の攻撃を受ける。核戦争に直接巻き込まれる国では、産業の大部分が都市と一緒に破壊される。さらに、これらの国ぐにや南北両半球のその他の地域にある重要産業、エネルギー供給施設、鉱業施設に向けても、空中爆発による攻撃が加えられると想定されている。

潜在的軍事目標の対象となる数はきわめて多く、そのほとんどは都市やその付近にある。それ以外に南北両半球にある空港や港湾に対しても、地上爆発による攻撃が行われる。

こうしてシナリオのなかで使用される弾頭の総数は前述したように、14,747発、その総爆発威力は約5,742メガトンになる。そのうち5,569メガトンが北半球で、173メガトンが南半球それぞれに使用される。この北半球と南半球との間でメガトン数の大きな格差があるのは、大規模核戦争の主戦場が北半球であると想定されているからである。また、軍事目標に最も多くの弾頭数とメガトン数が多いのも、軍事戦略が中心である以上当然であろう。

以上のような基準シナリオで行われる世界核戦争が起こると、人類世界にどのような影響を及ぼすのだろうか、あるいはどのような結末となるだろうか。とくに人口中心に投下された弾頭によって生ずる初期放射性降下物が人びとに大きな影響を及ぼすことに注目する。少なくとも450ラドの放射線を浴びる地域では、半数の人びとが死亡する。線量が450ラドを超す地域の面積は、1メガトン爆弾の場合で、幅20キロ、長さ約145キロ程度となる。

放射性降下物の影響は、爆発の直後から1か月頃までの短期的な問題で終るのではない。戦争の1か月後および10年以降も残る長期的問題なのだ。この地球的規模の遅延放射性降下物のために多数の死者が輩出され、また、死亡しなくても、さまざまな後遺症で死ぬまで苦しさを免れない。基準シナリオによると、地球的遅延放射性降下物の降下量は、1か月後ではストロンチウム90、セシウム137、ヨウ素131はそれぞれ北半球での平均0.25、0.4、20、また、南半球全体での0.01、0.02、0.7、さらに、全地球平均での0.2、0.2、10キュリー／平方キロである。そして10年後ではストロンチウム90、セシウム137、ヨウ素131はそれぞれ北半球での平均では0.3、0.4、－（減衰）、また南半球全体では0.04、0.05、－、さらに全地球平均では0.2、0.2、－と想定している。

ヒュー・ミドルトンは、「疫学的にみた核戦争―その未来は病気と死―」[23]のなかで、核戦争の結末（影響）を完全に理解するためには、戦略や産業目標に対する損害のすべてを病気の特徴を調査するだけではなく、人間全体に対する影響を総合的に評価する必要がある。

以前に何度もみてきたように、核兵器による交戦期間においては、熱線や爆風、直接の電離放射線による死傷の危険がある。その直接の当分の間は、初期放射性降下物の強い放射線の危険がみられる。核兵器による交戦が終了し、初期放射性降下物の放射能が減衰するために比較的安全な生活が可能になってからは、病気の発生は放射能の影響と衛生施設の破壊の程度によって左右される。それによって社会全体の回復度も変わってくる。人間集団に及ぼす災害の影響のなかで最大のものは、それによる死傷の規模にほかならない。死傷者数が膨大であれば、必要不可欠なマンパワーが失われ、あるいはその後の文化的動揺が生じるため、社会状態は混乱することになる。

核戦争は人間に対する直接の影響という点では、それぞれ相互に関連はあるものの分離可能の多くの脅威を生み出す。核兵器による交戦中には、熱線や爆風、直接の電離放射線による危険が存在する。その後の当分の間は初期放射性降下物の強い放射線の危険が存在する。核兵器による交戦後には、初期放射性降下物の放射能が衰退し、一定の安全が可能になってからは、病気の発生は放射能の影響と病院施設の破壊の程度によって、さらにマンパワー・レベルによって左右される。

何種類かの規模の都市について、人口密度ごとに死者、負傷者、生存者の概数から抽出される結論は、被害の規模がいかに巨大なものであるかだ。最大規模の都市を別にして、他のすべての都市で人口の半数以上が死亡し、死者と負傷者の合計が負傷しない人の数をはるかに上回る。基準シナリオによると、人口10万以上の都市を合わせて、合計数12億9,000万人が攻撃の対象となっており、それに以上の結果を当てはめると、そのうちの約７億5,000万人が爆風の影響だけで死亡し、３億4,000万人が重傷を負い、当初安全なのは２億人だけとなる。すなわち、数分のうちに都市人口は３分の１以下に減少する。生存者も半数以上が負傷すると、現存する医療施設や体制、資源によっては、何ら適切なかつ効果的な対応はできない。核攻撃を受けなかった都市以外の地域でも、難民の救済の重荷を負わされるため、負傷者を救済するための協力はできない。

生存者は、核爆発による直接的な多数の負傷者が存在するという厳しい状態に直面している上に、電離放射線の初期的・長期的影響を大きく受けることになる。大規模核戦争のなかでの生存者の大多数が大打撃を受けるばかりか、栄養不足や薬や医療施設不足、感染性疾患の発生率の増大などの問題が多発する状態に積極的な解決策を打ち出すことができなくなる。しかもその放射能被害が長期にわたるため、生存者への打撃がより厳しいものとなり平均寿命を圧縮し、大部分の人びとの活動が著しく低下することになる。そうした問題に対する人々の理解が広がりをもたないと、医療施設・資源はますます脆弱化しつづける。

世界核戦争が人類世界に及ぼす影響は事実上、単に人口規模が縮小するという問題にとどまらない。その核戦争の生存者の多くを死傷の危機状況に追いやり、その状況克服の意欲や能力を減衰させてしまう。こうした状況は明らかに、米国東部やヨーロッパ、ソ連西部のような地域のみならず、インドや中国のような地域でも、支配的なものである。人類世界の技術先進地域の人びと、つまり再建の努力にとって最も重要な人材が、最も甚大な被害をこうむることで、早期再建への見通しは暗いものとなる。

J. E. コグルとP. J. リンドップは「世界戦争後の放射能と人間[24)]」で、とくに世界核戦争で発生する電離放射線が人間に及ぼす短・長期的影響に注目する。先述したように、核兵器は爆風や火球・熱線、電離放射線によって人間を殺傷するが、この最後のもの、とりわけ放射性降下物からの短・長期放射線の影響が最も数量化しにくい。しかし、「アンビオ」基準シナリオ基づいて生じる地域的・全世界的放射性降下物は、多くの人びとの短・長期にわたる死傷にまた健康にきわめて重大な脅威となり、おそらく北半球において想像を超えるほどの膨大な死傷者を生み出すようだ。しかもこの電離放射線による一連の長期的障害は、人びとの一生を左右する重大な問題なのだ。

主として全身被曝の結果生じる、三つの型の死が致死放射線症候群と呼ばれるものである。第１の型は、全身線量が50グレイ（5,000ラド）以上、死亡するまでのおおよその時間が２日、の中枢神経（CNS）死といわれるものだ。この死の型は具体的には、中枢神経の損傷や脳浮腫、心機能不全などを含んでいる。第２の型は、それぞれ10グレイ（1,000ラド）以上、２週間、の胃腸（GI）死とされるものである。この死の型には、胃腸損傷は感染、出血、脱水などが含まれる。第３の型は、それぞれ２グレイ（200ラド）以上、３～８週間の骨髄（BM）死といわれるものだ。この型のなかには、骨髄の損傷や感染、出血などがある。２グレイ（200ラド）以下の全身線量の場合には、死亡までには至らない前駆症とされるもので、吐き気や嘔吐、下痢を伴うものだ。これは被曝者の初期症状といってもよい。以上のような致死症候群によって６～８週間以内に死を免れた人びとでさえ、皮膚や肺、生殖腺、眼などの組織に損傷を受けることが一般的である。

それらの放射性降下物からの放射線の短期的影響のほかに、人類世界の絶滅を進める放射線の長期的影響がきわめて重大な意味をもっている。その長期的影響のなかでも最も危険なものは、致死的なガンを誘発させることだ。ガンで死亡するリスクはすべてのガンを合わせると、１グレイ（100ラド）の放射線を浴びた人びとのうち、平均して80人に１人が放射線ガンで死亡することを意味する。発病までの潜伏期間は、白血病ならわずか２年のこともあるし、皮膚がんや肺がんでは20年以上のこともある。

放射線による遺伝的影響は50年も前から知られているが、人間についてのデータはほとんどない状態だ。だが、人間の約10％が一生のうちのどこかの時点で、一部または全部が遺伝に起因する病気や障害に苦しむことが知られている。それらの現象の約90％が二分脊椎、水頭症、口蓋裂、糖尿病、弱視など、不規則に遺伝する先天的なものである。ただそれらの病気のうちどれが、放射能に起因するものかは知られていない。それにしても自然の突然変異率を二倍する線量については、推定で0.16グレイ（16ラド）から2.5グレイ（250ラド）までの幅がありそうだ。集団に対して一律に１グレイのガンマ線を一律に照射された線量の約40％だけが遺伝的に意味があると思われる。

無視できない重要な問題は、放射線の発育中の胚や胎児に対する影響についてである。それは、出生前あるいは分娩中の死亡、奇形児の出生、幼児期の致死的悪性疾患の発生率の増大などといった危険である。推定によると１グレイ（100ラド）の被曝によって分娩前後期の死亡が出産1,000について０－20件増加し、青春期のうちに知能発達の遅れも同じく０－20件増加する。また、妊娠初期の３ヵ月の間に１グレイ（100ラド）の放射線を浴びると、生まれてくる子供の幼年期の致死的ガンのリスクは10%にもなる。

いずれにしろ、世界核戦争の展開で爆風や火球・熱線、電離放射線による膨大な人びとが殺傷に直面するが、とくに放射性降下物からの短・長期の放射能の影響で、核戦争で生き残った人びとのうち540万ないし1,280万人が致死的なガンに冒され、また、1,700万ないし3,100万人が直接機能を喪失し、その後100年の間に640万ないし1,630万人の子供が、遺伝的欠陥を内在化させて生まれてくる、とみられている。放射能は長期にわたって人類世界に制限なく重大なダメージを与えつづける。

⑷ 「核の冬―第三次世界大戦後の世界―」

大規模（世界）核戦争が人類世界にどのような絶滅的影響を及ぼすのか、についての本格的な科学的研究は、これまで検討してきたスウェーデン王立科学アカデミー編『1985年６月世界核戦争が起こったら―人類と地球の運命―』（同アカデミーの雑誌『アンビオ』の特別号）の他に注目すべきすぐれて有意義な研究が、C.セーガン『核の冬―第三次世界大戦後の世界―』である。この研究は、「核の相互攻撃が大気と気候に及ぼす長期的影響」というテーマで、リチャード・P.ターコやオーエン・B.シーン、トーマス・P.アッカーマン、ジェームズ・B.ポラック、C.セーガンらによって行われた。これは彼らの頭文字をとってティータップス（TTAPS）と呼ばれるようになった。これまでの研究の主題は実際には、主として核戦争によって生じる熱線や熱風、放射線が人間や都市に及ぼす破壊的影響に関するものであった。多くの研究はほとんど、核戦争による気候や生物、自然システムへの長期的影響に対して多くの関心を向けることはなかった。ティータップスの研究の狙いは明らかに、世界核戦争が人類にどれほどの長期的・世界的影響を及ぼすのか、または、地球の生命維持システムにも同様な影響を与えるか、を明らかにすることである。そのためにも、科学的メッセージの価値を維持するため、核戦略や経済的・社会的・政治的・思想的意味のような要因を含めることなく、核戦争の物理的・大気的・自然環境的・生物的影響に焦点を当てるようにした。

ティータップス研究の代表者的存在であるセーガンは、「核戦争が大気と気候に及ぼす影響[25)]」のなかで、核戦争によって、我われの「核の冬」と呼んでいる、人類が地球上に出現してから経験したことのない気候の大変動が引き起こされるかもしれない、という。この「核の冬」研究に取り組むきっかけとなったのが、火星探査衛星マリナー９号による約１年間におよぶ火星の砂あらしの動向についての調査の結果であった。砂あらしの動向と大気の温度変化との関係性を明らかにした。その後、ポール・クルッシェンとジョン・バークマは、核戦争中に森林と都市の火災によって大気に放出される量の予備的な概算を行った結果、火災によって発生する煙が、太陽光線をさえぎる微粒子を大量に増やす重要な原因となることを明らかにした。

一個の熱核兵器が爆発すると、爆風や火球の熱線の放射、火災、初期の中性子・ガンマ線の放出などが起こる。現在（当時）の熱核兵器は「戦略」、「戦域」、「戦術」レベルの核兵器が多数存在しており、米ソ両国だけでも核兵器の総数は５万個ほどで、その総破壊力は約１万5,000メガトンにもなる。実際の核戦争が起きた場合、どれほどの核兵器が使用されるかは予測できない。だが、すべての核兵器が使用されることは考えにくいが、同様に、少数の核兵器を使う小規模核戦争の展開で終了することも考えにくい。一定レベルでの「制限戦争」で終わるということは一般的には予想することはむずかしい。むしろ、大量の核兵器が使用される世界（大規模）核戦争へとエスカレートしていくことは避けられないだろう。どのような契機であれ、また、種類や規模のものであれ、一たび核兵器が使用されてしまうと、時間差がなく、さまざまな方面から連続して使用される。恐怖心から、パニックから、コントロール・システムの不備から、コミュニケーション不全から、また、核戦略体系それ自体に内在する矛盾などから、核戦争は地球的規模に大規模化することになる。そのため、大規模核戦争が人類世界にどのような影響を及ぼすのか、あるいはどのような結果をもたらすのかを真剣にかつ現実的に検討しようとするならば、5,000メガトンから7,000メガトンまでの大規模な相互攻撃に重点をおく必要があろう。実際に、多くの研究はこの数値を用いている。この数値は、全世界の戦略核兵器の３分の１から半分に該当する。大規模な対価値相互攻撃の目標は、米ソのほぼすべての大都市や、北半球の大都市のほぼすべてが含まれる。人口が10万人をこえる都市は全世界に2,500以下しかない。したがって、世界に存在している核兵器でそれら都市のすべてを十分破壊できる。だが、これから検討していくさまざまな影響や結果はほぼ、かなり小規模レベルの核戦争によっても生じることが理解できる。

都市が標的とされる大規模な核相互攻撃が実施されると、爆風や火球・熱線、初期放射線、火災などの原因で、数億人から11億人が、また、医療を必要とする重傷患者もおそらく11億人となるだろう、と予測できる。したがって、世界人口の半数近くの人びとが、核戦争の直接の影響より死傷すると考えられる。事実上、社会が大きく崩壊し、電気やガス、水道の供給網が断絶し、交通・通信網も破壊して、医療施設の不備や流行病や精神障害の多発などが重なって、かなり多くの犠牲者が増加することになるだろう。

しかしながら、大規模戦争のさらなる影響が人類世界に致命的なダメージをもたらし、人類および社会の存続条件を大きく悪化させることになる。これらの影響はこれまで予測されなかったり、また無視されたりして、ほとんど研究や分析、評価されてこなかった。そういった影響は、セーガンらの研究で最近にやっと明らかにされたものにほかならない。

「破壊力の大きな核兵器が地上で爆発すると、目標地域の表面は蒸発し、溶解し、粉々になる。そして、それらの凝細したものや細かいチリが、対流圏の上層や成層圏に吹き上げられる。そのような微粒子は、上昇する火球のなかに取り込まれ、一部はきのこ雲の茎の部分を上昇してゆく」。都市や森林近くの上空で小さな破壊力をもつ核兵器の爆発でも、大火災が容易に発生する。都市の火災では大量の黒煙が発生し、下層大気の上部である対流圏まで上昇していき、さらに、火事あらしが発生すると、上昇大気の下部である成層圏へと一部のススを運んでいく。破壊力の大きい核爆発によって成層圏に吹き上げられた微粒子は、かなりゆっくりと降ってくる。それが完全に落ちるまでには約1年ほどかかる。そのため、落ちてきた微粒子は核分裂生成物のほとんどは崩壊して、比較的安全な程度のものになっている。それに対し、破壊力の小さな核爆発や火災によって成層圏に吹き上げられた微粒子は、かなり早く下がってくる。そのチリは人びとに与える電離放射線の線量が大きい。

1メガトン以上の破壊力のある核爆発の場合には、明るい火球ができ、それは対流圏を通り越して成層圏へ上昇していく。かなりの高温となった火球は、空気中の窒素の一部を科学的に燃やし、窒素酸化物を生み出す。それが今度は、成層圏の中間部にあるオゾンを化学的に攻撃し、破壊してしまう。このオゾンは、生物にとって危険である紫外線を吸収する役目を果たしているため、破壊力の大きな核爆発によって成層圏のオゾン層が部分的に破壊されると、地表に降り注ぐ太陽の紫外線が増加することになる。大規模核戦争が起これば、生物にとってきわめて危険な紫外線の量は数百％も増えてもおかしくない。より危険である波長の短い紫外線のほうが増え方が大きいだけに、その危険度はいっそう強まることになろう。すなわち、そのことはたしかに、多くの生物が絶滅する危険をますます高めてしまう一つの重要な原因となっている。

以上みてきた四つの影響、つまり、「対流圏に広がって太陽光線をさえぎる煙、成層圏に滞留して太陽光線をさえぎるチリ、放射性のチリの降下、オゾン層の部分的な破壊の四つが、核戦争の終了後、環境に打撃を与えることがわかっている」。これら以外にも悪影響を及ぼす要因があると思われるものの、我われは、それがどんなものかをわかっていない。チリ、とりわけ黒いススは、太陽の可視光線を吸収してしまうため、大気を暖め、地球の表面を冷やしてしまう。

そうした四つの影響について、「ティータップスの研究」と呼ばれている科学的研究が行った研究によって、大規模核戦争のあと、厳しい低温が長期にわたって続く「核の冬」がやってくることがはじめて提示された。米ソによる相互攻撃の標的となる北半球の中緯度地域上空で、大気のチリやススが太陽光線で暖められると、地球的規模での大気の循環に大きな変化が生じる。微粒子は、数週間で赤道を超えて運ばれ、南半球にも寒気と暗闇をもたらす。たしかに、南半球では北半球ほど寒くも暗くもならないようだが、南半球でも同様に、大規模な気候や環境の悪化がみられるようだ。

この研究では、数十の異なる核戦争のシナリオが検討された。そのシナリオは、全世界に存在している核兵器のうち、破壊力にして0.8％のみしか使われない、また都市の攻撃に限定される、というきわめて小規模のものから、世界中の戦略兵器の75％が使用される大規模な相互攻撃、という核戦争のものまで広く取り上げられている。

ここでは、基準シナリオを中心に検討しよう。シナリオ１は、対兵力攻撃と対価値攻撃の両者を含み、総破壊力5,000メガトン、地表爆発57％、都市・工場への破壊力20％、核弾頭の破壊力の規模0.1－10メガトン、そして核爆発の総数１万400個などの条件からなっている。シナリオ１は、米ソ両国による4,000メガトンの対兵力攻撃と、都市とその周辺に向けられる1,000トンの攻撃からなるティータップスの基本シナリオである。とりわけ都市での大火によって発生するススが地表の気温低下に重大な影響を及ぼす。米ソによる相互核攻撃後の数週間で最も低いマイナス23度まで低下する。気温が０度にまで回復するには、約３か月もかかる。しかし、平常温度に戻ることは１年以内には望めない。その理由は、成層圏のチリはゆっくり落ちてくるので時間がかかるためである。

また、チリやススによって太陽光線が遮られることにより、昼間の明るさも、日暮れどきか、それよりもさらに暗くなる。北半球の中緯度の攻撃標的地域では、１週間以上にわたって、真昼でもなに一つみえないほど暗くなり、暗黒の世界が続く。総破壊力5,000メガトンの基準シナリオ１の場合には、北半球での平均の光のレベルは、通常のときの数％にしかならない。その状況は、上空に厚い雲がかかったときと同じものである。このような光の明るさの状況では、ほとんどの植物は、補償点と呼ばれる状態、すなわち、植物の新陳代謝に必要な程度の光合成しか行われない状態にほぼ近いものになる。基準シナリオ１では、普段の光量に完全に戻るには、一年以上はかかるはずだ。大気中の微粒子は、放射能を伴って地上に降下するが、それに対応して光量が増えてくるので、地表も暖かくなってくる。オゾン層の破滅することで、これまで以上に強い紫外線がふりそそぐようになる。

注目されるべきは、5,000メガトンの基準シナリオ１では、初期の放射性降下物と核兵器の標的の風下に運ばれる放射能の雲によって、北半球の中緯度に存在する陸地の30％が、およそ250ラドの放射線を浴びることが明らかとなった。

平均して400ラドから500ラドの電離放射能を全身に浴びると、健康な大人でも死ぬことが常識となっている。だが、子供や年寄り、病人、核戦争環境でダメージを受けた人びとなどは、およそ350ラドかそれ以下になるだろう。そのため、核戦争後の環境のなかでは、放射性降下物それ自体がきわめて危険なものとなる。人口密度の高い北半球の中緯度地域ではとくに危険度が高い。基準シナリオ１の場合、以上みてきた影響のほかに注目すべきものは、有毒ガスや水道の凍結、食糧不足、医療システムの崩壊、世界的流行病、精神障害などである。

これまで予測されていなかったが、シナリオ14の場合のように、比較的小規模な核戦争であれ、もし都市が攻撃目標とされたならば、気候に破滅的な影響を及ぼすこともある。大規模な気候破壊が起こすかどうかのきわめて幅広い境界線として、「しきい値」が求められた。それは、都市の上空で100個以上の核弾頭が爆発することによって煙が発生するか、あるいは、ミサイルのサイロなどを攻撃対象として、巨大な爆発力を核兵器が地表か低空で爆発することで、チリを吹き上げ、同時に火災を発生するか、そのいずれかの場合が当てはまるといってよい。この「しきい値」を超えるまでは、大気中に舞い上がる微粒子がだんだんと増えても、気候への影響は大きいものではない。だが、この「しきい値」を超えることになると、その影響は著しく大きなものになる。このような複雑な計算をする場合には、つねに不確実性がついてまわることは避けられない。どのような要因を用いるかによって、より厳しい、長期にわたる影響を及ぼすように、あるいは、ゆるやかな、短期の影響を与えるように、作用する。ティータップスの計算は、一次元モデルに基づいているので、ある要因を無視していることを自覚している。そうしたティータップスの姿勢は、かえってその分析や評価の質を一定レベルで維持することを可能にしている。

いずれにしろ、核爆発が及ぼす影響を規定し、左右するさまざまな要因について検討していくことが、今後の研究の課題となろう。小さなすきまの可能性や急速に凍結が起こる可能性、個々の煙の柱がどのくらい早く広がるのか、海岸地域の局地的な大気循環との関係、日中の温度変化と、初期のススの雲のなかで誘発される動き、などについてさらに研究されなければならない。また、核戦争のシナリオは、自分たちが予測したよりも、もっと厳しい場合も考えられる。例えば、そのために、気候への影響はさらに大規模のものになり、また、とくに影響の及ぶ期間が長くなるはずだ。

したがって、これらの計算によっては、核戦争の完全な結果を正確に予測することはむずかしい。しかし、「全体的な結論については、一般に同意が得られているようである。核戦争が起きたならば、放射能を帯びた暗闇のなかで、非常に寒い期間が少なくとも数ヵ月は続き、ススとチリが落ちたあとには、かなりの長期にわたって、以前よりも多くの紫外線が地表に届くようになる」。

核兵器や核戦争の影響について、人びとは故意に低く見積もろうとする傾向がみられる。実際に、1945年７月６日にアラモゴルドで行われた最初の核爆発力を、その製造にかかわったほぼすべての人が低く見積もっていた。また、初期の水素爆弾テストによる放射性降下物の広がりも、低く見積もられていた（ビキニ被曝事件)。何よりも、我われ自身を含めて、多くの人びとにとって「核の冬」は脅威であった。それら以外にも、我われはどんなものを見落としているのだろうか。おそらく、深刻な影響を及ぼすと考えられるものが、現代の高層ビルのみならず一般の建築物も有害ガスを大量に発生する多種多様の建材や断熱材、繊維材が使用されている。多数の都市の大火災を想定している核戦争のシナリオでは、巨大な有毒スモッグが、数か月にわたって漂うことになるかもしれない。

大規模核戦争の影響としてきわめて重要であると理解できるのに、ほとんど検討されていないものが、相乗効果と呼ばれているものである。例えば、初期電離放射線と放射性降下物からの電離放射線、また「核の冬」のあとに増大した紫外線などによって、人間の免疫システムは脆弱なものとなり、大きく危険に直面する。生存者の病気に対する抵抗力がかなり弱くなると共に、医療施設やサービスは崩壊することになる。また、補虫動物である鳥なども、寒さや暗闇や放射能のために、早期に絶滅してしまう。そのため、虫はこうした環境破壊に対する抵抗力が強いことで、大繁殖することになる。さらに、有毒な形の微生物が放射能によって発生するかもしれない。こうしたいくつかの環境破壊が相互に連動作用しあう例が、ほかにも多く見られる。その結果、「それぞれの要因が単独で生じる影響の単なる合計よりも、悪影響はずっと厳しいものになる。相乗効果の影響の大きさがどのくらいになるのか、ほとんどの場合、知られていない。しかし、そのすべてが悪影響を増大させる、と考えてもよいだろう」。

したがって、大規模核戦争の影響は、現在の「核の冬」分析が示すよりも、さらに人類世界にとって厳しいものになると予測することは正しいといってよい。前例のない影響力を考えるならば、そもそも大規模核戦争の影響が、現在予測されているよりも厳しいとか厳しくないとかを想定することは、どうして適切な態度といえるのだろうか。

核戦争によって実際に重大な影響を受けるのは戦争当事者（国・地域）だけであるという考えは、現代ではまったく通用しない。例えば、赤道地帯の動植物相は、わずかに温度が低下するだけでも、その何億の動植物相よりもかなり大きな影響を受けるだろう。大規模核戦争ではなく小規模なものが起きても、農業はなくとも北半球では、絶滅状態は避けられないだろう。なぜなら北半球で輸出穀物の大部分を生産しているから、南半球にとっても大きな打撃となる。寒気や暗闇が南半球にも大きく波及したならば、大規模核戦争は地球全体に、前例のないほどの大災害をもたらすことになる。核戦争に直接的であれ間接的であれ関わりをもたない国や地域でさえ、核戦争のさまざまな影響を受けることになり、核戦争からの聖域は地球上のどこにも存在しない。

核戦争は、いかなる人びとも、国も、地球でもが気にしなければならない重大な問題となっている。「核兵器は人間の手によって作られた。アメリカとソ連の世界的な戦略対決は、人間の手によって計画され遂行された。これらのことは避けられないはずがない。もし、決意を固めさえすれば、私たちは愚かにも自分自身たちにかけてしまったワナから、人類を救い出すことができる。しかし、時間はあまり残っていない」。たしかに、大規模核戦争を防ぐためには、人間が自らにかけてしまったワナから抜け出さなければならない。問題は、そのワナからどうやって抜け出すことができるかである。さらに本質的問題は、どうやってそのワナから抜け出すかというよりも、どうやってそのワナ自体を壊すことができるかどうかである。すなわち、究極的問題は、核戦争をしないこと、核兵器を使用しないことで終わりではなく、どうやって核兵器そのものを全廃できるかどうかである。

その一方で、パウル・R.エールリッヒは、「核戦争が生物に及ぼす影響」について検討している[26)]。エールリッヒは、セーガンの主張する、大規模核戦争の影響に同意を与えた上で、とりわけその戦争が人類と生物に及ぼす影響を検討している。熱核戦争が生み出す地獄の後に、人類と生物が直面する環境は、圧倒的に大きな変化をもたらしたが、それはきわめて有害なものであるため、生命システムが広範囲にわたって莫大な被害を受けざるをえない、という。爆風や火災、熱線、初期放射線などの熱核戦争による直接的な影響の結果とはまったく別に、戦争が生物に及ぼす影響によって、北半球の文明が終焉することも十分にありうる。こうしたことに多くの国の指導者は、核戦争に内在する潜在的な危険性をきわめて軽視している。

核戦争の規模や地上爆発と空中爆発の数、核兵器の種類や爆発力の大きさ、爆弾が投下される目標や地域などの要因によって、核戦争の及ぼす影響の内容と程度が変わってくる。しかし、セーガンが明確に強調したように、生物に及ぼす影響が相当過酷なものになることを強調しておきたい。自分たちは、ティータップスの報告書に比べて、とりわけ１万メガトンの核戦争に焦点を当てた。なぜならば、この実現性の高いシナリオが示す影響を、一般の人びとに知ってもらうべきだと痛感したからだ。だが、どのような影響があるかについての全体的な記述は、すべての大規模戦争のシナリオに当てはまるとみている。

産業社会の構造そのものが核戦争によって破壊され、社会生活の基本的土台となっている都市が事実上、喪失してしまい、人類の蓄積してきた実際的知識が消滅し、精神的重圧に直面し、救助の望みがないことも知ることになる。こうしたことは、第三次世界大戦で人類が受ける最悪の被害を想定したものである。自分は氷山の一角について語ったにすぎず、即死しなかった20億から30億の人びとの運命は多くの意味でもっと悪いものかもしれない。これらの人のなかには、核爆弾の標的から遠く離れた国や地帯の多くの住人がいよう。こうした人びとも、セーガンのいう、凍りつくような気温、暗闇、中期的な放射性降下物の直接的な被害をこうむる。しかし、最も重大な長期にわたる影響は、これらの要因やほかの要因が地球の環境システムに及ぼす影響を通して、間接的に形成される。

このことを理解するためには、生態学的システム、生物学でいう生態系について理解する必要がある。「ある生態系とは、ある地域に住んでいるすべての植物、動物、微生物からなる生物社会が、これらの生物が存在している自然の環境と結合したものをいう。環境のなかには、太陽光線、大気、川の水、土壌のなかの岩のかけらなどが含まれている。生態系の本質は、これらの生物を互いに、そして、その自然環境と結びつける込み入った過程である」。太陽からのエネルギーは、光合成を通したのみならず、純粋な物理的過程を通しているために、地表に届く太陽光線が何らかの原因で妨げられることになると、生態系の既往に破滅的な影響が及ぶことが理解できよう。すべての人間は生態系のなかに存在しており、農業生産はじめそのほか多くの無料の「公共サービス」は、完全に生態系に依存しているだけに、その生態系の機能破壊は人類の生存・生活に決定的な意味をもっている。

米ソによる全面核相互攻撃が起こると、セーガンは、広範囲に広がる暗闇と非常に冷たい大陸の気象の二点が最も重要であるとしている。そのほかに無視できない重要なものとして、野火や有毒スモッグ、太陽光線に大量に含まれている危険な波長の紫外線（UV- B）、レベルの上がった核放射線、酸性雨、地面、地表、広大な陸水への有毒化合物の混入、汚泥や下水で汚染された湖、川、大洋の沿岸、海外地域の激しいあらし、などを指摘できる。

これらの現象の影響について注視すべきことは、それら現象の多くはさまざまな地域で同時に発生すること、また、二つ以上の現象の同時発生の結果は、しばしば相乗効果を生み出す。すなわち、単に個々の結果を足した（合計した）よりも、より大きな結果をもたらすことになる。そしてまた、生態系への影響についての生物学者の結論は、爆風、火球・熱線、初期放射能などによる直接的な影響と異なり、核爆発の正確な形態にはほとんど無関心であることが理解されるべきだ。

気温が下がると、動物の世界は直接に厳しい影響を受けることになる。動物の多くは、慣れない寒さのために消滅してしまうにちがいない。しかしながら、生態系への影響へのかぎとなるのは、戦争が緑の植物に及ぼす影響である。緑の植物の活動によって、「一次生産物」として知られるものが供給されている。食物は、自然生態系や農業生態系を構成するすべての生物によって欠かすことができないものだ。植物によって光合成が行われないと、事実上、人間をはじめすべての動物は存在することができなくなる。緑の植物と光合成にとって当然、寒気と暗闇もきわめて有害なものである。核戦争が起こると、北半球では、1年にもわたって氷点下となり、南半球でも零度近くまでなり、温度が大きく変化する。核戦争後、短期間のうちに温度が急激に下がるので、寒さに強い植物でも低温に対応できずに大きなダメージを受ける。放射線や大気汚染、低い光度が、冷気や凍結による植物の被害をさらに大きなものにすることになろう。北半球のすべての植物は事実上、成長期かその直前に核戦争が起きた場合、損傷を受けるか死滅をまぬがれない。また、光量のレベルが普段の５％以下に減ったならば、ほとんどの植物は少しの成長もできなくなる。

寒気と暗闇が原因で、穀物と自然の生態系の生産性は、甚大な災害を受けざるをえないが、緑の植物は別の深刻な被害に直面することになる。核爆発で生じた火球は、成層圏に大量の窒素酸化物を注入するため、成層圏のオゾン層の保護層が50％ほども大きく消滅してしまう。戦争後、数か月間は大気中のススとチリが増大した紫外線が地表に届くことを阻止しているが、ススやチリが減衰し大気が澄むに応じて、生物は紫外線を大量に浴びることは避けられなくなる。この紫外線の量は、人間や生態系にとって危険とされている以上のものだ。増大した紫外線のため、植物は光合成を減少させてしまう。人類とほかの哺乳動物の免疫システムは抑制されてしまう。

核爆発による放射性降下物から放射線を、爆発が起きた場所の風下500万平方キロ全体が、48時間にわたって1,000レムかそれ以上浴びると、さらされた人全員とほかの敏感な動物や植物の種にとって致命傷となる。北半球中緯度地域にある陸地の30％が、24時間以内に500レム以上の放射線を浴びると、健康な大人の半分が死ぬことになる。

これまでみてきた生態が被る影響の他に、大量の核の爆発による爆風や火災、放射線によって、ダメージを受けたり、破壊される。油井や備蓄石炭、泥炭地、石炭の薄層などは何ヵ月も何年も燃え続ける。北半球の陸地面積の５％以上をおおうと予想される二次的な野火は直接に、生態系を破壊してしまう。

核兵器による相互攻撃の影響のため、北半球の多くのあるいはほとんどの植物が受ける災害は、高等動物にも同等かそれ以上の災害をもたらす。野生の動物や家畜は、寒さのためにすぐ死んでしまうか、水の凍結による渇きか飢えのために死に追いやられる。また、すべての土壌生態系も破壊を免れないだろう。

核戦争によって、北半球の食糧供給は実際に、破壊されるか汚染されているだろう。農業生態系は、それに組み込まれている自然の生態に必然的に依存している。戦争が原因で起きた自然の生態系の変化、とくに淡水の供給や害虫の制圧、受粉作用のサービスなどの能力に影響する変化は実際、農業の回復を遅らせることになろう。

どの核戦争のシナリオでも、北半球の熱帯の大半に、寒気と暗闇が広がるが、南半球の熱帯にも広がる可能性がある。熱帯と亜熱帯地域の植物の多くは、冷却によって植物は大きな被害を受けるだろう。また光量のレベルが長い間低下するままだと、あるいは、光量の低いレベルが低温と連動すると、熱帯林の多くは消失してしまう。そして、それとともに、もっとも貴重で、回復不能な資源、つまり動物と植物の大半を含む遺伝的多様性の喪失のことである。

一般的には、水中システムの被害は、陸上のシステムよりもわずかに少ないようだ。それでも、多くの淡水系は、かなりの深さまでも凍りついてしまう。そのため湖や池、河、小川の光のレベルはいっそう下がり、また、酸素の欠乏が強まり、多くの水中生物は絶滅してしまう。さらに、地表水が厚く凍りつくため、生き残った人間や動物が水を飲むことがむずかしくなる。また、海洋では暗闇のために、藻の光合成が阻止される。植物プランクトンといわれているこの植物の生殖は、ほとんどの場所で遅くなるか停止することになる。核戦争後に紫外線の放射が増大すると、動物プランクトンの生産性はさらに大幅に減滅することになる。結局、多くの貴重な海の生物が絶滅し、とりわけ北半球の生存者の口にまったく入らなくなってしまう。

今日、生物学者は、南半球も含めた全地球に寒気と暗闇が広がる可能性を考えなければならなくなった。核戦争のシナリオによれば、大規模核戦争によって発生する寒気と暗闇をもたらす大気への深刻な影響で人間が生き残れるのは、島じまや北半球での数か所、南半球の海岸地域に限定され、そして、人口は有史前のレベルまで小規模なものになってしまうはずである。それでも、南半球のすべての人間がすぐに死ぬ、という結果になるとは生物学者には思えない。そういった一部の地球での生存者は小グループを形成するか、あるいは孤立して生きていくことになるが、どのくらいの期間生存し続けることができるかを問う必要がある。人間は本来、社会的動物であり、自分たちが形成した社会構造に大きく依存している。人びとは、まったく経験したことのない新しい生活環境、前例のない天候、高いレベルの放射線に直面することになろう。そして、社会的・政治的・経済的・文化的システムは事実上、完全に破壊されてしまう。明らかに、生存者の多くの精神状態は、混迷し、不安定な状態は日常化する。これらの諸条件を考慮するならば、拡散した生存者が人口を増やすことはまったく不可能となり、何十年あるいは何世紀かの間に消滅してしまう、という可能性を否定できない。すなわち、全面核戦争が人類を絶滅させる可能性を排除できない、という意見が生物学者グループの一致したものである。もし大気に及ぼされた影響が全地球に拡大したならば、「ホモ・サピエンス（人類）」が生き残れるかどうか、我われ生物学者グループは確信がない、という。

以上、核兵器使用後の世界をみてきたが、いずれの場合も、例外なく、人類世界の絶滅の道を進めていることがわかる。

4 核兵器の出現と国際（世界）秩序の変容

核兵器による大規模戦争によって、人類世界（人類、人類社会、生態系環境）の絶滅の可能性を検討してきたが、ここでは人類および人類社会、とりわけ政治社会秩序すなわち国際（世界）秩序の形成・変容にどのような影響を及ぼしたのかを明らかにしなければならない。なぜなら、なぜ核戦争が起こる可能性があるのか、またどうすれば核戦争を防ぐことができるのか、についての諸条件を抽出を可能にするからである。

近代国際社会において、欧米の主権国家が構成する国際政治の枠組みとしての国際秩序は、二つの世界大戦を契機に第二次大戦後にその秩序の再編が試みられた。その際、新しい、好ましい国際秩序を構築するための二つの基本的課題があった。一つは、第三次世界大戦が起こることがない世界平和・安全保障の社会を形成するための国家間関係を構築すべきか、という課題と、もう一つが、欧米諸国中心の植民地主義的支配の長期にわたる対象となってきた植民地や弱小国（民族）を解放して独立・自立を可能にするか、という課題であった。その二つの課題にどう対応していくべきかの問題に大きな影響を及ぼしたのが、核兵器の存在とその役割という条件であり、また核戦争勃発およびその防止の可能性という条件にほかならない。そうした条件の重要性・必要性が認識されるきっかけとなったのが、広島・長崎での原爆投下による驚異的大災害であり、また、人道的、国際法的、そして政治的にも決して許容することができない犯罪であったことはいうまでもない。二つの課題と核兵器および核戦争との結びつきは実際には、第三次世界大戦（大規模核戦争）勃発の契機として、また、植民地独立・解放運動で、第三世界諸国や諸国間での紛争、核兵器の拡散の問題として顕在化していく。こうした核兵器および核戦争の在り方が事実上、第二次大戦後から今日までの国際（世界）秩序の在り方に大きな影響を及ぼし、また、その在り方を基本的に規定してきた。しかし、このことは、国際秩序に一方的かつ直接的に影響力や規定力を及ぼしていることを意味しているのではない。国際秩序への核兵器および核戦争への深刻な影響に抵抗したり、反対したり、否定したり、あるいはまた挑戦する多種多様な世論や運動、組織、方策、エネルギーが存在し、一定の反核兵器（反核）・反核戦争（反戦）の勢力として影響力を発揮してきた。ただ、それらの核兵器・戦争勢力と反核・反戦争勢力との関係は実際には、非対称的なものであり、前者の影響が後者のそれより強く作用してきている。したがって、前者が国際秩序に対して相対的に深刻な影響を及ぼしているといわねばならない。

そこで、このことをより具体的にみてみよう。そもそも国際（世界）秩序とはどのようなものであろうか。秩序をはじめ国家、権力、民主主義、平和、安全保障、正義、自由、平等、統治などのほとんどの基本的な政治的概念は本質的に、社会的構成性や歴史性、変容性、すなわち、弁証法的運動性を内在させている。最も単純にいうなら、国際秩序とは、国家行動主体が構成する国際社会において相互作用する政治の枠組みである。世界秩序とは、国家行動主体を中心としながらもその他の多種多様な非国家行動主体から構成される世界社会におけるそれら行動主体間の相互作用関係の政治的枠組みといってよい。H. ブルは、国際秩序を「国家から構成される社会、つまり国際社会の基本的あるいは主要な目標を支える人間行動のパターンあるいは性向[27)]」、また、世界秩序を「すべての人類からなる大きな社会の究極的単位が国家ではなく個々の人間であるために、国際秩序より基本的でかつ根源的なものである[28)]」という。これらのH. ブルの定義は適切なものであっても、十分な定義ということはできない。ここでは、特別な意味図けおする場合以外は、両者を相互互換的に使用する。

国際秩序を定義する場合に、弁証法的運動性を考慮して、国際社会におけるさまざまな社会的価値の配分機能や配分方法様式および配分内容・形態に注目することが重要である。なぜなら、国際（世界）秩序は、「それぞれの政治社会レベルにおける社会的価値や利益、財、資源、規範、能力の配分に関わる方法の在り方と、それらの配分に関わる内容の在り方との弁証法的運動（相互構成関係運動）の様式と直接的、間接的に関係し、結びついている概念であるからにほかならない」。国際（世界）社会を構成しているさまざまな行動主体は事実上、その社会に存在している多様な価値配分をめぐって複合的な相互作用する。この展開過程でそれぞれが自己の価値や財を獲得し、維持し、また強化していくのに適切かつ効果的な相互作用関係を形成していく。そうした関係構造が実際に、価値や財配分をめぐる行動様式に影響を及ぼし、また、その行動様式を規定し、そして自己にとって有効かつ妥当な配分を可能にする。社会全体にとってというよりも自己にとって価値や財配分の関係様式や行動様式をルール化する構造およびそのルール化の構造によって規定される価値配分内容の構造が、国際（世界）秩序とみてよい。基本的には、政治秩序は、そうした二つの要素からの構成物として理解することができる。政治秩序は、社会的価値配分決定方法の規則性と社会的価値配分内容の公平性から成っている[29)]。この二つの要素は明確に二分化できるものではなく、相互連動関係を構成しているが、概して、価値配分決定方法は価値配分内容の公平性と比較して相対的に確立されやすい。後者の要素は容易に実現しそうにない。現実に価値配分内容は、むしろ不公平なものであることが一般的だ。国内社会の政治秩序は、一定レベルでの公的な統治体（政府）が存在していると同時に、国内社会の同質性が比較的に高いために、第１と第２の構成要素ともかなり明確な形で存在している。それに対して、国際社会には、国家主権を超える公的な統治体（世界国家や世界政府、世界連邦国家）が存在していないと同時に、国際社会の同質性は著しく低い。そのため、第１の価値配分決定方法の規則性のレベルは弱く、明確な形で確立されていない。また、第２の内容の公平性の要素も第１の要素と連動して著しく低いというより、むしろ不公平性が高いといった方がよい。もちろん、国際秩序の第１要素である配分決定方法の規則性が高い場合があるものの、それは非強制的なものではなく、強制的な条件の強いものである。すなわち、価値配分決定が非強制的方法ではなく、きわめて強制的方法に依存している。そのことは事実上、国際社会は国内社会と比較して、一般的に価値の非両立的状態としての紛争が支配的である状態を反映している。

それでは、国際秩序における価値配分決定方法とは具体的にどのようなものだろうか。それが驚異的な破壊力をもつ核兵器（核戦力・核軍事力）および核戦争勃発の危機にほかならない。すなわち、その核兵器を所有することによるばかりか、いざとなれば核兵器を行使することによる脅威を他者に与えることで、他者の行動様式を規定（抑止）する方法が常態化、つまり規則化している。これまでは通常兵器（非核戦力・非核軍事力）の所有および非核戦争の実施が価値配分決定方法の規則性が支配的であった。実際はこれまでの国際秩序の配分決定方法の規則性は事実上、兵器（軍事力）の所有とその行使（戦争）とは表裏一体の関係にあって、両者を明確に二分化することができないばかりか、その意味がなくなることに注視すべきだ。核兵器の所有と行使は、有機的関連性をもってはいるものの、一応、二分化する必要性と可能性が存在している。通常兵器の所有・強化は、それを使用し戦争することによって自己が他者に勝利を収めるという機能を遂行することが目的である。核兵器の場合は、建前としては核兵器によって戦争で勝利を収めることではなく、自己も他者も戦争すること自体を抑えるという論理は明らかに、大きな矛盾を内包している。実際には、核兵器を所有するだけで戦争を防ぐことはできない。核兵器を所有することだけでなく、いざとなればいつでも確実に核兵器を使用するという必要性に基づく信憑性が重要な意味をもっている。したがって、核抑止論・戦略は本質的にジレンマを内包していることを認識しなければならない。

核兵器が国際（世界）秩序に及ぼしている影響や役割は、そうした問題と関連しているが、核兵器を何らかの形で実際に使用したり、また本格的な核戦争を容易に行うことができなくなったことだ。すなわち、核ゲームを安易にできなくなったことである。もちろん、このことは実際に核戦争が起きないことを意味するものではない。核戦争が起きないのではなく、積極的に、また自由に核戦争を起こせないことなのだ。米国と過去のソ連とがいかに莫大な破壊力をもつ大規模な核兵器システムを完備していようとも、現実に米ソ全面的核戦争が行われたならば、米ソのどちら側が一方的に勝利を収めるという、一人勝ちはありえず、どちら側も許容できないダメージを受けざるをえない。米ソは共に、核戦争によってゲインよりもロスが大きくなり、いずれにしても両者とも巨大なコストを払わざるをえなくなる。最悪の場合には、米ソは共倒れを免れることができない。米ソが核ゲームを展開する限り、そこには「ゼロ－サム・ゲーム」のルールが通用することはむずかしくなる。たとえ核戦争が起きなくても、核兵器システムを維持・強化するための軍事費は膨大なものになる。核戦争をしなくても米ソ両国に莫大なコストを強いることは避けられない。この「ゼロ－サム・ゲーム」のルールは、米ソ核超大国間の紛争ゲームに通用しなくなりつつあるばかりか、核超大国と核所有国の間の、また、核超大国と非核所有国の間などの紛争ゲームでも同様に、基本的にはそのゲームのルールは通用しない傾向がみられる。核兵器の国際（世界）秩序への影響は、核兵器を使う、使わないに関係なく、価値配分決定方法が核兵器（核戦力）による強制的手段中心に重要な役割を果たすことになり、また、紛争ゲームの展開に「ゼロ－サム・ゲーム」のルールが通用しなくなったことだ。なお、国際秩序の第２の要素である価値配分内容の公平性は、第１の決定方法の規則性の要素が支配的であり、第２の価値内容の公平性の要素は全体的にきわめて低いものの、平和や安全保障、資源、能力などの価値については、核所有国およびそれらの国ぐにと直接的な関係性をもっている大国（同盟国）中心の配分内容が一般的である。

さらに、核兵器の国際（世界）秩序への影響は、国際関係の構造的枠組みを意味する国際秩序の固有の限定的な場（空間）は事実上、それをのり超えてより広い場（空間）に拡大していく。国際関係の枠組みが地球的規模にまで広がり、国際秩序をその大きな部分として含む包括的な世界秩序というグローバル規模での国家も含む多元的な行為主体間の関係の枠組みが形成されつつある。このことは、世界秩序が国際秩序に取って代わったことを意味するのではない。後者の国際秩序は事実上、前者の世界秩序の一部を構成しているのであって、両者は両立的関係を形成しているのだ。

明らかに、特定の、一部の国や国家間のあるいは地域での紛争ゲームを展開しているのではなく、そのゲームはそれら特定の地域を超えて広がりをもつため、グローバル・レベルの秩序の在り方を形成し、規定するが、同時に後者のグローバル秩序の在り方が、より下位レベルの秩序の在り方に影響を及ぼし、その在り方を規定することが常態化する。すなわち、核兵器および核戦争をめぐるゲームは、グローバル秩序、国際秩序、地域秩序、国家秩序、地方秩序、個人との境界はきわめてあいまいなものとなり、それぞれの秩序の間で相互に連動し、浸透し、構成し合う関係を形成している。したがって、世界秩序を核ゲーム化や核問題化することが常態化することになるため、世界核（軍事）秩序と呼ぶことができるグローバル秩序が存在することになる。

5　核兵器と防衛・安全保障・平和の概念

近代国際社会が成立以来、主権国家の多くは基本的には、権力闘争が支配する準アナキー社会のなかで、それぞれの独立や防衛、安全、安定（国内社会の統一や統治）を可能にするために一定規模の物理的暴力（軍事力）の維持・強化をはかってきた。もちろん、その武力を所有することによって自動的に、独立や防衛を維持・強化が可能になったのではなく、紛争状態を激化させ、また武力行使（戦争）が頻繁に起った。このことは事実であるとしても、他国からの圧力や強制力を排除したり、抵抗したり、あるいは対抗することで独立を維持することも、そしてまた、他国からの侵略や攻撃を防いだり、安全を維持することも、あるいは相手との戦争を回避して平和状態を維持することもまったく無条件ではないとしても、特別な条件付きなしに国家の独立や防衛、安全、平和を維持することとは必ずしも不可能ではなかった。それらの独立や防衛、安全、平和などの価値の在り方や意味を決定的に条件づけたり、制約するものが核兵器の所有・行使にほかならない。たしかに、兵器は科学技術の発展とともに、低次元のものから高次元の兵器が近代化され、より強力な殺傷力や破壊力をもつようになった。そうであっても、通常の在来兵器は事実上、無条件の莫大な破壊力をもつものではない。その破壊力の対象は、一定の、また特定のヒトやモノ、地域、空間であり、つまりたとえ大きなものでも部分であり、制約のあるものだった。すなわち、兵器の破壊力の規模とその対象空間は実際に、通常兵器と核兵器とでは本質的に異なるものであり、両者の違いはまさに、量的なものではなく、質的なものである。明らかに、第一次大戦も第二次大戦も、世界的規模の大規模戦争と捉えることは正しいとしても、核戦争とは質的な違いがあることは理解されなければならない。そのため、1945年の広島・長崎での原爆投下を契機に第二次大戦後から今日まで（これからも長期にわたって未来においても）も。象徴的に「核時代」といわれていることは妥当なことである。

通常の在来兵器と核兵器が質的に異なるとはどのような意味があるのだろうか。一つはいうまでもなく、核兵器の驚異的といえるほどのほぼ無限の莫大な破壊力にほかならない。単に巨大な爆発力がもっているのではなく、人や生物の殺傷能力やモノの破壊能力が圧倒的に高く、ほぼすべての対象を完全かつ確実に破壊することができる。破壊能力が高いだけに、冷戦構造が形成され、展開するなかで、米ソ間の核軍備拡大競争が進展することになり、「殺しすぎ」、「壊しすぎ」という現象が現実のものとなった。1960年代に入ると、米ソ両国は全世界を一回どころか、何回でも破壊できる「オーバーキル」現象を可能なものにした。米ソはともに相手の国の破壊力よりいっそう強力な爆発力を求めてきわめて強力な水爆実験を何度も積み重ねて、よりいっそう有効な水爆を入手する努力をしてきた。すでに1961年には、ソ連は61メガトン（TNT の爆発力に換算して6,100万トンに相当）の水爆実験を成功している。また、「オーバーキル」の状態について、当時のケネディ大統領は早くも、世界人口の１人につき TNT の10トンに相当する核兵器を貯蔵しており、その量はよりいっそう増えつづけている、といっている[30)]。当時の米ソの政策決定者が、そうした共通の認識をしておきながらも、そうした危機的動向を何とかして克服しようとの考えを共有することなく、かえってよりいっそう大規模な爆発力をもつ核兵器を求めて激しい核軍拡競争をつづけていった。

たしかに、1962年10月のキューバ危機後に、そうした危機を避けるためホットラインを設置し、また、イギリスも含めて「部分的核実験禁止条約」を締結している。だが、米ソのそうした対応はキューバ危機を経験して再びその危機を回避していこうとする意図の現われであり、核軍拡競争を中止するとか、低減させる具体策はとらなかった。「オーバーキル」の常態化のなかで、米ソ間の全面的核戦争が起これば、米ソともに１億人以上の犠牲者が出るとの科学的な予測がなされた。ホルスティはまた、こう述べている。「こうした状況で軍事力の機能にかんする旧来の考え方は通用しなくなり、対外政策の手段としての核戦争は『考えられない』ものとされているが、それは不幸にして起こらないとは言えない。これまでに米ソは、核兵器を使用できないような対外政策目標は、ほとんどないという見解を表明してきた。それで核兵器を実際に使うというよりも、それを使うぞという威嚇の方がもっと重要となってきている」。たしかに、在来の通常兵器は、戦略地域への攻撃とか、侵略とか、征服とか、あるいは外国政府の打倒とか、傀儡化などといった政策目標を実現するために使用されるのに対して、核兵器の機能は主として、実際にそれを使用することなしに、敵対する相手国が自国にとって好ましくない行動をとらないよう抑止することだ。だが抑止を成功させるために、いざとなればいつでも核兵器を自由に行使するという矛盾を内包している。こうした核兵器の抑止機能も明らかに、その無比ともいえる破壊能力の巨大性を反映するものである。

第2の核兵器の特性は、巨大な破壊能力をもっていることだけでなく、時空を圧縮する形で、直接的にかつ短時間で他者を確実に壊滅に追いやることを可能にしたことだ。米ソ両国は精巧な大陸間弾道ミサイル（ICBM）を大量に手に入れることによって、効果的に他者を攻撃できるようになった。これまで相手による攻撃から自由を防衛してきた空間と時間は事実上、その有効性を喪失することになり、相手の核攻撃を短時間でまともに受けることになった。しかも、ICBMばかりか、多数の原子力潜水艦と戦略核兵器を搭載する爆撃機による核戦略体系が確立されていることで、陸からも空からも、また海からも、常時、どこからでも、その目標にかなり正確に大規模な核攻撃ができることになった。ひと度、どのような形であれ、規模であれ核兵器が使用されてしまうと、他者がそれを外交的方法で停止させたり、中止させることは不可能だ。むしろ他者は少しでもダメージを避けるため、即座に大規模な核反撃を行うことになる。ますます大規模な核戦争が展開されることになる。たとえ、小国間の地域武力紛争や大国間の通常兵器による戦争であれ、戦術的にも戦略的にも核超大国米ソと結びついていることから、米ソ間の全面的核戦争にエスカレートする可能性がつねに存在している。現代の世界秩序（世界社会）、先に述べてきた「グローバル核（軍事）秩序」が形成されており、国家や地域、政治集団などの境界線に関係なく、それぞれの単位を横断する核兵器および核戦争の地球的規模のネットワークが形成されている。そのことからも、核兵器の重要な役割は、世界の時空の圧縮現象を引き起こし、また、核戦争はつねに、人類社会を絶滅させる可能性があるといわねばならない。

第3の核兵器の特性は、核攻撃対象の無差別性である。核兵器は、都市と軍事施設とを意図的に区別して使用されていない。とくに都市のみに攻撃された場合でも幼児から老人まで、無差別に多数の非戦闘員である市民を殺傷し、また社会生活基盤を全面的に破壊する能力を十分にもっている。また、その地域に住んでいるヒトばかりか、他の生き物を区別することなく、すべての生き物に致命的な大打撃を与える。さらに、人間はじめすべての生き物の生存を支えている自然環境をも壊滅的な状態に追いやってしまう。核兵器は実際に、意図的であるなしに関係なく、区別されることなく「みな殺し」の手段にほかならない。たとえば、ある国の、ある地域の、またある立場（政策決定者や軍部、特権階級など）の人びとが核シェルターやその他の核攻撃を防ぐことが可能な施設や方策を利用して生き延びることができても、それは一時的に可能であっても、核シェルターやほかの施設から出て、健康でかつ安全な社会生活を長期にわたって享受することはできそうにない。まして、たとえ一時的であれ生き残るための核シェルターのような手段をもつことや利用できる人びとはたしかに、ほんのわずかな一部の者であり、その他の大多数の人びとは核シェルターをまったく利用できないということが現実である。したがって、すべての人びとや生き物が事実上、生存を可能にするためには、核戦争それ自体を防ぐ以外とる方法は見い出せない。どのような形の、また規模の核戦争であれ、一度起きてしまうと、例外なく最悪の結末を招くことは避けられない。ここで最重要な問題は、どうやって核戦争を防ぐことができるかである。これについては後ほど触れることにしたい。

第4の核兵器の特性は、すでにみてきたように、核爆発によって、その直後に高温の火球が形成され、その再放出される強力な熱線によって人や建物およびその他の物を焼き払い、それよりやや遅れて発生する猛烈な爆風によって都市の人びとに致命的な打撃を加え、また強固な建造物をほぼ完全に破壊してしまう。その上、最も恐るべき放射線と放射能によって、多くの被爆者が出てくるが、中枢神経を侵され、早い時期に死亡したり、また、早期の死を逃れても、吐き気や下痢、脱水症状、脱毛、造血組織の細胞の破壊などの障害者となり、長期にわたって後遺症をもつことになる。さらに、一定の時間を経て、地表に降下する強力な放射能の粒子、つまり放射性降下物（死の灰）を浴びることでガンなどになり、一生深刻な後遺症で苦しめられることになる[31)]。こうした事実があることを理解するならば、核兵器の爆発は単に、その影響力が一定の国や地域に限定されることなく地球的規模の広がりをもっていることばかりではなく、その影響力が一時的あるいは短期的なものだけではなく、長期的な将来の時間軸に及ぶことでもある。すなわち、核兵器や核戦争の影響は、大きな時空の枠組みを構成する意味をもっていることを認めなければならない。

そうした特性をもつ核兵器による戦争は事実上、人類、人類社会、文明、自然環境（生態系システム）からなる人類世界の絶滅を可能にしている。しかし、このことは実際に、核兵器がすべてのことや問題を決める全能をもっていることを意味するものではない。たしかに、核兵器は無比の圧倒的な爆発力をもつことによって、多くのものや問題に決定的な影響力を及ぼす可能性をもっているが、それは絶対的なものではない。なぜなら、その核兵器に抵抗したり、反対したり、あるいはまた挑戦することのできる勢力が存在していることを知らねばならない。概して、大国の政策決定者や軍部、戦略家などはそれを認めることなく、「核戦争を防ぐには、核戦争に備えよ」、つまり核戦争を防ぐためには核兵器で他国の攻撃的行動を抑止する、という抑止理論・戦略を主張する。それ以外の方策は認めそうにない。核兵器で戦争を抑止する以上、その核兵器の廃絶という方策は一切出てこない。そのことからも、クラウゼヴィッツのいう「戦争は政治の継続である」という命題が、「核時代」にどのような意味をもっているのか検討しなければならないだろう。

6　「核時代」における政治と戦争の枠組み

「核時代」における戦争は事実上、単に一定のある国や地域、人びとを破滅に追いやることで終わらず、人類世界の絶滅を可能なものとしたことで、近代国際社会の成立から第二次大戦終了までのいわば通常の在来兵器による戦争とは質的に大きく異なる意味内容や形態、存在意義、機能、結末をもつことは明らかである。「戦争は政治の継続」として定義するクラウゼヴィッツの戦争観は実際に核戦争にも通用するだろうか。彼が「戦争を自己の意志を実現するように敵に対して強制する力の行使」と捉えているが、核戦争もそのように理解できるであろうか。彼のその定義には二つの側面が注目に値する。一つの事実は、戦争はそれを政治的・経済的・軍事的競争であるその他の形態から区別する力を含んでいる、というものだ。もう一つのものは、戦争は無意味な殺戮ではなく、むしろ政治的目標を達成し、他の暴力形態からそれを区別するために使用される手段である、というものである[32]。

クラウゼヴィッツは何よりも、政治と戦争を厳密に二分することに厳しく否定する。「戦争は政治的交渉の一部であり、従ってまたそれだけで独立に存在するものではない」。普通には、「戦争の開始と共に交戦両国間の政治的交渉は断絶し、これとはまったく別の状態が現れる、そしてこの新奇な状態は、それ自身の法則に従うのである」と考えられている。しかし、「戦争は政治的交渉の継続にほかならない、しかし政治的継続におけるものとは異なる手段を交えた継続である」と彼は主張する。「政治的交渉とは異なる手段を交えた」という意味は、一つは、政治的交渉は戦争によって中断するものでも、まったく別のものに転化するものでもなく、依然としてその本質を保持するということであり、また第2は、戦争における一切の事件のたどる主要な道は何よりも、戦争を貫徹して講和に到るまでつねに継続する政治的交渉の要綱であるという意味である。戦争はそれ自身の文法をもってはいるが、しかし戦争はそれ自身の論理をもってはいないのだ。したがって、戦争は実際に、政治的交渉から分離できるものではなく、二個の要素を分離して別々に考察するならば、そこには意味もなければ目的もおかしなものしか出てこないだろう。要するに、「現実の戦争は、戦争そのものの法則に従うのではなく、或る全体の一部と見なされねばならない、そしてその全体のというのが、取りも直さず政治なのである」。政治と戦争の関係を主−従関係として捉えることができるところから、政治は戦争を道具として使役することになる。政治は実際には、政治の本領つまり何ものをも征服せねば止まぬ激烈な性格を抑えて、戦争を何らかの政治的目的を実現するための単なる自由に行使する道具にしてしまう。政治的観点が戦争の開始の際に、まったく軍事的立場を規定しないことは、戦争が両者の純然たる敵対感情に基づく厳しい致命的な闘争である場合以外ない。しかし一般的には、現実の戦争は明らかに、政治そのものの表現であり、またその反映でしかない。政治的観点を軍事的観点に従属させることは、不合理なこととみなければならない。「戦争を生ぜしめるものは政治に他ならないからである。政治は知性であり、戦争はその道具に過ぎない、決してその逆ではないのである。すると両者の関係としては、けっきょく軍事的観点を政治的観点に従属させるよりほかはない[33]」。

以上みてきたようなクラウドヴィッツの戦争論の「戦争は政治の継続（延長)」命題は、戦争は政治的交渉の一部であり、戦争はそれだけで独立に存在するものではないという、いわば「戦争は政治の道具である」という観念にほかならない。そこで現実の性質を考えていく場合、二つの条件をみれば理解しやすい、という。第1は、概して戦争の性格と主要な枠組みはその国の政治の規模と政治的事情から生じるので、戦争は何よりもこうした性格と概要に関して確実と思われる事項を基準として把握されるべきだ、ということだ。第2は、しばしば、多くの場合は戦争を有機的全体として考察すべきである、ということであった。すなわち、戦争を指導する最高の立場、つまり主要な方針が引き出される立場は、政治的観点からだけだ。すぐれてまとまりのある、充実した戦争計画は、そうした政治的観点からのみ成り立つのである。したがって、政治的利害関係と軍事的利害関係との相克は、少なくとも道理としてはもはやありえない。要するに、最高の立場における戦争術は政治となる。実際、戦争計画を立案するに際し、内閣ではなく軍人に純軍事的判断を求めようとすることは、きわめて不合理なことであり避けるべきだ。戦争の要綱は、軍事当局ではなく、政治当局（内閣）で行うべきである。だが、政治がある種の軍事的手段や方策からそれらの特性に適合しないような誤った効果を要求する場合には、政治の指示は戦争に悪い影響を及ぼす。政治そのものは正しくても、ある関係者が自分自身の意図に適合しないことを指図するものである。

当時のヨーロッパ諸国の人びとに大きなインパクトを与えた変革は、戦争指導の内部で起きたというよりも、むしろ政治の内部で起きたとみた方が事実ではないだろうか。フランス革命が諸外国に及ぼした圧倒的な影響を引き起こした原因は、フランスの戦争指導にみられる新しい手段や見解によるよりも、むしろ政治および行政、政府の性格、国民の状態などが激変したことになる。問題は諸外国の政府がこうした事態の本質を正しく理解しなかったこと、また、旧来の戦争手段によって新たに台頭したフランスの圧倒的な兵力に対応しようとしたことは、すべて政治の過失にほかならない。すなわち、戦争術が実際に変化するようになったのは、変化した政治の必然的結果である。クラウゼヴィッツが何よりも強調したかったことは次のようなことであろう。「戦争は政治の道具である、戦争は必然的に政治の性格を帯びざるを得ない、戦争は常に政治の尺度をもって測られなければならない。それだから戦争指導は、この大綱においては政治そのものである[34)]」。

そうしたクラウゼヴィッツの政治と戦争の基本的かつ本質的関係は、政治的目標とそれを実現する一つの手段、つまり目標と手段の関係であり、政治の道具としての戦争であり、そしてまた、政治的関係の継続としての戦争であり、さらに、政治的枠組みを構成する一側面、一部分にほかならない。したがって、政治目標と軍事戦略を厳密に区別することはできないし、またすべきではない、と主張するクラウゼヴィッツは正しいといってよい。彼にとっては、戦争は暴力行為であっても政治的活動の特別の形態として捉えることは当然のことである。換言するなら、P. D. ウィリアムスがいうように、彼らにとって戦争とは敵に自分たちの意志を強制的に充足させようと意図された暴力の技と定義される。戦争は本質的に、合理的な、国家的な、また手段的な活動である。すなわち、軍事的手段を使用しようとの決定は、ある特別な目標を達成するために関連する政治的権威によってとられた合理的計算の基礎の上で行われるべきである[35)]。A.ラパポートは、クラウゼヴィッツの戦争哲学として次のようにいっている。「クラウゼヴィッツの戦争の哲学はすぐれて手段的なものであり、かつ合理的である。手段的であるという意味は戦争をおこなう国家によって獲得されるべき目的あるいは保持されるべき目的という観点からもっぱら眺められるという点である。合理的であるという意味は戦争をおこなうという決定あるいはおこなわないという決定が十分に信頼できる損得の計画を基礎にしてなされうると考え、戦略と戦術とが、もっぱら当面する目的の達成のためにきめられると考える点である」。戦争の主役である国家をいかにして選び出すかという主題が彼の哲学に暗黙のうちに内包されている。どの国家も明確な国家的利益をもっており、そこには全権力を付与された決定機関が存在している[36)]。

そうしたクラウゼヴィッツの「戦争は政治（国家）目標を達成する合理的手段である」という戦争哲学は実際に、「核時代」に入る前の国際社会において概して通用してきたといってよい[37)]。彼は、戦争は力の行為そしてその力の行使にはいかなる限界もないと、予言しているが、それは1960年代には真実となった。この時には、我われは無制限にあらゆる実用的な目的のための軍事力をもっているといってよい。核兵器の蓄積は、命令があれば直ちに地球上の生き物を全滅させてしまうほどの規模になった。その予言はたしかに、真実となったことで、戦争は政治的目的を達成する合理的手段であるという戦争哲学はかえって、通用しない状況が表出してきた。前述のように、権力闘争が支配する準アナキーな近代国際社会においてはたしかに、国家の独立・安全・発展などの国家利益を獲得し、維持し、また強化をはかる過程で、有効で合理的な手段として戦争が何度も起きてきた。権力組織であるどの国家も事実上、権力の蓄積を正当化するための国家主権を何よりも重視してきた。そのための効果的かつ合理的手段として戦争は事実上、20世紀に入る直前まで合法化されてきた[38)]。戦争の合法化および正当化は権力闘争が支配する権力政治を反映するものである。科学技術の発展に伴って兵器の近代化や軍事力の強化と合わせて戦争規模の拡大で、第一次大戦および第二次大戦に象徴されるように、全面戦争化が顕著に進展することになった。全面戦争のピークは第二次大戦であるが、その究極的例は、1945年の広島・長崎の日本の都市の破壊であった。しかし逆説的に核兵器の爆発は実際に、制限戦争の時代の幕開けであった。1950年代に米ソ両国が著しく正確でかつ破壊的な核兵器をますます大量にため込むに応じて、米ソ両国間の全面的核戦争は相互の自滅となることは、あきらかになってきた。その結果、両国は何としても全面的な核戦争を避けることがきわめて重要なことと考えるようになった。そこから米ソは相互の関係に制約的行動をとるように求め、また、核戦争を引き起こすような全面的紛争へエスカレートするリスクのある軍事行動をとらないように求めたのである。「いわば冷戦は、1914年から1945年の間にみられた全面戦争ではなく、制限戦争、つまり求められる目標や使用される手段、影響を受ける地理的領域によって制限された戦争が特徴であった。全面核戦争は、相互確証破壊、つまり、クラウゼヴィッツと彼の後継者がそれを理解した方法で政治的行為として戦争の理念に関係ない同時見殺しとなりうる[39)]」。

「核時代」においては、クラウゼヴィッツの主張する、戦争は政治の継続であり、戦争は政治目標を実現する有効かつ合理的手段である、との命題は事実上、戦争は政治的目標を実現することができない無能かつ非合理的手段であるといってよい。このことを一応認識する以上、米ソ両国は全面的核対決を回避するためにも、両国とも他国との厳しい紛争関係や他国との直接的戦争（通常兵器による）、さらに、他国同士の紛争や戦争、などが米ソ間の直接的な全面核戦争へエスカレートしないように努力しなければならない。冷戦中のさまざまな激しい紛争の展開は、米ソ核超大国によって制約を受けることになる。1973年中のアラブ－イスラエル戦争（第４次中東戦争）は、米ソは共に同盟国に対して戦闘を終わらせるよう圧力を加えたのだった。その一方で、米ソを全面的核戦争を回避するためのハケ口として、各地域で代理戦争を行わせてきた。また、冷戦期には小規模・通常兵器戦争と反抗－弾圧運動が特徴であった。これらの戦争は国家間紛争の形をとるのはめずらしい。より典型的であるものは、国際戦争というよりもむしろ国内戦争である。それはとりわけアフリカや東南アジアでみられた。「第三次世界大戦はうまく避けることができたが、第三世界の戦争は避けることができなかった[40)]」。

「非核（兵器）時代」においては、クラウゼヴィッツの「戦争は政治目標の有効かつ合理的手段」との命題は事実上、戦争を正当化する論理を内包していたが、「核時代」においては、その命題は通用しなくなったものの、「核戦争を防ぐには、核戦争に備えよ」といういわば核抑止理論（戦略）というものであった。この理論・戦略は、核戦争を防ぐためには、つねに核戦争に備えて核を所有し、それをいつでも使用して核戦争をすることができる、という論法を内包している。実際に、核戦争を防ぐという目標のために、核兵器の所有およびその行使（戦争）が有効かつ合理的手段となる、という矛盾が存在している。核戦争を防ぐという目標を実現するために、核兵器および核戦争が無能かつ非合理的手段であると同時に、核兵器および核戦争が有効かつ合理的手段となっている。こうした核抑止体系に内在する矛盾を、多くの国の政策決定者や軍部、戦略理論家は十分に理解しているとは考えられない。現在の「核時代」においても、新クラウゼヴィッツ理論が存在している。そのことからも、核抑止理論および戦略について検討しなければならない。

1）ギュンター・アンダース／青木隆嘉訳『核の脅威—原子力時代についての徹底的考察—』法政大学出版局、2016年、22－38頁参照。

2）See Brodie, Bernard, “Implications for Military Policy,” in Brodie, Bernard, ed., *The Absolute Weapon：Atomic Power and World Order* (New York：Harcourt, Bruce & Company for Yale Institute of International Studies, 1946)；*Strategy in the Missile Age* (Princeton, NJ：Princeton University Press, 1959).

3）ローレンス・フリードマン／貫井佳子訳『戦略の世界史—戦争・政治・ビジネス—』（上）日本経済新聞社、2018年、245頁。

4）Craig, Campbell, “The Nuclear Revolution as Theory,” in Booth, Ken and Toni Erskine, eds., *International Relations Theory Today,* 2nd ed (Cambridge：Polity, 2016), pp. 139－42.

5）ウォード・ウィルソン／黒澤満（日本語版監修）・広瀬訓（監訳）『核兵器をめぐる５つの神話』法律文化社、2016年、58－68頁参照。

6）ハンス・J. モーゲンソー／神谷不二監訳『人間にとって科学とは何か』講談社、1975年、178－79頁。

7）ヨハン・ガルトゥング／高柳先男・塩谷保訳『平和への新思考』勁草書房、1989年、９－20頁参照。

8）アラン・M.ディン／ジャック・ディージ（杉江栄一・中須賀徳行訳／新村猛監修）『核戦争後の世界』水曜社、1988年、２－５頁参照。

9）ジョナサン・シェル／斎田・西俣訳『地球の運命』朝日新聞社、1978年。

10）フランク・バーナビー／ジョセフ・ロートブラット「大規模核戦争後の世界」（スウェーデン王立科学アカデミー編／高榎堯訳『1985年６月世界核戦争が起こったら—人類と地球の運命—』岩波書店、1983年）１－32頁参照。

11）川名英之『核の時代　70年』緑風出版、2015年、96－127頁参照。

12）田中孝彦「ヒロシマ・ナガサキと日本」（坂本義和編『核と人間　Ⅰ　核と対決す

る20世紀』岩波書店、1999年）111－19頁参照。

13）アラン・M.ディン／ジャック・ディージ（杉江栄一・中須賀徳行訳／新村猛監修）前掲書、５－６頁。

14）ラルフ・E.ラップ／八木勇訳『核戦争になれば』岩波書店、1963年、31－34頁参照。

15）高木仁三郎『核時代に生きる―生活思想としての反核―』講談社、1983年、34頁。

16）ラルフ・E.ラップ／八木勇訳、前掲書、69－77頁参照。

17）F.バーナビー／J.ロートブラット、前掲論文、30頁。

18）同上論文、27頁。

19）「アンビオ」諮問グループ「基準シナリオ―核戦争はいかに終われるか」（スウェーデン王立科学アカデミー編／高榎堯訳『1985年６月世界核戦争が起こったら―人類と地球の運命―』岩波書店、1983年）33－44頁参照。

20）C.セーガン／野本陽代訳『核の冬―第三次世界大戦後の世界―』光文社、1985年。

21）高木仁三郎、前掲書、57頁。

22）「アンビオ」諮問グループ、前掲論文、33－44頁参照。

23）H.ミドルトン「疫学的に見た核戦争―その未来は病気か死―」（スウェーデン王立科学アカデミー編／高榎堯訳、前掲書）45－53頁参照。

24）J. E.コグル／P. J.リンドップ「世界核戦争後の放射能と人間」（スウェーデン王立科学アカデミー編／高榎堯訳、前掲書）55－67頁参照。

25）カール・セーガン「核戦争が大気と気候に及ぼす影響」（C.セーガン、前掲書）39－86頁参照。

26）パウル・R.エールリッヒ「核戦争が生物に及ぼす影響」（C.セーガン、前掲書）、87－110頁参照。

27）Bull, Headley, *The Anarchical Society：A Study of Order in World Order* (New York：Columbia University Press, 1977), p. 20.

24）*Ibid.,* p. 21.

29）星野昭吉『世界秩序の構造と弁証法―「コミュニタリアニズム中心的秩序勢力」と「コスモポリタニズム中心的秩序勢力」の相克―』テイハン、2010年、58－59頁。

30）K.ホルスティ／宮里政玄訳『国際関係の理論』勁草書房、1975年、546－47頁。

31）坂本義和「近代としての核時代」（坂本義和編）前掲書、４－５頁参照。

32）Mahnken, Thomas G., "Strategic Theory," in Baylis, John, James J. Wirtz, Colin S. Gray, eds., *Strategy in the Contemporary World：An Introduction to Strategic Studies,* 3rd ed (Oxford：Oxford University Press, 2010), p. 69.

33）クラウゼヴィッツ、篠田英雄訳『戦争論』下、岩波書店、1968年、316－21頁参照。

34）同上書、321－28頁参照。

35) Williams, Paul D., "War," in Williams, Paul D. and Matt McDonald eds., *Security Studies：An Introduction*, 3rd ed (London：Routledge, 2018), p. 181.

36) A. ラパポート／関寛治編訳『現代の戦争と平和の理論』岩波書店、1969年、２－３頁。

37) ラルフ・E. ラップ／八木勇訳、前掲書、49頁。

38) See Lebow Ned Richard, "IR Theory as Identity Discourses," in Booth, Ken and Toni Erskine, eds.,*op.cit.*, pp. 54－55.

39) Sheehan, Michael, "The Evolution of Modern Warfare," in Baylis, John, James J. Wirtz, Colin S. Gray, eds., *op. cit.*, p. 61.

40) *Ibid.*, pp. 61－62.

第２章

抑止論の本質と構造

1　はじめに —核抑止論・戦略の本質と特質—

これまで想像できなかったほどの巨大な破壊能力をもつ核兵器の出現で、国際（世界）政治システムにおける戦争と平和の枠組みは根本的に変容せざるをえなくなった。我われ人類は事実上、核戦争を予防できなければ人類世界の破滅の危機をさけることができなくなった。このことは決して、単なる杞憂ではなく、その危機が日常化しているといわなければならない。たしかに、1945年８月の広島・長崎で原爆が投下されて以来、今日まで実際に核戦争は起きてはいない。こうした現実は本質的に、核戦争の発生を防ぐ適切かつ有効な理論や政策、戦略が存在していることの結果ではなく、むしろ偶然的でかつ複合的な条件が幸運にも作用した結果といってよい。

前にもみてきたように、異常なほどの巨大な破壊能力をもつ核兵器による大規模核戦争がもたらす深刻な人類世界絶滅の危機を具体的に克服する理論や戦略は提示されなかった。もちろん、大規模核戦争がもたらす人類世界絶滅の可能性を科学的手法で証明できても、また、その必然性について明確な根拠を主張しても、その戦争をどうやって防ぐかについての有効な方策をみつけることは容易ではない。

また、「核時代」の到来で、第二次大戦後の国際（世界）秩序は核兵器によって圧倒的な影響を受けることで、従来の国際秩序の在り方を変容させ、核戦争が起こりやすい危機的秩序が形成されたのである。これまでの国際秩序における価値配分方法の規則性は、核兵器が支配的地位を占め、また、価値配分内容の公平性は、核戦力の保持・強化による平和保障や安全保障価値が最優先されることで、その程度は歪められ、大きく低下していった。国際秩序全体が明らかに、何らかの形で核兵器のネットワークが地球的規模で力をもつなかで、すなわち、すべての国や地域、国民、民族（エスニック集団）、市民、つまり人類がそのネットワークに組み込まれることになる。そのため、いわば世界核軍事秩序が形成されているとみなければならない。いつでも、またつねに大規模核戦争勃発の可能性を内在化させている世界核軍事秩序の変革を可能にする理論や戦略は、核兵器（戦力）そのものを廃絶するのではなく、核兵器を保持し、強化することであった。「核戦争を防ぐには、核戦争に備えよ」という、従来の現実主義理論の延長以上のものではなかった。

さらに、異常なほどの膨大な破壊力をもつ核兵器に対応しうる国家の防衛や安全はたしかに、著しく脆弱なものとなり、無条件での防衛や安全の確保は事実上、困難なことになったどころか、不可能なことになった。もし国民の防衛や安全、平和保障が低いレベルで維持できるとしても、限定的な条件付きのものでしかないといってよい。ここでも、自国防衛や安全を可能にし、また、核戦争の勃発を防ぎ平和を実現するには、核兵器体系の全廃ではなく、核兵器体系の維持・強化という理論・戦略をみることができる。すなわち、防衛や安全保障を確保し、「核戦争を防ぐには、核戦争に備えよ」という現実主義理論が強調されてきた。この理論は事実上、核兵器体系の保持・強化を正当化する論理として機能しているとみなければならない。

その上、核戦争勃発の危機克服に関する理論を検討する場合に無視することができないという見解は、以上みてきた理論と有機的関連性をもっているが、クラウゼヴィッツの「戦争は政治の延長（一手段）」というものである。たしかに、このクラウゼヴィッツの論法はこれまで、国際政治の展開過程で現実に大きな影響力を及ぼしてきた。実際に、欧米諸国に影響力を及ぼしてきた。欧米諸国の多くの政策決定者や軍部、戦略家、戦略研究者は、クラウゼヴィッツの論法に基づいて、国家の対外政策、戦略を実施してきた。「核時代」の出現する前までは、「戦争は社会目的を実現するための合理的手段である」との「目的と手段」の有機的関連性は否定することができない。しかし、「核時代」の今日では、致命的な破壊力をもつ核兵器による戦争は、政治的目的を実現する合理的手段ではなくなってしまった。むしろ戦争によっては政治的目的を実現できないばかりか、その政治的目的それ自体を失うことになる。「核時代」においては核戦争は最も非合理的手段でしかない。クラウゼヴィッツの命題は、戦争が政治や外交の失敗であり、軍事力の行使を正当化する論法にほかならない。しかし、今日でも、実際に、一部の国の政策決定者や軍部、戦略家は彼の命題を否定することなく、自国の防衛や、安全、国家利益の擁護のため戦争は適切で合理的手段として主張している。「核時代」であれ、核戦争を含めて戦争を政治的目的を実現する合理的手段として容認し、国家戦略や対外政策のなかに取り入れている。自国の防衛や安全、国家利益の擁護の名目で核軍備体制の強化をはかっている。また、こうした国ぐに以外の、核保有国やその同盟関係にある国ぐには、「核時代」において戦争は政治目的を実現する非合理的手段となったことを認めても、「核戦争を防ぐには、核戦争に備えよ」という現実主義理論の命題を受け入ている。その核戦争を防ぐために核兵器で備えることを否定していない。核戦争を防ぐには核戦力で備えることを批判することなく、核兵器の廃絶の必要性と可能性について考慮しているとは思われない。

以上の核戦争の勃発を防ぐ四つの視点の共通分母は、「核戦争を防ぐには、核戦争に備えよ」という現実主義理論の命題であり、「核戦争を防ぐには、平和に備えよ」という命題でない限り、核兵器体系を保持し、強化することが要求される。そこで。核兵器の廃絶は不可能となるため、核戦争が生起する可能性が常態化することになる。こうした現実主義理論は事実上、核抑止理論にほかならない。すなわち、核戦争の生起を核兵器体系によって抑止するという考えである。一定規模の核破壊能力のある兵器（戦力）を所有することによってそれを相手を脅す手段として、相手に特定の行動をとらせないようにする考えは古くからの戦争の歴史をもっている。とりわけ近代国際社会の形成の段階から近代主権国家間での戦争の歴史は、実際に勢力均衡政策と共に抑止政策と深く関わりをもってきたことは明らかである。もっとも後でみることになるが、この勢力均衡政策と抑止政策はまったく別種のものではなく、基本的には共通項をもっていることはいうまでもない。抑止という概念はそうした歴史的背景をもっていて、決して新しいものではないが、巨大な破壊力を有する核兵器の出現で「核時代」に入って、抑止論は圧倒的に大きな存在意義を高めることになった。なぜならば、人類世界の絶滅をも可能にする核戦争の勃発を防ぐための考えられうる唯一の方策をされるようになったからにほかならない。

「核時代」以前の強大国によってとられてきたすべての行動は、その勢力均衡の意味合い、つまり勢力均衡は自国にとって有利か不利かという視点からみられてきた。他方で、「核超大国によるすべての行動は、その抑止の意味合い、つまり抑止は強化されるのか弱められるのかどうかという観点から考察される。軍事的・政治的国家行動は、その行動に含まれる長所の見通しと、また、他国の政治家の心に植えつけられた強いあるいは弱い印象の観点から判断される。抑止の考慮の中心・支配的影響力は、核時代において抑止が抑止力に依拠する最も有効な防衛や安全保障である、という事実によっている」。S.ホフマンがいっているように、「核時代」以前では、ある国が抑止されることに失敗したならば、その失敗のために比較的に小さなかつ一時的なコストを払えばよかった。ところが、核抑止以前では軍事的敗北の脅威に基づいていたが、核抑止改訂版の場合では即座の絶滅の脅威に基礎をおいている[1)]。

抑止とは概して、「ある国が何らかの目的を実現するために、軍事力の脅しによって相手国に特定の行動をとらせないようコントロールすること」と定義することができるが、抑止概念は本質的に、他の一時的な政治概念と同様に、あいまいで、多様で、また論争的なものである。そこで、「核時代」における抑止とは、誰に対して、何を抑止するかの本質と特質を再構成しなければならない。したがって、2では、抑止は権力関係のひとつの様式であり、抑止力は権力のひとつの形態であるところから、核兵器の出現で権力関係の在り方にどのような影響を及ぼし、また、核兵器が権力関係の変容にとってどのような存在意義をもっているかについて検討する。3において、核抑止概念の定義をめぐる問題を論及していく。4のなかで、核抑止を構成するいくつかの前提条件を、とりわけ合理性や信憑性を中心に考察していく。5では、抑止機能は、実際に、どのような核保有メンバーの関係で有効に作用するのかの見解についてみていく。6において、核抑止は本質的に、いかに多くの根本的な矛盾を内包した理論（戦略）であるかを明らかにしたい。

2　「核時代」における国際権力の在り方の変容

前述のように抑止とは実質的に、ある国が自己の目的を実現するために、手段として軍事力（戦力）の脅しによって、自国にとって好ましくない行動を相手にとらせないようコントロールすることを意味する。したがって、抑止は典型的な権力関係を構成するいち様式であり、また、抑止力とはそうした権力関係のなかで成り立つひとつの権力形態といってよい。権力とは一般に、他者の行動様式をコントロールする能力とみていいが、具体的に表出する能力形態は二つの形態が存在する。権力は明らかに、他者にX行動させる積極的権力（positive power）ばかりか、他者にX行動させない消極的権力（negative power）の両者を内包している。もちろん、この積極的権力と消極的権力が明確に二分する形で対称的関係として存在していることを意味しない。むしろ権力には積極的権力の側面と消極的権力の側面をもっているとみることができる。一般的には、権力主体である国家が存在している国内政治社会では、他者にX行動させる積極的権力が作用する。しかし、さまざまな国家から構成されている国際政治社会では、それらの国家は対する超権威的な主体が存在していないため、たとえ対称的な権力関係がなくても、一定の権力主体間の権力関係が成り立っていることで、消極的権力が作用しがちである。

そこで問われるべき重要な問題は、国際システムにおける権力の在り方は本質的に、他者にX行動させないようコントロールする消極的権力であるが、人類を絶滅に追いやる可能性をもつ巨大な破壊能力をもつ核兵器が出現したことで、国際システムで実質的に作用してきた国際権力の実態や権力関係様式、消極的権力形態がどのような影響を受け、そしてまた、どのように変容したのかである。「核時代」の国際システムにおける国際権力や国力、軍事力（戦力）、核兵器を中心とする戦闘能力などの関係性を明らかにしなければならない。

一般的に、権力とはある主体が他者の行動様式をコントロールする能力とされている。あるいはまた、権力を構成する要素のそれぞれ一部を強調する形で、⑴資源（手段）に対する権力、⑵行動者に対する権力、⑶結果に対する権力、と概念化することができる[2)]。さらに、権力は概して、影響力、強制力、軍事力、実力、能力、支配力、権威、などと等置されていることが多いものの、それらは実際には、権力の一側面を強調したものであって、権力それ自体としてみることができない。それだけに、権力は多義的で、多面性をもっているといってよい。それだけに権力は捉えどころがなく、その本質に迫ることは困難となる。

とくに権力はよく物理的強制力としての軍事力や暴力と等価される傾向があり、他者を強制的に支配する能力とみなされてきた。「最も単純なものとして、軍事力という用語は、殺人を犯す、不具にする、強制する、破壊する能力をいう。そして、時々この権力は国家内部の個人によって所有されることがあるが、……今日、軍事力は外部からの攻撃と内部の転覆からその国を保護するために、国家によって独占され、主として政府によって行使される傾向がある」。軍事力は事実上、政府が法的に制裁を加える暴力手段である[3)]。たしかに、軍事力は政治権力の最重要な手段であり、これまでの国際システムにおいてしばしば、国家間の権力関係が国家間の軍事力（戦争遂行能力）を中心に展開してきたということも明白な事実である。国際システムでのそれぞれの国家の地位や規模、能力、影響力も軍事力の質や規模によって大きく規定されてきた。どの国もその軍事力の維持・強化を何よりも重視して求めてきた。軍事力を他国より多く所有することが実際に、他国の行動様式を支配すること、他国に対して優位に立つこと、そのための手段や方法を所有すること、優位に立つための能力もつこと、強国や大国になること、覇権国になること、などを意味したのである。そうであるならば、核保有国が原則的には、より小規模の核所有国や非核所有国・集団の行動様式を一方的に、またより以上にコントロールすることが可能となる。

だが、「核時代」の出現前の第二次大戦までの国際システムにおいても、軍事力がすべての国家目的や国家利益、安全の確保を可能にしたのではない。実際的には、大規模なまた多量の軍事力をもつ国家が他国からの攻撃を防ぎ、戦争で勝利を収めたのではない。事実上、第一次大戦や第二次大戦においても、軍事力だけで国家目的や利益を充足するために役立つことには完全に失敗している。赤裸々な軍事的強さだけが、自国の戦術や安全も、また国際システムの平和や安全を保障するものではない。「核時代においてすべて他のものを犠牲にしてその強さを求める人びとは、国家安全保障や戦争の勃発を防ぐ平和保障の本質を見失っている。国家の安全保障目的や戦争を防ぐ平和保障目的を実現するために何百万の人びとの生命を危機にさらすことと、本来の目的や理性でないもののために大量の人びとを殺すことは別問題である[4)]。

こうしてみると、「核時代」以前でもその以後においても、国際システムにおいては権力は明らかに、権力主体者（国家）の地位や価値、利益、安全・平和保障などという目的と手段である軍事力（物理的強制力）とがきわめて密接で、直接的な関係を構成しているといってよい。「核時代」には、その度合いがより高いものとなったとみてよい。先に述べたJ.ハートの権力概念を利用すると、消極的能力としての核抑止力を、⑴の資源（核兵器を中心とする軍事力）を支配する権力と、⑶の結果（抑止）を支配する権力とを同一視していることになる。しかし、なぜ、巨大な破壊力をもつ核兵器の出現で国際システムに重大な影響力を及ぼし、国際権力の手段としての核兵器の有用性が必ずしも高まるどころか、むしろその低下を招くことになったのかを適切に理解しなければならない。手段としての核兵器の存在と機能が消極的権力として、また抑止力として、そのままに現われている。巨大な破壊力をもつ核兵器を所有することと、それを自由に使用できないこと、そしてそれを使用しても高い有効性を発揮できないこととは、決して矛盾することではない。すなわち、想像をはるかに超えるほどの膨大な破壊力をもつことと、積極的権力としての他国にX行動をさせる権力機能を果たすことができないことは何ら、矛盾してはいない。巨大な破壊能力を有する軍事技術としての核兵器の出現は、国際システムにおける権力の在り方を根本的に従来のその在り方から大きく転換させ、とりわけ軍事的安全保障や軍事力による平和保障の本質に革命的な影響力を及ぼしたことは決して否定できない。K. ノールが強調するように、核兵器は次のような五つの資産を生んだのだ。⑴核兵器の破壊規模のおそるべき増大である。⑵1945年以前の段階の防衛的兵器の攻撃的兵器に対する技術的優位性を逆転させ、その後、防衛側に対する攻撃側に巨大な技術的優位性が存在するようになる。⑶軍事力としてのその能力の不確実さと軍事力の国際関係における不確実性が増大したことに関係している。軍事力の測定は容易ではなく、軍事的強さの程度について国家間の差異を計算することは、つねに困難なことになり、誤解しやすい。⑷核兵器類が劇的に増大し、実際に全世界的規模で広がった。攻撃の空間が地球的規模のレベルにまで拡大され、世界社会の時空の圧縮現象が現れ、核大国にとっても安全な場所はどこにもなくなった。⑸安全に対する潜在的余裕を失わせるほど、核兵器は脅威的速度で目的に到達する。これら五つの変容は、これまでの軍事力の効用を制限すると同時に、さまざまな方法での軍事力の政治的効用をも制約することになった[5)]。このことは、「核時代」の国際システムにおいて、国家の自立や価値、利益、安全・平和保障などの目的の実現にとって核兵器は必ずしも有効な手段ではなく、またむしろ大きなコストがかかることになる、ということを意味する。

したがって、なぜそうしたことがいえるかを明らかにするために、国際システムにおける権力の本質や在り方、意味、機能、そしてとりわけ目的と軍事的手段（核兵器）との関係性を問わねばならない。そうすることによってはじめて、「核時代」における国際権力の本質や在り方、核兵器を中心とする軍事力（戦力）の役割や機能、存在意義、権力と軍事力（核兵器）との関係性が明らかとなろう。また同時に、核抑止力の本質と特性、その役割や機能についてもいえよう。

そもそも権力の主体である国家の求める目的や価値、利益、安全・平和保障などを実現するための軍事力や核兵器（通常な軍事力とは目的－手段は同一のものではないが）は、重要であっても一つの手段でしかない。国家が大きな軍事力をもつことで他国の行動様式をコントロールすることが可能となるのは、無条件で、あるいは自動的に行われるのではない。ある国家が自己の目的や価値、利益を確保するために適切かつ有効な多種多様の手段を使用することによって、他国に一定の行動をとらせたり、ある行動を否定したり、また自己の行動を支持させたり、同意させたりする過程のなかで実際の権力関係が成り立ち、権力関係が展開していく。またその権力主体者に対して、客体者がどのように権力主体者の目的や価値、意図、軍事力をはじめ多様な手段を認識し、それにいかに対応していくかによっても権力の在り方が左右される。しかも、支配の対象となる権力客体国も、権力主体国とは同じではないが、一定の意図、政策決定者の特性、軍事力をはじめ潜在的資源をもっている。すなわち、どの国家も、自国の国内問題に対する他国による厳しい干渉を防ぐための最小限度の消極的権力を備えている。どの政府も実際に、自国の積極的権力を他国の消極的権力によって制限されていることを知っている[6]。権力客体国も権力主体国に対して程度の差はあっても、何らかの行動をとらせる、あるいは行動をとらせない両者の権力をもっている。「核時代」であれそれ以前の時代であれ、国際システムにおける権力の在り方は複合的なものである。

そうした権力の実態を構成する多種多様な要件からみると、ある種の目的や価値、意図をもつ主体、その行動をコントロールされる客体（対応する主体）、その両者を媒介する手段（能力・資源）、それらが構成する関係の展開する過程、またそれらを取り囲む国際環境、などによって権力の在り方が規定される。国際権力は事実上、そうした複合的要件の関数にほかならない[7]。

国際権力が実質的に、とりわけある権力主体（国家）の目的・価値・利益を実現するために他国の行動様式をコントロールする能力である以上、その主体の求める目的・価値・利益の内容によって、具体的な権力関係の様式が異なることは明らかだ。権力主体は自己の求める目的・維持・利益を実現すると同時に、それらを維持・拡大するために他国の行動を有効に制御するための能力や手段が必要となる。また、権力主体は確実に自己の目的・価値・利益を享受するために、自己の目的・価値・利益の内容や規模も規定している。あるいはそれらを支えている国際環境や国際システムの秩序を維持・擁護したり、それらを打破したり、変革したりする能力や手段に依存し、またそれらを必要とする[8]。前者と後者は無関係でないどころか、きわめて有機的関係性をもっており、両者は相互依存関係にある。後者の権力形態を強調することは、権力の在り方が目的と同時に国際関係の環境や構造に大きく影響を受けている、あるいは、それに規定される能力であることを物語っている。権力の具体的な意味や形態は歴史的コンテクストのなかで理解可能であり、またそのように把握されるべきである。

こうした観点からすると、国際システムでの権力は、権力主体がどれほど他国をコントロールできる手段を所有しているかの問題でないことは明らかである。国際権力は本質的に、一定の手段的能力を所有している主体とその行動様式がコントロールされる客体が構成する関係とみなければならない。換言すると、主体の目的・能力と客体の目的・能力から構成される関係が権力関係そのものである。権力は、その主体が実体として所有し、行使できる特質を含む一方で、主体と客体との関係性を有する概念である。権力に内在するこの二つの性質が、強制的要素と同意的要素である。権力は実に、強制それ自体でもなければ、同意そのものでもない。その二つの要素を組み合わせとして具体的な権力が存在することになる。権力の究極的形態が物理的強制力であることは否定できないが、一般的には、非物理的強制力や非強制力の形態である。現実的には、権力は、物理的暴力（戦争）から、強制力に依存することがなくても客体側が支配側に対して積極的であれ無意識的であれ同意を与える権威までの間の、何れかの領域に具体的な形をもって表出する。したがって、権力を物理的暴力（戦争）や軍事力（兵器）、総合的国力などの権力手段それ自体と一体化あるいは同一化することは、決して正しいことではない。

権力の形態は、強制的要素と同意的要素のさまざまな組合せであり、その具体的表現は、権力を構成し、それを支える政治社会構造を反映している。国内システムにおける権力は、普通では国家という単一の権威的統治主体が社会の統一を基本的には可能にしている。また、国内社会にはそれを可能にする基底的な価値や利益、道徳についての同質性がある程度存在している。そのため、権力は、法や制度、共同体意識、道徳、慣習などを基礎とする一定のルールに従って作用しているため、具体的権力の表出は、政治的不安定状況や内戦などの暴力紛争が存在していない場合には、強制的要素よりも同意的要素が支配的なものとなりやすい。それとは対照的に、国際システムにおいては、超権威的統治主体が存在せず、複数の権力主体である国家が並存する準アナキー状況が支配的であるばかりか、異質の価値や利益、道徳、宗教、習慣などが並存する多元的価値・利益体系も支配的であるため、同意的要素より強制的要素が大きな比重を占めることになりがちだ。国際権力が強制的手段や強制的勢力、軍事力、兵器体系と読み替えられたり、同一視されることが多いのはそのためである。

一般的に、これまでとくに軍事力（戦力）、強制的能力、物理的暴力、兵器体系、総合的国力を区別してこなかった。権力手段の究極的なものとしての軍事力、またあるいは他国の行動様式をコントロールする最終的な能力（資源）としての軍事力、あるいは、総合的国力の最主要な能力としての軍事力とみなされていても、実際は、総合国力や物理的能力、強制的資源の一部でしかない。

なぜとりわけ「核時代」以前では総合的国力は軍事力に読み替えられてきたのであろうか。そのために権力と国力との関係を明らかにしておく必要がある。国際権力を、ある国が他国にX行動させる、あるいはさせない能力とみた場合、一般的に国力と呼んできた。国際システムでは、どの国がどの程度の国力をもっているかの問題が最も重要視されてきた。それは、他国の行動様式をコントロールする手段である資源としての権力が、他国の行動をコントロールする可能な結果に対する権力をほぼ等しいとみるからである。すなわち、権力主体が手段としての多様な資源をもてばもつほど、他者の行動様式をコントロールする結果をますます可能にするからだ。したがって、国際システムで展開される政治の現実は、自国と他国との国力を比較考量することが重要な課題となった[9]。一般的に、その国力をきわめて大規模な程度で国力（その中核が軍事力である）を所有している国が超大国、大きな程度でもっている国が大国なり強国、中程度でもっている国を中級国家、小規模な国力しかもっていない国を弱小国家、そしてほとんどもっていない国家をミニ国家、などといわれてきた。国際システムは超大国、大国、中級国家、弱小国家そしてミニ国家が構成するピラミッド型構造をもってきた。「核時代」の今日では国力の大小のランク付けの基準に核兵器を所有している、所有していない、また所有する条件をもっていない、などの条件が重要な意味をもっている。

国力とは、ある国が所有する権力手段となりうる資源の全体像である。そのため国力はよく総合国力といわれることが多い。だが、国力は事実上、他国に影響を及ぼす顕在的能力ではなく、影響を及ぼすことが可能な潜在的能力でしかない。そのため、超大国や大国がつねに中級国家や弱小国に一方的に影響を及ぼし、後者の国ぐには前者の行動様式をコントロールすることはできない。ある場合には、反対に中級国家や、弱小国家であっても、超大国や大国に影響力を行使して、それらの国の行動様式を左右することも可能になっている。弱小国北ベトナムがなぜ核超大国米国に勝利を収めることができたのか、軍事小国のアラブ諸国がいかに石油をテコに米国はじめ西欧諸国（日本も含め）の行動様式をコントロールできたのか、小国イスラエルがどうして米国の対外政策や行動に大きな影響力を及ぼすことが可能なのか、米国はなぜ弱小国の中南米諸国を思いのままにコントロールすることができないのか、ソ連はどうして弱小国のアフガニスタンから撤退しなければならなかったのか、超大国や大国といってなぜゲリラやハイジャック、テロ活動に脆弱なのだろうか。それらはすべて、潜在的能力としての国力はそのままで、他者は対する顕在的能力として転換できないことを物語っている。資源に対する過度の能力、結果に対するコントロール能力を喪失させる原因となる[10]。

しかし、この権力と国力の区別の必要性は、国力や能力がそのまま権力にならないという観点からの強調であり、国力と権力が無関係であるというのではない。なぜならば、権力は本質的に実体（国力）を含んだ関係概念であることにほかならない。国力は現実に使用されて初めて効力をもつものであり、使用されないかぎり権力に転換しない。もっとも、国力の具体的使用とは必ずしも軍事力の行使のような場合をいうのではなく、所有していることによって他国に脅威を与えたり、他国の行動様式をコントロール（抑止、支配、あるいは抑圧）する場合もいう。核兵器や軍事力を所有すること自体が、それを実際に行使しなくても相手の行動様式を抑止する消極的権力としても顕在化することは、前にも述べた通りである。

このことをより明らかにするために、国力（潜在的能力）が権力（顕在的能力）へとどのような過程で転換するのかを検討する必要があろう。

⑴　国家の所有する国力（潜在的能力）を使用するかしないか、どの国力要素をいつ使用するかは、その国の対外目標がどのようなものであるか、またどのような意図をもっているかに依存する。しかも国家システムの変容によってその目標や意図が変容したり、目標間の優先順位が変更されたりすることに応じて、政策決定者は目標や意図を実現するための可能な能力を組み合わせねばならない。

⑵　政策決定者は、選定した能力をそれに関連した社会組織をはじめ国家の下位体系を通して効果的に具体化するために、指導力や統制力、調整力、タイミング、その他の技術を有効に使用する必要がある。

⑶　権力は関係性をもつ現象であるので、客体による主体側に対する評価や主体側への対応が大きな意味をもっている。客体側が⑴と⑵をどのように認識し、具体的に対応していくかが能力の在り方を左右する。

⑷　客体側の主体側に対する必要性や関係性の度合いによって、客体側に対する行動が決定される。その場合、とりわけ客体側の潜在的国力がどのような程度のものであるのかという条件との関連で、能力が顕在化する内容や強度が規定される。

⑸　以上の転換過程の⑴、⑵、⑶、⑷のすべてのフィルターは、それを取り囲む権力配分構造をも含めた国際環境が重要な大枠なフィルターの機能を果たしている。

こうして潜在的能力としての国力が濾過されて顕在的権力となるため、権力の在り方が潜在的能力をある程度反映することを否定することができない。権力と国力との格差は一定の条件のもとではそれ程大きなものではなく、ほぼ権力＝国力という公式が成り立ちやすい。しかもその国力の中でも軍事力は最も中核的存在である。準アナキーの国際システムのもとで、どの国も自己の能力に依存しなければならず、その能力の極限状態の集約的形態として、最後の手段とされる軍事力が権力闘争の最終的決定者となるところから、軍事力＝国力＝権力という等式が成立することになる、と一般的に理解されている。前述のように、国際システムでは国内システムと比較して、物理的強制力を使用する能力が中心的課題となり、国際権力は究極的には、戦争遂行能力としてよく極端に規定される傾向があった。「権力という言葉は本質的に軍事力を意味する。すなわち、軍事力を直接的であれ、間接的であれ、強制的な殺人、破壊することに役立つ要素として示すために使用する[11)]」。

これまで国際システムでは軍事力が大きくモノをいうところから、国家の有する価値・目的・利益・意図の実現、維持、拡大は、どれだけ他国以上の軍事力を蓄積して巨大なものにしていくかに依存していると考えられてきた。政治的目的（意図）実現過程はそのまま、軍事力の維持・拡大過程を反映していた。そこに、クラウゼヴィッツのいう「戦争は他の手段による政治の延長である」との命題が成り立つ可能性は少なくても存在してきた（現在でも一部存在している）。「核時代」以前から、国際システムの価値配分構造あるいは価値の非両立的な紛争構造は、その権力配分構造や軍事力配分構造を反映しており、両者の間にはそれほど大きな格差は存在していなかった。国際システムにおける戦争と平和の枠組みは実際に、軍事力や兵器体系、戦争遂行能力の在り方によって実質的に規定されてきた。

核兵器の国際システムへの登場による「核時代」の出現は国際（世界）政治秩序の新しい構造の形成に大きな力を貸すことになった。なぜならば、核兵器が急激に軍事力の脅威や戦闘が世界政治で果たす役割を変えたからにほかならない[12)]。これまでの権力＝国力＝軍事力＝戦争遂行能力という等式が次第に成り立たなくなってきた。また、軍事力の所有性＝使用性＝有用性という等式も通用しなくなった[13)]。核兵器が膨大な破壊力をもっているため、核兵器は戦争の選択を非合理的なものにする。ある国が敵に報復することで敵に耐えがたいほどのコストを払わせる能力を所有することで、攻撃を思いとどまらせる。両者は相互に完全な破壊の恐怖を前提として、両者の間の平和を保持することとなる[14)]。いわば抑止力が戦争と平和の枠組みにとって重要な意味をもつようになった。そのことは、国際システムにおいて、消極的権力的要素が著しく強化され、またその重要性が高まってくることを意味する。

換言すると前述したように、核兵器の出現は、これまでの軍事力や通常兵器とは異なる新しいパラドクスを国際システムというよりも、人類世界に提示することになった。何よりも、核兵器の破壊力の巨大化により、各国の目的や価値、利益、安全・平和保障を達成するための、核戦争の勃発は人類世界の絶滅の危機を生み出すことになったのである。また、戦争は他の手段による政治の延長ではなくなり、かえって政治が他の手段による戦争を継続化することになった。核兵器はいわば「殺し過ぎ」、「壊し過ぎ」の可能性を増大させ、また、すべてのものの大量破壊をももたらす莫大な能力をもったために、すべての特定の目的達成にとってその有効性を低化させたり、失うことになった。少なくとも、いかなる種類や規模の核兵器を使用することなしに相手の行動様式をコントロールすることになった。なぜならば、核兵器を使用したならば、相手ばかりか自己も大きなコストを払わざるを得なくなったからだ。核保有国は、戦争によって以前達成することができた目的を放棄するか、あるいはその実現のための別の手段を見つけ出さなければならない。伝統的には、兵器と暴力は国家目標において外交を助けて行使されたが、軍事力が自己破壊を含むとき、その効力を失うことになる。費用と利得の関係が「費用＜利得」から「費用＞利得」へと変わり、後者の状態がつねに維持されることになる。場合によっては、利得はすべてなくなり、費用だけを払わなければならなくなる。実際、核兵器の出現は具体的ないくつかのジレンマを生み出すことになる。

⑴　大量破壊能力をもつことによって政治的・軍事的目的を達成することにとって、後述するように、その有効性をほとんど喪失するとのパラドクスが生じることに伴って、別のいくつかのパラドクスが成立する。

⑵　核兵器によって、一定の目的である国家利益や安全・平和保障を確保するために、いざとなれば自国の核兵器を使用する可能性をつねに相手側に証明し、信じ込ませることができなければ、その目論見はすべて失敗し、無効となるという矛盾である。

⑶「より多くの核兵器をもつことは同時に、より多くの成功を意味し、また逆に、その敵よりも少ない核兵器しかもっていない場合には必ず失敗することになる、との考えに人びとは陥っている」。核兵器の削減や制限を受け入れることを、挫折として、悲劇として拒否する。数量的優位性と安全保障を、少ない不安全と等価する旧い間違った考え方は、長い間にわたって潜在的軍備管理を封じ込めてきた[15]。最も大きな破壊能力をもつ国は、核抑止能力とそれより確実なものにするために軍拡競争を強化することで、軍事的潜在性をより高めていく。軍事的に最も強大な国でも最も弱い立場に置かれる

ことで、ますます不安全感を高めていくことになる。それとは反対に、自国の核兵器やその他の兵器を削減していくことで、他国に対するコントロール能力をかえって高めることになる。そのことは軍縮や軍備管理、強圧的外交の阻止なり、抑止などの観点からも説明できる。資源と結果に対するコントロール能力を容易に結びつける単純さが問題であり、そうした偏見は支配的な抑止政策と実践に反映している[16)]。そもそも、高いレベルの軍事力がそのまま強力な防衛を保障するものではない。安全保障の必要条件は、健全な防衛政策と計画を資源の現実的な投影に合わせる長期的計画によってより助長されうる。計画課の不在の米国の防衛能力は、高度なレベルの軍事体制を維持しても衰えてしまうことになるだろう[17)]。

⑷　これまでの米ソ間の場合にみられるように、ほぼ対等な規模の核兵器を所有している対称的関係にあるなかではある程度の相互抑止効果があるため、核兵器の容易な使用は困難となるといえるものの、核保有国と第三世界諸国との間に存在してるような非対称的関係のなかでの抑止力は著しく低下し、安定的な抑止機能はほとんど作用しそうにない。核保有国による中級国家や弱小国に対しては有効な抑止問題は事実上、成り立たない。とりわけ米ソのような核超大国であろうとも、核兵器を脅しの手段として利用したところで、非核保有国の行動様式を簡単にかつ自由にコントロールすることはできない。核超大国の意思に反して、非核保有国は拘束を受けることなく、思いのままに行動することができる。軍事的優位性が政治的勝者となるとは限らない、米国の朝鮮戦争やベトナム戦争、フランスのインドシナ戦争とアルジェリア戦争、中東戦争、中国のベトナム侵攻、ソ連軍のアフガニスタン侵攻、イランのクウェート侵攻、その侵攻に対する米国の抑止失敗、米国での同時多発テロ事件などの例が示すように、第三世界諸国間や諸国内での紛争や戦争をコントロールすることができないのみか、超大国と中小国間の対立や紛争も、また、超大国とテロ集団との対立関係も解決することを困難にしている。超大国は中小国によってかえって自己の行動様式を拘束されたり、制約されることになる[18)]。今日の米国と北朝鮮との関係の在り方がそのことを物語っている。

⑸　核兵器が圧倒的な破壊力をもつことで、他国に使用させないように抑止することが必要となるばかりか、その理由から自己の核行使を正当化することも困難となり、その行使に対して相手からだけではなく、自らが抑止する必要がある。他者の行動様式をコントロールすると同時に、いかに自己の行動

様式をコントロールしうるかが重要な問題となる。

(6)　軍事力の非代替性（代替不可能性）から、安全・平和保障問題以外の非軍事的問題領域の政治問題や経済問題、文化社会問題、環境破壊問題の解決にとって核兵器がますます不適切なものとなり、その問題領域に対する能力も不適切なものとなり、その問題領域に対する解決能力を喪失する。性質のことなるすべての目的や価値、利益のため用いる汎用性をもつどころか、核兵器はますますその汎用性を喪失し、その有効性を低下させている[19)]。貧困問題や人権問題、移民・難民問題、ジェンダー問題、さらに経済開発協力問題などの解決への道は遠のいている。

そうしたジレンマを内包させている核兵器の出現は、軍事力と権力との関係を大きく変容させ、国際システムにおける従来の軍事力の地位と有効性をいっそう低下させることになった。すなわち、これまでの軍事力の使用価値を根本的に低下させ、これに対応して、これまで以上に所有価値（抑止価値）を高めることになった。しかし、軍事力の所有価値を使用価値に比べて相対的に高めたことは、必ずしも望ましいことを意味しない。なぜならば、核兵器を使用したならば、自国の目的や価値、利益、安全・平和保障の実現にとってその有用性を発揮できなくなったばかりか、自国の求めるすべての目的を享受できないどころか人類世界の絶滅の危機が生じたことである。そのため核兵器を容易に使用できなくなった。そうした観点から、核兵器を中心とする軍事力の機能が使用性より所有性にその比重を高めることを意味する。「核時代」における戦争と平和の枠組みは基本的には、人類世界の絶滅の危機につながる核兵器を行使することができなくなり、核兵器を所有（抑止）することで核戦争を防ぐ、という理論・戦略が規定するようになった。すなわち、その枠組みを支配する理論・戦略は、核兵器を行使することはできないが、核兵器を所有することで平和を可能にする、という矛盾の理論にほかならない。

3　抑止概念をめぐる諸問題

莫大な破壊力をもつ核兵器の出現によって、国際権力や軍事力および両者の関係などの在り方や意味、機能の変容をもたらし、「核時代」における戦争と平和の枠組みについてみてきた。すなわち、巨大な破壊能力を有する軍事技術としての核兵器が、国際システムでの権力と軍事力の在り方を根本的に従来のものから転換させ、核兵器は容易に使用できないものとなった。そうして、とりわけ軍事的安全・平和保障の本質と特性に革命的な影響力を及ぼすことになった結果、核抑止理論・戦略が生まれたのである。理論としての核抑止論と実践としての核抑止戦略と一応、区別することが可能であるが、実際には、両者を区別することなく、相互互換的に使用されることが多い。ここでも、理論的にも実践（戦略）的にもということをとくに強調する場合には、核抑止論・戦略なり、核抑止論（戦略）と表記するが、それ以外では、核抑止論、戦略、政策は相互互換的に使用する。

一定の軍事力の脅しによって相手側に特定の行動をとらせない、という抑止の手法は、容易に使用できない、巨大な破壊力を可能にした核兵器が出現した「核時代」において、ますます最重要な意味をもつようになったのである。国際システムにこうした核兵器のもたらした軍事的・政治的意味合いから、核兵器が容易に相手に対する攻撃の手段としてよりも相手からの自国に対する攻撃を防ぐ、つまり相手の軍事力による直接的かつ具体的な攻撃に対処することによって防ぐのではなく、その攻撃行動自体を抑止する機能をもつことになった。同時に、それは、戦争を防ぎ、平和（安全・平和保障）を手に入れる、という考え方である。

しかし、前述のように、この抑止概念は決して、第二次大戦の「核時代」に固有なものではなく、古くからの軍事戦略問題領域で一般に使用されて来た考え方であった。だが、大量破壊兵器の出現した後でよりいっそう、この抑止機能が軍事力の役割や機能として支配的なものとなったことを理解しなければならない。実際に、「軍事力の脅しによって紛争を防ぐ」という考えは、現実の戦争そのものと同じくらいの古い歴史をもっており、数千年以上もさかのぼることもできる。たとえば、ツキディデスのペロポネス戦争を分析したなかにもたしかに発見することができる[20)]。また、抑止理論の歴史は、古代ローマ時代の教訓である、「もし平和を望むならば、戦争に備えよ（戦争を防ぐには、戦争に備えよ）」と関係がある。この教訓と核抑止との間には、両者とも説得力と欠点をもっているが、類似性がある。両者の魅力は一見したところ、常識ともっともらしさにある[21)]。今日でも、この「戦争を防ぐには、戦争に備えよ」との教訓は、「核戦争を防ぐには、核戦争に備えよ」として主張されている。現代でも「核時代」における現実主義理論の戦争と平和の枠組みを構成する中核的命題として強調されている。実際に、多くの国ぐにの政策決定者や軍部、戦略家、国際政治の研究者は、核兵器を所有しているかどうかに関係なく、国家の安全・平和保障政策として「核抑止戦略」を正当で、有効なものとして容認し、具体的にとり入れている。しかし、この命題が神話といっていいようなさまざまな矛盾や問題を内包しており、必ずしも正しくかつ有効なものではないといってよい。そこで、この核抑止理論・戦略は一体、どのようなものなのかを再検討しなければならない。

そもそも、核抑止は実際に、より大きな核兵器の増強を合理化するよう作用する。この役割はその構造によって促進される。そうした「核抑止は、脅威を極大化するために不明確な言葉で描かれた、曖昧な理論的・思弁的・行動的構成物である」。それだけに、核抑止は多くの理論的矛盾をもっている。一方で、それは報復の本質について意図的に何らかの抑制すべき不確実性を残している。他方でエスカレーションをコントロールすると主張しながらも、核抑止はエスカレーションのコントロールを本当に実行するかについての疑いを助長している[22)]。

いずれにしろ、最も集約的にいえば、抑止とは、費用と危険が期待しうる結果を上回ると敵対者に思わせることによって、自己も不利益になるいかなる行動も敵対者にとらせないようにする試みにほかならない。単純な意味での抑止概念は、利用可能な情報に基づいて行動の選択肢の効果を計算できる「合理的」敵対者の存在を前提としている。当然のことながら、自国自身の合理的思考・行動様式をできることを想定している。もちろん、自国も敵対国もタテマエとしては、合理的思考・行動様式をとることが基本的な前提条件であるものの、ホンネとしては、恐怖や脅し、不安感を相互に抱くことで、非合法的な行動様式をとらせることができるかどうかのゲームを行うことも事実上、前提条件となっている。抑止にはそうした矛盾する条件が共存している。そのため、抑止理論には、相手が求める目的を手に入れるためには許容することができないほどの膨大なコストがかかるために特定の行動をとることができないようにする試みである「懲罰的抑止」(deterrence by punishment) と、相手が求める目標を自国便益から特定の行動をとらせないよう試みである「拒否的抑止」(deterrence by denial) と、二つの意味で使用させることが一般である。また、別の観点から、「それは、効果的な報復という脅威によって相手に攻撃を思いとどまらせる（ドイツ語のVergeltung［報復］がこれにあたる）が、効果的な抵抗をすることにあり攻撃を思いとどまらせるドイツ語のVerteidigung［防衛］がこれにあたり、Vergeltungは含まれないことを意味する」。抑止は防衛という言葉と同様に、範囲全体を含む広義と、 純粋に防衛体系だけに限定された狭義に使用される[23)]。核抑止の場合、前者の効果的な報復という威嚇による抑止しかない。なぜなら、核が使用されて抵抗することが困難であるところから、抵抗による抑止はありえないと考えてよい。より詳しくみると、抑止は次の三つの期待に依存している。⑴敵が合理的に行動すること、⑵敵に対する脅威が現在最大の脅威であること、

⑶敵はその脅威を抑止しうる技術的手段をみい出すことである[24)]。

そうした抑止の二つの意味による形があることは理解できるものの、この二つがどのような関係にあるかを問わねばならない。先に挙げた「懲罰的抑止」と「拒否的抑止」、また「報復（威嚇）による抑止」と「抵抗（拒否）による抑止」と二つの抑止の意味（形態）を挙げても、両者の関係性は明らかではない。T. シェリングが主張する、強要（compellence）と抑止（deterrence）の区別は、二つの抑止の意味とどのような関係にあるのだろうか。あるいはまた、核兵器による報復という脅しによる「懲罰的抑止」といっても、核兵器を実際に行使することの信憑（頼）性を高めるかどうかの問題も存在している。その上、何よりも重要な問題は防衛と抑止の関係である。

G. スナイダーは、抑止と防衛の区別は本質的にいち時的なものである、という。「核時代」以前では、一方、抑止とは本来的に敵に対してこの予想される利益を超える費用とリスクを課すことによって、敵に軍事行動をとらせないことを意味する。他方、防衛とは、たとえ抑止が失敗した場合でも、自己の予想できるコストやリスクを削減することを意味する。また、抑止は敵の意図に基づいて作用するものであり、軍事力の抑止的価値は敵の軍事的動向の可能性を低下させることの効果である。防衛は、我われにダメージを与えたり、我われから奪ったりする敵の能力を削減する。したがって、軍事力の防衛価値は、軍事行動の結果が領土の喪失あるいは戦闘のダメージとして計算されようと、それによる不利益を緩和する効果である。そうであるならば、より単純にいえば、抑止と防衛との重要な違いは、抑止は主に平和時の目的であり、防衛は戦時の価値といってよい[25)]。しかし、「核時代」になると、抑止と防衛のそうした関係は根本的に変化することになった。抑止か防衛かを選択することは今日では厳格なものとなり、大きく対立するものとなった。すなわち、両者を選択する必要性は大きく、核兵器および熱核戦争と長距離空軍力の発展の結果である。核戦略との最も顕著な相違は、前攻撃抑止と後攻撃防衛の機能の部分的分離であり、また、抑止が失敗するならば、防衛のために合理的使用ではない兵器によって達成されうる可能性がある[26)]。こうした状況のなかで、今度は、抑止そのものの概念の二分化が必要となった。すなわち、拒否による抑止と防衛や懲罰による抑止である。敵が領土や資源などを獲得することを拒否する能力から生じる抑止と、核兵器を使用するという脅しや核兵器の使用による懲罰を与える能力による抑止である[27)]。「核時代」以前でのたとえ大規模な通常兵器であれ、防衛と抑止において果たす役割が「核時代」になると防衛と抑止においてその核兵器が果たす役割機能が本質的に

第2章

変わることにあると同時に、その抑止それ自体の内部でもその役割を二分化することになったのである。それが、核兵器使用による報復の威嚇による相手の攻撃行動を抑止する意味と、核兵器を中心とする膨大な軍事力を所有することで相手の攻撃行動を抑止する意味である。したがって、従来の防衛の機能と抑止の後者の防衛的機能とは同じものではない。在来の通常兵器による抑止と核抑止との間には著しく本質的な相違があるといってよい。もちろん、抑止主体国にとって抑止の対象が、核兵器保有国であっても、通常兵器所有国であっても関係なく、その攻撃的な行動に対する抑止機能を果たすことができる。

また、T. シェリングが主張する、抑止と強要を区別する重要性をどう考えたらいいのだろうか。彼は、抑止を相手に対して何事かをしないように促がすことを意図した行動を意味するが、強要（強制）を相手に何事かをさせることを目標とした行動を意味するという。抑止が作用するためには、舞台を設定するとともに、待ち受けを必要とする。相手に何らかの行動を起こさせるのではなく、そのための、何らかの行動が具体化するのは相手に存在する。それに対して、強要は一般的には、敵に何らかの反応が現れてきた場合には、止められるか、あるいは、敵が無害化しうる行動を始めることも含めることができる。強要は相手側に衝突を回避するための行動をとらせるために、その強要の程度が高められる。概して、強要の方は高くつくため、抑止の方が容易である[28)]。シェリングの抑止と強要と区別することはたしかに、重要である。シェリングの抑止と強要は、先に述べた、相手側にX行動させない消極的権力（抑止権力）と、相手側にX行動させる積極的権力と同じものである。核兵器が支配する冷戦時代の米ソ関係を相互強要関係としてよりも相互抑止関係と理解するほうが重要であり、また適切である。米ソ関係は事実上、相互懲罰的抑止関係として捉えることが妥当である。

さらに、核兵器をどのように使用するのかについても、積極的にか消極的にかについてもきわめて難しい問題を抱えている。核兵器をどのように使用するのか、また、何を目指していかなる方法で使用するかは基本的に、核抑止力の効用を大きく左右する。その核兵器態勢は事実上、核抑止理論や戦略の在り方を大きく規定することになる。ブロディは、⑴抑止の継続的な成功にとって変容する物理的な必要条件はどのようなものか、⑵核抑止はどのような複数の戦争を実際に抑止するのか、⑶戦術核兵器は役割があるならどのようなものだろうか、⑷もし抑止が失敗したならば、我われはいかに核戦争を戦うのか、また、どのような目的をめざして戦うのか、などを問う。そうして彼は、多数の生存のかかる核兵器の世界のなかで、抑止態勢をとることの不可避性を主張しながらも、戦闘遂行あるいは戦争勝利とその戦略を無意味なものとして否定する[29]。このブロディの見解と著しく対照的なものが、グレイの見解である。彼は何よりも、戦略核戦争はその戦力を使用するとの見通しによって抑止されることになるだろうが、そうした予測がなければ抑止されないだろう、と主張する。そうして。彼は、確証破壊という考えを否定し、それに代って、単に何らかの特別な核報復の結果としてのダメージによってソ連を脅すことよりも、むしろソ連を敗北させうるという考えが米国の核戦力のなかに入れられるべきだ、と強調する。こうした彼の見解は、核戦争を実際に戦うための作戦上の問題により注目することを、また、米国の核計画に政治的・軍事的攻撃目標を取り入れることを、さらに米国はソ連の核攻撃に対する脆弱性を低減するために積極的・消極的防衛策を精力的に追及することを、要求している[30]。

以上の核抑止をめぐる問題は具体的には、核抑止および核抑止力とは何か、核抑止はどうあるべきか、核抑止力はどのような方法や手段で可能となるのか、どのような抑止が有用なものなのか、そうしてまた、核抑止にはどのような意味と形態があるのか、などをめぐるものである。核抑止の問題は基本的には、核兵器（核戦力）をどのような対象を、どのような目標を、どのような方法（手段）で抑止するのか、また、抑止できるかである。その問題は究極的には、核兵器を所有し、核兵器をどのように使用（利用）するかによって、相手の攻撃を防いで、安全・平和保障の実現を可能にするかである。すなわち、「核戦争を防ぐには、核戦争に備えよ」の命題を否定して、「核戦争を防ぐには、平和に備えよ」の命題を確立することである。

前者の命題が事実上、核抑止理論であり戦略にほかならない。安全・平和保障（相手の攻撃を防いで安全を、また相手との戦争を防ぐことで平和を保障すること）を維持・強化する戦略としてとりわけ核超大国の間で展開されてきた。これは実際に勢力均衡理論と同様に当事国の安全保障のために核軍事力を前提としている。しかし、抑止は勢力均衡と異なり、核戦力の使用性ではなく、その所有性に基礎をおいている。相手と同等かそれ以上の軍事力を所有することによって相互行動様式をコントロールすることである。すなわち、相手側に自国を攻撃させない、攻撃を抑止する消極的権力の一種といってよい。「『抑止』はもともと心理的な概念であり、相手側に耐えがたい大量被害を与えることがあると誤りなく認めさせるだけの核保有量（軍事力として相手側のそれより優位にたてるだけの核兵器量）を必要とする。理論的にもっとも信頼できる抑止力とは、先制攻撃を受けても、その攻撃は破壊されてしまう、と相手側に認識させうるように威力を備えたものではなくてはならない[31)]」。

そのため、実際に使用することが自己の生存を含めてすべての目的を喪失してしまうことになることを前提として、両者間の均衡化をはかることによって、核軍事力の実際の使用を断念させることを意図する。自己も他者も巨大な軍事力を所有し、相互に破壊関係を構成することによって、その使用を抑止しあう。この抑止は、そのためにはつねに相手を抑止するに足る相手以上の軍事力を所有する必要から、軍事力の増強が構造化される。自己抑止ではなく他者抑止志向から、自己に対する抑止を困難にする目的で、他者を抑止するために他者以上の軍事力の所有をめざす。そのメカニズムによって、無限の軍拡競争が永続化し、同時に不安全感も持続的なものになる。核戦略は、「核抑止論の内蔵する自己（セルフ・）衝動力（インパクト）によって、核兵器体系の量と質の向上を指向せざるをえない。これが具体化されたものが核兵器開発競争、より正確には核兵器開発加速運動である。競争という二体問題であるが、核兵器の研究・開発は本質的に一体問題の性格をもっている[32)]」。そもそも、米国の核兵器戦力の最初の原理は、ソ連の通常戦力に対抗バランスをとることであった。ソ連自身が巨大な戦略核倉庫を発達させるのに応じて、米ソ両国の二つの戦力はますます相互に目標とされるようになった。しかしながら、40年後、両国は第一撃できる各々の核戦力を排除する能力以上のものを進めている[33)]。

4　矛盾の体系としての核抑止体系

そうした重大な問題点を本質的に内包する核抑止理論・戦略は、どれだけ核戦争の勃発を防ぐことができるだろうか。この理論・戦略の何よりも重視すべき基本的かつ本質的な問題は、理論的にも戦略的にも、核兵器体系が本質的に矛盾の体系であるということである。なぜならば、自国の安全・平和保障を確保するために容易に使用することができなくなった核兵器を、いざとなれば相手に報復として使用する、という理論・戦力であることである。核兵器の所有性と使用性が対立することなく共存していることだ。それが、いわば「核戦争を防ぐには、平和に備えよ」命題でなく、「核戦争を防ぐには、核戦争に備えよ」命題であることにほかならない。そのため、核抑止論を構成する前提となる必要・可能条件をより詳しく分析しなければならない。核抑止論を支える基礎となる条件として、指導者（軍部も含めた政策決定者）の視点からみるならば、指導者は、⑴手段的に合理的であること、⑵リスクを冒しながら利得を最大限にすること、⑶国内的な拘束条件から自由であること、(4)自ら攻撃者あるいは挑戦者として認識できること、などである。しかし、そうした四つの中心的仮定のすべては非現実的で、経験的証拠と矛盾している[34)]。

指導者中心の視点より広い枠組みのなかで核抑止理論の基本的前提条件を検討しなければならない。潜在的に敵に対して核抑止力の作用を成功させるためには、政策決定過程での合理的思考・行動様式の存在、正常なコミュニケーション回路の設定、適切かつ有効な核兵器コントロール・システムの存在、核戦争を回避すべきとの価値観について国際（世界）システム構成主体すべての間での一致の存在、核所有国間での核兵器（戦力）配分の適切性と妥当性の確立、核抑止体系の持続的安定性の維持、そして核兵器使用の信憑性（信頼性）、などである[35)]。

(1) 政策決定過程において指導者の合理的思考・行動様式の存在：核抑止の成功は、相手側を抑止する、また相手側から抑止される目的・手段についての政策決定者の確実な合理性に基づいている[36)]。抑止側は、自己の目的・能力（手段）・費用・利得と同時に、被抑止側の意図・反応・能力・費用・利得について合理的・客観的・適確な評価・計算ができなければならない。とりわけ、前者が後者の実態についての正確な認識や、ある行動に伴う潜在的費用・利得に対する合理的評価・計算をしても、後者が目的・行動に対して合理的判断や合理的に対応できない限り、抑止は成立しにくい。また、その逆も真である。両者が攻撃行動や核戦争につながる脅威や条件、耐え難い破壊力、などを理性的に計算し、合理的に対応する必要がある。

(2) 正常なコミュニケーション回避の確立：核抑止の成功は、両者の一定の合理的政策決定者を前提としているが、その条件自体が他者を確実に抑止することに自動的につながることができない。問題は何よりも、いかに自己の合理的思考・行動様式を正確かつ適切に相手側に知らせることができるか、その反対に、いかに相手側に合理的思考・行動様式を正確かつ適切に知ることができるかである。そのために、両者の意思疎通を可能にするコミュニケーション回路が設定されていることだ。効果的な意思疎通を可能にするためには、相手のどのような行動が抑止されているのか、もし、被抑止側がその抑止の意図を軽視するならば事態がどのように推移していくのか、抑止のためにどれほどの費用を支払わなければならないのか、などを正確に認識されなければならない。こうした合理的政策決定過程を支える正常なコミュニケーション回路の設定が重要となる。抑止側自身の意図・目的・能力・反応・思考・心理などの正確なシグナルを被抑止側に送り、また、後者から正確かつ適切な情報を受けることによって、誤解や偏見を防ぎ、両者の合理性を具体的に維持することが可能となる。核戦争の起こる可能性をつねに抽出し、規制していく努力をしていかなければならない。

(3) 国内・国際レベルにおける核兵器に対する民主的コントロール・システムの設置：他者の攻撃を確実に抑止し、戦争を防ぐために、国内レベルと同時に国際レベルでも、政治的に、技術的に核兵器行使に対する民主的コントロール・システムを定義させねばならない。たとえ理性的政策決定者の間にコミュニケーション回路が設定されていても、核行使に対する民主的コントロール・システムが確立されていなければ、容易に核兵器が使用されやすい偶発的戦争が十分に起こりうると考えてよい。核抑止体系の技術的メカニズムが複雑で、非公開性が高い秘密状態におかれているだけに、核行使に対するコントロールは容易なものではなく、核の事故や偶発戦争が起こる可能性は著しく大きい。

(4) 核戦争を防止すべきという価値観がグローバル・レベルでの一致の存在：どの国家も国際システムにとって最重要な価値や目的として核戦争のない平和世界の確立という価値観や願望が一致をみなければならない[37)]。どの国も核戦争防止という価値以上に優先する価値を求める限り、有効な核抑止体系は容易に確立することができない。さまざまな国家が相手に異質の特別の価値・利益をもっていても、核戦力や通常戦力を使って自己の目的や価値を確保しようとして戦争に打って出たり、他国が核戦争を生起することがないように、世界平和と安全を維持することが最高の優先的な共通価値があるということに無条件の同意が存在する必要がある。そうした同意の存在によって、機能を果たすことが可能となる。

(5) 非紛争的な、妥当な核兵器体系の開発・発展：実際に、核抑止側が被抑止側を有効な方法で抑止することを可能にする最も根本的な条件の一つは、前者が後者に核兵器を行使する脅威を与えることによって相手側を十分に抑止する能力をもつことである。前者はつねに抑止能力をもつ核兵器体系を維持・強化する。抑止側が実質的に、被抑止側に受け入れ可能な費用やダメージしか与えることができない程度の能力しか所有していない場合には、後者の抑止はうまくいかず、失敗に陥りがちだ。反対に、抑止側が被抑止側を抑止する場合だ。費用が利得をきわめて大きく上回るならば、効果的な核抑止システムを保持・強化する意義を失うことになる。核抑止体系は、より安い費用でより大きな利得をあげることができるような、すぐれて効果的な抑止体系を確立する必要がある。好ましいことではないが、とりわけ有効な相互抑止体系の構築には、抑止側と被抑止側との間にほぼ対等な核兵器体系の強化をめざして軍備拡大競争が構造化していくことになる。もう一方が他方に比べて圧倒的に有利な核抑止体系を確立すると、核戦争勃発の危機が高まることになるといってよい。

⑹ 安定性の確立：第5の条件と関係しているが、効果的な抑止が可能となるためには、それが安定したものでもあることが必要となる。「挑発が大きくなれば威嚇したことを実行するぞ、という決意を相手側に伝達するだけではなく、恐怖心から生じえる予防攻撃とか先制攻撃を誘発することなしに、その意図を敵国の指導者に知らしめなければならない」。効果的な抑止力は相手に対して脅迫的なものであると同時に、相手がそのことが原因で暴走を引き起こすことがない程度に安定したものでなければならない[38)]。秋山信将と高橋杉雄が強調しているように、この戦略的安定性とは、安定的な戦略環境全体そのものを指す言葉ではなく、具体的には「軍備競争における安定性」と「危機における安定性」を示している。前者の「軍備競争における安定性」とは「平素における関係性を表す概念であり、相互の兵力構成や軍事技術の動向が、軍拡競争を促さないような状況にあることを指す」。また、後者の「危機における安定性」とは、「安全保障上の問題が顕在化し、危機的な状況までエスカレートし、関係国が相互に戦争の準備が始めつつある段階において作用する概念である。……こうした状況であれば、双方ともに先制攻撃を行うインセンティブを持たないことになるため、危機においてもその状況管理が比較的容易になると考えられる。こうした状況が『危機における安定性』が存在している状況とされる[39)]」。

⑺ 核使用の信憑性：核抑止理論を支える最も決定的な重要な前提条件は、核使用の信憑性であるかないかの問題である。抑止が効果的に機能するためには、核使用の信憑性が確実に存在することである。被核抑止側が、抑止側は実際には核兵器を使用するはずがないと思う限り、また、被抑止側に強大な核兵器を使用して受け入れ難い被害を加えることが不可能だと予測させる場合、抑止は効果的ではなくなり、失敗する。報復あるいは核の脅しが実行を伴うことのないリップサービスの形だけのものである限り、相手を十分に抑止できない。もし被抑止側が、抑止側の核抑止側に対する核使用の意図と能力を確信しなければ、被抑止側が攻撃する可能性を高める。O. R. ホルスティがいっているように、「クレディビリティは兵器そのものに固有なものでは

なくて、被抑止者の兵器の認知と兵器の所有者の意図によって決まるということを示している。」そのことは、「抑止効果＝推定能力×推定意図」という式で表すことができる[40]。もちろん、こうした式が通用するのは、「核時代」固有のものではなく、それ以前の国際システムにおいて、通常兵器行使のクレディビリティ問題が事実上、多く存在してきた。だが、致命的なほどの過剰殺害・破壊力をもつ核兵器行使のクレディビリティ問題は、核抑止理論にとって決定的に重大な条件となっている。抑止側はつねに、被抑止側にいざとなればその攻撃に対して確実に核報復を加えることを、後者に信じ込ませる必要がある。もし抑止側の核使用の信憑性がなければ、その他の(1)、(2)、(3)、(4)、(5)、(6)、の条件の意義を失わせることになる。

そうした核抑止理論を構成する前提条件によって、戦後の「核時代」の国際システムにおける核戦争の勃発を防いできたといえるだろうか。広島・長崎での原爆投下以来、実際に核兵器が使用されてこなかったことは、核抑止理論・戦力を支える諸条件の有効性を正当化することになるのだろうか。核抑止力が有効に機能したことで核戦争の勃発を防ぐことに成功したかどうかは、容易に肯定も否定もできない。第二次大戦後の、核戦争のない「長い間の平和」は核抑止力が適切に機能してきたからということを科学的に証明できない。「何故ならば、核戦争が起こらなかったという事実と『核抑止戦略』が実施されていたという事実との間の、因果関係を証明できないからである。また、他方、二つの事実の間には因果関係はない、と断言することはできない。そう断言しうるためには、核兵器の存在にもかかわらず、また核廃絶論者がしばしば主張する『核抑止戦略の破綻』にもかかわらず、なぜ40年以上も核戦争が起こらなかったのかについて、未知の要因の働きを証明しなければならないが、それもまた不可能である[41]」。たしかに、核抑止が国際システムの平和や安定にどれだけ有効であったかどうかは単純に説明することができない。「ＡとＢと抑止関係のなかで、Ｂが、その行動をとったときにはじめて、抑止がきいていなかったこと（すなわち抑止の失敗）が証明されたのである[42]」。核抑止機能がもたらした結果であるかどうかを科学的に証明することは容易ではないし、また、核戦争不在の平和の維持を抑止力が作用した結果であると単純にみることもできないとしても、核戦争が起こらなかったことに核抑止以外の要因が機能したかどうかを問うことは正しいことだ。あるいはまた、そもそも核抑止論や戦略を構成する諸条件は妥当なものだろうか、それらの条件に矛盾や問題がなかったであろうか、を検討しなければならない。その前に国際システムにおいて核抑止が有効に作用するには、いくつの参加メンバーが好ましいのか、いくつの核保有国であれば、核抑止戦略が国際システムにおいてうまく作用するのか、という核兵器の拡散問題をみてみよう。

5　核兵器の拡散と核抑止論

核抑止理論・戦略を構成する諸条件としてこれまで検討してきた条件のほかに無視することができない重要な条件が核兵器の拡散問題である。それは、「核戦争を防ぐには、核戦争に備えよ」という命題に基づく、核抑止論・戦略と有機的に関連しているが、核抑止機能はどれだけの核兵器保有国によって有効に作用するかの問題にほかならない。それは実質的に、国際システムにおける核兵器（戦力）配分構造の在り方の問題である。そもそも戦争を防ぐ手段としての核兵器と戦争を行う手段としての核兵器が、核抑止機能は本質的に矛盾の条件を内包しているが、どのような核拡散構造がより国際システムにおける平和や安定に奉仕するのかを問うことは、必ずしも無駄なことではない。なぜならば、どうして核兵器を保有したいとの試みが多くの国ぐにによって試みられるのか、また、どのような目的で核兵器を保有したいのか、を理解できるからである。国際システムにおいてどのような核拡散の形態、つまり核兵器拡散構造が国際システムでのより平和や安定につながる可能性があるかないか、あるいは、まったくそのこととは関係のないことなのか、を知ることができるからだ。さらに、国際システムの平和や安定のために、核問題の何に、どのように対応していくべきかを考える必要性があることを理解できるからである。結局は、平和・安定世界を実現するには、「核戦争を防ぐには、核戦争に備えよ」との命題ではなく、「核戦争を防ぐには、平和に備えよ」との命題を選択せざるをえない。核兵器を全廃して「核なき世界」を構築する以外ないことが理解できる。もちろん、「核なき世界」を創ることは容易ではなく、理想的なことである。しかし、我われ人類は、人類世界の絶滅を可能にする核兵器と共存することを克服する方法や方策、政策、理論、戦略を創造し、実行していかねばならない。

そのためにも、概して、なぜ多くの国は核兵器を実際に所有しようとするのかの理由をみておくことは必要だろう。K. ウォルツは、国家が核兵器を所有しようとする理由は、次の七つのうちの一つかそれ以上からであるという[43)]。

⑴　大国は他の大国の兵器に常に対抗するか、一般的には新しい兵器を導入した国を真似ることによってである。

⑵　ある国は、大国の同盟がもし他国からの攻撃に対して報復しないだろう、

との恐れのために独自の核を望む。

(3) 核同盟なしに国家はその敵のあるものが核兵器をもっているならば、ますます核兵器を望む。

(4) もしある国がその敵の現在・将来の強さを恐れて生きているならば、核兵器を望む。

(5) ある国は、経済的に崩壊させ、軍事的に危険な軍拡競争に代わって、より安く、安全な代替を見つけるかもしれない。

(6) 相手を攻撃するために欲しがる。

(7) 核兵器を手に入れることによって。国家は国際的地位を高めようとする。

そういった理由で実際に核兵器をもちたがる国があることを否定できないが、それらの核兵器保有を望む理由そのものは間違っているものが多い。例えば、同盟の核大国が他国からの攻撃に対する報復が期待できない恐れから独自に核武装を望むことは、フランスや中国の場合のようにそれは事実であっても、その恐れが現実のものかどうかは、また単独核武装することによって他国からの核攻撃を避けることができるかどうかは必ずしも、明確ではない。また、相手を攻撃するために欲しがることも、何らかの目的が必要であり、さらに、核兵器をもつことによって国際的地位を高めることは必ずしもできない。かえって他国からの批判や挑戦を招くことで孤立することにもなりうる。

むしろ核兵器の保有に反対したり、望まない国も実際には多いことが分かる。もちろん、核兵器を政治的・軍事的目的から保有したいと思っている国もあるが、実際には保有のためのさまざまな事情から核兵器を所有する可能性を全くもっていない国も多い。しかし、そうした国以外でさまざまな理由で、核兵器をもつべきではないとして、それを否定したり、批判したり、またそれに反対する国を多くみることができる。核兵器をもつことの損得の計算から実利益的理由でもたないことを選択する国から、巨大な殺傷能力をもつ核兵器を人道上・道徳上観点から根本的に否定する国や、そうした理由と関連した理由から核兵器をもつことを強固に否定し、反対する国もきわめて多い。それらの国は、異常なほどの膨大な破壊力で人類世界の絶滅を可能にする核兵器を所有することは、「核時代」における世界平和・安全の実現を否定すること、つまり破壊を意味すると捉えている。人類世界の平和・安全を実現し、維持するためには、何よりも核兵器の全廃以外の選択肢はない、との認識が事実上、核兵器全廃条約を生み出したといってよい。そのことは、「核戦争を防ぐには、核戦争に備えよ」の命題を否定し、「核戦争を防ぐには、平和に備えよ」の命題を選択したことを意味する。

今日の核拡散問題をこうした観点から検討する必要がある。これまでのこの問題は、「核戦争を防ぐには、核戦争に備えよ」の命題を前提としての問題であった。したがって。前述したように、どのような核権力配分構造の在り方が実質的に、国際システムにおける平和・安定をより可能にするかの問題であった。核兵器配分構造が、二つの核超大国あるいは少数の核所有国からなる構造か、より多数の核保有国から構成される構造のどちらかが実際に、国際システムの平和・安定を可能にするかの問題である。したがって、この核拡散問題は明らかに、第二次大戦後の「核時代」における平和・安全は、事実上権力配分の一（単）極構造化、二極構造化、あるいは多極構造化の選択の問題の延長線上に位置づけることができる。

この核拡散問題に核兵器の拡散の肯定的立場がK.ウォルツであり[44)]、その否定的立場がS.セーガンである[45)]。ウォルツは、核所有国が増えれば増えるほど、抑止力が作用することで、戦争を防ぎ、平和を享受することにとって多分に好都合となると、次のような理由を挙げている。⑴国家は些細な利得のために大きなリスクを冒すことは実際にはありそうもない。勝利を期待して戦うことはきわめて危険を伴うことになる。⑵国家は想定される費用が低いと慎重な行動をとれなくなるが、費用が高くつくならばより慎重な行動をとることになる。⑶抑止のために核兵器を配備することは、領土征服よりも国家安全保障の確保をより可能にするため、戦争の主要な原因を取り除くことにある。⑷抑止効果は能力と意思に依存するが、領土の維持をめざして奮闘する被攻撃側の意思は他国の領土をめざす攻撃側の意志よりも強いと考えられるので、後者の行動はさらに抑止されることになる。⑸相手側との相対的戦力の確証があればあるほど、戦争を起こしづらくなる。「在来型世界においては、生じる恐れのある損害が明確ではなく、制限され、不確実であるがゆえに、抑止の脅しは効果はない。一方、核兵器は、軍事的な読み間違いを生じがたくするとともに、政治的な予測を容易にするのだ」。核戦争の結果は計算しやすいために、抑止の脅しは効果的であるといえる。

それに対して、セーガンは、新たな核保有国の行動様式が核戦争回避という自国の利益を反映したものになりうるという合理主義の仮定に基づいて、核兵器保有国の拡散によって安定的な抑止力が作用するようになるという核についての楽観的見方を批判するなかで、「組織論」の観点から核兵器の悲観的見解を提示する。セーガンは、「新たな核保有国の実際の振る舞いは、国家内の軍事組織に共通の偏向、融通性のない慣行、偏狭な組織利害が、国益に反するにもかかわらず抑止の破れや核兵器の偶発的使用を招くことになると論じた。かかる核拡散に対するより悲観的な見解の根底にある認識は、複雑な組織に関する豊富な理論的・経験的な研究に基づいている」。セーガンの理論は、国家の合理性仮説の過大評価を抑止させ、冷戦期の米国の核政策にかかわる経緯の解明に有効な洞察力を提供し、また、長い平和の時代における核抑止の条件として文民統制力が不可欠であることを明示する。核拡散問題を組織論からアプローチするならば、核保有国の拡散・増大は抑止力機能にとって不都合である、とみている。

ウォルツとセーガンのどちらの立場を支持することができるだろうか。国際システムの展開過程の現実からみて単純にいうならば、ウォルツの立場よりセーガンの立場がより説得力があるといってよい。しかし、「核戦争を防ぐには、核戦争に備えよ」命題からみれば、両者の間には大きな格差は存在していない。むしろ核拡散問題は「核戦争を防ぐには、平和に備えよ」命題から検討されるべきである。国際システムの平和・安全保障にとって核拡散の抑止力機能の問題ではなく、核拡散と核不拡散（核兵器の全廃）の弁証法的力学としての国際システムにおける平和・安全保障のための抑止力機能（単なる核抑止機能ではない）の問題にほかならない。この点については後で詳しく検討していくが、ここでは、核保有国が少ない方が多い方より、抑止力にとして国際システムにおける平和・安全保障の維持にとってはより望ましいといっておきたい。

6　矛盾の体系としての核抑止論・戦略

明らかに、核抑止の機能で相手国の攻撃を防いだり、核戦争を含めたさまざまな戦争の生起を防いできたかどうかの問いへの重大な一つの解答は、いかに核抑止論・戦略を構成し、支える諸条件自体がジレンマを内包しているか、を証明することによって可能である。A.クラスによると、抑止が内包する矛盾は次のようなものがあるという。⑴抑止態勢は本質的あるいは反応的性格である。この戦略は敵に主導権を委ねる。⑵抑止的脅威は不明確であると同時に信憑性がなければならない。⑶十分に技術的な意味と倫理的合意があるため、まったくの道徳的不一致が存在する。⑷政治指導による統率力、軍事体制、市民の士気への影響である。⑸技術的進歩の不安定さである。この核兵器に内在する矛盾は、前述したように、核兵器のパラドクスとその内容がほぼ同じものであるといってよい[46]。また、M.ティーは、核抑止のはずみには、次のような多くの欠陥や矛盾がみられるという。⑴信憑性をもたらすためには、核態勢は核兵器を行使する準備がととのっていることと意図を相手に伝える必要がある。その使用は共倒れの危険があるので、長期的には、核抑止戦略は核の悪夢から解放される政治的勢力の代用にはなれない。(2)平和を促進させるといっても、核抑止は実際には軍備拡大競争をあおっている。(3)核抑止教義はまた、国内の活力に有害な影響を及ぼす。脅威が敵に向けられ、構造的適性が硬直化することになる。(4)核抑止理論の致命的な欠陥は、米ソ二極世界へ排他的に結び付けられたことである。一方で、安全保障や権力の要素として核兵器の崇拝は当然のことながら、その他の国への核拡散を刺激することになる。他方で、大国の合理的な行動に大きく依存することがかえって、抑止を重大な試練に立たせることになる。(5)核抑止戦略は軍事技術の競争と結びついて、軍備管理に有害なインパクトを及ぼしている[47]

核抑止理論・戦略が内容する欠陥や矛盾の表出は、むしろ抑止概念それ自体の特性に問題がある。D. W. ジーグラーのいうように、防衛とは物理的なものであるが、抑止とは本質的に心理的なものであり、戦争が生起する前に有用なものなのだ。抑止は、敵が最初に行動を起こさせないよう維持する。実際、もし戦争が起ったら、抑止は失敗したことになる[48]。また、R. ジャービスは、抑止の崩壊には誤認が重要な意味をもっているという。人間が自己の信念を変えたり、不快な現実に直面することを避けるために、自ら演じる知覚のまた感情のたくらみから出てくる正しい認識に対する多くの障害があるだけではない。また、敵の価値や利益を適切に評価し、脅威の信頼性を計り、そして自己の選択に対する敵の認識を十分に理解することはきわめてむずかしいということもある。抑止が実質的に、そういった種類の認識に依存しているため、誤った判断が実際に、抑止の失敗をもたらすことになるのだ。まさに抑止には、心理的な要件が大きく作用している[49]。

ここでは、先にみてきた核抑止理論・戦略を構成し、支える前提条件そのものに内在する欠陥や矛盾について考察する。

(1) 政策決定者の合理性は本質的に保証されるものではない。なぜならば、抑止の効果は、そもそも抑止側が被抑止側に合理的判断や評価、理解、対応を求めるよりも、後者に対していかに大きな脅威や心理的圧迫を与えることができるかどうかにかかっているからだ。抑止の効果は、いわば相手の恐怖心をどれだけ、いかに引き起こすかに基づいているからである。また、それぞれが自己の戦略や戦術、目的を相手に意図的にかくしており、相手の狙いや計算、行動について客観的にかつ合理的に認識することは困難である。相手の脅威を引き起こすために、決して勝利を収めることができないにも関わらず、相互に兵器の破壊力を高めあってきた。実際、米ソは核戦争をするために、これまで計画し、武装を強化し、訓練してきた。我われは抑止という名目で衝突の途上にいる。一歩で、相互に核戦争を抑止するために、核兵器を大量に製造し、平和を確保するために戦争に備えていると、自己主張する。他方で、ますます核兵器のコントロールができなくなりつつある[50)]。

⑵　コミュニケーション回路は、それぞれ自国にとって都合のいいように、意図的に閉じたり、偽装の情報を流したり、錯誤がつきまとう。必要によって、この回避を悪用する可能性は高い。実際に核を使用した場合にその相手に核を発射したと正直にいうはずがない。この回路はつねに歪められる可能性がある。

⑶　核に対する民主的コントロールは事実上、簡単なことではない。核兵器体系は一部の政策決定者（軍部）のみが占有し、しかもそれが技術的にも、戦略的にも秘密にされていることが普通であり、核の民主的コントロールは、技術的にも、戦略上からも困難である。「核兵器は悲劇的なパラドクスを呈している。すなわち、核兵器使用の決定以上にアメリカ人や世界にとって重大なものはない。しかし、そうした決定は民主的過程のコントロールを免れてきた[51)]」。時間の残余を全く許さないため、民主的コントロールの可能性は著しく弱いものであり。戦略的視点からかえって非効果的である。

⑷　核戦争の勃発を防止するという共通の価値体系が他のどのものよりも優位性を保持する必要があるものの、核所有国間のレベルではそれぞれ可能であれ、第三世界諸国は必ずしも核戦争の防止を最優先価値としてはいない。貧困、飢餓、栄養不足、病気、人権の抑圧、搾取、不平等、不正義、疎外、などの構造的暴力が支配する第三世界では、貧困で苦しむよりも死を選択したいという価値観すら存在している。そのためにも、異なるレベルの紛争にとっての抑圧の問題を再定義する必要がある。すなわち、①米ソ超大国の戦略的の抑止問題、②局地的・限定的戦争の抑止問題、③暴力の低いレベルでの非軍事挑戦や下位限定紛争の抑止問題である[52)]。核抑止力によって抑止がうまく作用することではなく、むしろ核戦争を引き起こすことを可能にする構造的暴力の打破が必要となる。

⑸　核抑止が作用するには、ほぼ対称的な戦闘能力の保持が必要とされるが、これを維持するためにはつねに相手の核軍事力以上のものの保有を求めている。相手の行動を抑止するのに十分な相手以上の核戦力を保有する必要から、核戦力増強をめぐる競争が構造化することになる。その構造を支える大きな要因の一つが、軍事技術の革新である。そのことが最も有益なものとな

ると、兵器は何度でも発展する。政策はその発展を合理化するために修正されることになる[53)]。核の出現以来、技術が指揮を引き受けるようになった[54)]。核兵器技術が独走して、人間がこれをコントロールすることをむずかしくしている。国際システムの危機的状況の高まり、本質的な安全保障ジレンマのメカニズム、軍事技術の発展とが結びつくことで、核軍拡構造（世界核軍事秩序）は、無限の軍拡競争を永続化させ、同時に当事国の不安全感も永続的なものにする。したがって、核抑止戦力はそこに内在する推進力によって、強固な核兵器体系の向上を積極的に志向することになる。実際には相手に対する抑止力にならないのに、ますます強力な核兵器が蓄積されていく。軍事力の使用性や有効性は大きく喪失しても、その所有性だけが高まることになる。

そうした軍拡競争の構造は、核超大国の米ソのような、また東西軍事ブロック間の対称的関係構成主体間レベルのみで形成されているのではない。通常兵器に関しては先進諸国と第三世界諸国とのレベルでも軍拡構造が拡大している。とりわけ1970年代からは五つの核保有国以外の国ぐにや地域へ核兵器拡散問題が大きくなってきた。核兵器と通常兵器が結びついてそれらの垂直的・水平的ネットワークが地球的規模での広がり、いわば世界（核）軍事秩序を形成している。そのことは事実上、国際システムすべてが常時、核兵器と通常兵器が何らかの形で結びつきやすい戦争が生起しやすい状態が日常化していることを意味する。NATOが戦争を抑止する戦略も、日本の場合のように米国が日本のへ核のカサを広げる戦略も、拡大された抑止戦略である。また、特定の紛争国や地域での戦争を抑止する戦略も、拡大された限定（地域）抑止戦略である。その基本的構成要因は概して、通常兵力で防衛→戦術核兵器→戦略核兵器へと連続的により高次元への段階的使用の原則である。さまざまなレベルでの軍拡競争は大規模戦争へつながることはならないだろうかは、否定も肯定も確信をもって答えることはできない。実証的証拠もないし、理論的には限定戦争も非限定戦争の可能性も存在するので、容易には答えられない。だが、大規模戦争のシナリオを描くことは可能であろう[55)]。

(6)　相手側からの攻撃に抑止が有効に機能するためには、相互の軍事体制の強化の戦術が軍拡競争を激化させないようなレベルで安定させる試みも、また、両者の間での紛争状態の高まりのなかで、戦争への準備を進める状況に直面した際に、恐怖心から先制攻撃とか予防戦争を行っても勝利を収めることも、有利な立場を得ることもない、ということを相手に知らせることで、戦争や攻撃の危機を高めないような試みが、「危機における安定性」の問題だ。そうした両者の試みは、相手からの攻撃や戦争を回避するため重要なものであるとしても、そうした試みに対し、両者共通の認識や評価、利益観の条件が必要であり、また両者の間でのコミュニケーション回路が開かれていなければならない。さらに、両国の政策決定者（軍部も含めて）の合理的思考・行動様式をとることが必要だが、現実にはきわめて危機的状況が支配的であれば、それらの政策決定者はむしろ非合理的思考・行動様式をとりがちである。重要なのは、その危機状態それ自体を維持することではなく、それを弱めたり、取りのぞくことであり、そうでない場合には両者の危機における安定性は簡単に崩れてしまうことになる。

(7)　いざとなればいかなる膨大なコストやリスクを伴うことになっても、確実に核兵器を使用するという信憑性が核抑止を保証するという条件だが、もし自国が他国から第一撃を受けたり、同盟国が攻撃されても、単なる核報復の脅しだけで、実際には核兵器を使用しないと相手に確信させるならば、相手は先制核攻撃をするかもしれない。核抑止力を有効なものにするためには、必要ならばいつでも核攻撃を確実に行うことをつねに相手に確信させる必要がある。被抑止側に核を使用させないために、自己の核兵器行使の信憑性を被抑止側に明確に示すことが必要となる、というジレンマが存在する。核兵器使用の可能性がゼロに近づけば近づくほど、かえって相手の核使用の可能性は高まることになる。たしかに、「信憑性の教義は、熱狂的なイデオロギーとは異なり、核兵器の支配する時代において影響を及ぼす有効な手段をアメリカに与えることをめざしていた、冷徹にも合理的な戦略論であった[56]」。実際、核戦争を起こす可能性を常時証明することで、核戦争勃発の可能性を否定する、という非合理的理論・戦略である。

そうした核抑止理論・戦略を構成し、支える諸条件はすべて、矛盾を内包していることを理解することができる。すなわち、核抑止理論・戦略それ自体が本質的に矛盾を内容していることを物語っている。この理論・戦略が基本的には、「核戦争を防ぐには、核戦争に備えよ」命題を反映するものであり、「核戦争を防ぐには、平和に備えよ」命題は通用しない。また、その命題は、核戦争を抑止するために核兵器を所有するが、いざとなれば核兵器を行使する、というジレンマを内包している。核戦争を抑止するために、核戦争を行う、という二つの矛盾する条件を共存させている核抑止理論・戦略であるにもかかわらず、なぜこれまで核戦争が生起していないか、という問いに答える必要がある。戦後の長い間の平和を可能にしたのは、核抑止力が有効に作用したのではなく、むしろさまざまな要因から構成される「非核抑止力」にほかならない。これについては後で、詳しい説明を加えたい。この問題解決の究極的条件は、核兵器体系の全面的廃絶以外に選択肢はない。

1）Nash, Henry T., *Nuclear Weapons and International Behavior*（Leyden：A.W. Sijthoff, 1975）, pp.68－69.

2）Krasner, Stephen D., "Realist Praxis：Neo-Isolationism and Structural Change," *Journal of International Affairs*, Vol. 43, No.1（1989）, p.143.

3）Garnett, John, "The Role of Military Power," in Baylis, John, Ken Booth, John Gernett and Phil Williams, eds., *Contemporary Strategy*（New York：Holmes & Meier Publishers, 1975）, p.50.

4）Bracken, Paul, "New Directions." in Holroyd, Fred, ed., *Thinking about Nuclear Weapons：Analyses and Prescriptions*（London：Croon Helm, 1985）, p.264.

5）See Baldwin, David A., "Power Analysis and World Politics：New Trends vs. Old Tendencies," in Knorr, Klaus, ed., *Power, Strategy, and Security*（Princeton：Princeton University Press, 1983）.pp.3－36.

6）Organski, A.F.K., *World Politics*, 2 nd ed（New York：Alfred A. Knopf, 1975）, pp.118－19.

7）星野昭吉「世界政治の変容と権力概念・分析」（亜細亜大学経済学会『経済学紀要』第10巻、第２号、1985年）28－31頁参照。

8）Northedge, F. S., "The Resort to Arms," in Northedge, F. S.,ed., *The Use of Force in International Relations*（London：Faber & Father, 1974）, p.35.

9）See Singer, J. David, Stuart Bremer, and John Stuckey, "Capability Distribution, Uncertainty, and Major Power War, 1820-1965," in Rusett, Bruce M., ed., *Peace, War and Numbers*（Bererly Hills：Sage, 1972）, pp.19－48.

10）Maoz, Zeev, "Power, Capabilities, and Paradoxical Outcomes," *World Politics*, Vol.41, No.2（1989）, p.239.

11）Claude, Ins L., *Power and International Relations*（New York：Ranhom House, 1962）, p.6.

12）Kegley, Charles W. Jr. and Eugene R. Wittkopt, *World Politics：Trend and Transformation*, 3 rd ed（London：Macmillan, 1989）, p.61.

13) 星野昭吉『世界政治の変動と権力—アナキー・国家・システム・秩序・安全・保障・戦争・平和—』同文舘出版、1994年、187－248頁参照。

14) Kegley Charles W. Jr. and George Raymond, *A Multipolar Peace?：Great-Power Politics in the Twenty-first Century* (New York：St. Martin's Press, 1994), p.38.

15) Waltz, Kenneth, *Theory of International Politics* (Mass.：Addison-Wesley, 1979), pp.376－77.

16) Maoz, Zeer, *op.cit.*, p.239.

17) Adams, Gordon and Stephen Alexis Cain, "Defense Dilemmas in the 1990s," *International Security*, vol.13, No.4 (1989), pp.5－15.

18) See Wayman, Frank W., J. David Singer and Gray Goertz, "Capabilities, Military Allocation and Success in Militarized Disputes, "*International Studies Quarterly*, Vol.27 (1983), pp.497－515.

19) Boldwin, David A., *op. cit.*, p.10.；see Keohane, Robert O., Joseph S. Nye, *Power and Interdependence：World Politics in Transition* (Boston：Little, Brown, 1979), pp.23－37.

20) エリノア・スローン／奥山真司・平山茂敏訳『現代の軍事戦略入門—陸海空からPKO、サイバー、核、宇宙まで—』（増補新版）。

21) Thee, Marek, "Nuclear Deterrence, Doctrine of," in Pauling, Linus, Ervin Laszlo and Jong Youl Yoo, eds., *World Encyclopedia of Peace*, Vol.2 (Oxford：Pergamon Press, 1986), p.103.

22) *Ibid*, p.104.

23) J.ガルトゥング／高柳先男・塩屋保訳『平和への新思考』勁草書房。1989年、315頁。また See Hoshino, Akiyoshi, "Theoretical Reflection on Nuclear Defence System," *Journal of Economics*, Vol.12, No.1 (1987), pp.1－42.

24) Blake, Nigel and Kag Pole, "Introduction：A Sceptical Look at the Nuclear Debate," in Nigel and Kag Pole, eds., *Damages of Deterrence：Philosophers on Nuclear Strategy* (London：Routledge & Kegan Paul, 1983), p.8.

25) Snyder, Glenn, "Deterrence and Defense," in Art, Robert J. and Kenneth Waltz, eds., *The Use of Force* (Lanham, Md.：University Press of America, 1983), p.123－24.

26) *Ibid.*, p.128.

27) *Ibid.*, p.133.

28) Schelling,Thomas C., *Arms and Influence* (New Haven, CT.：Yale University Press, 1966), pp.71－72. 100 ［トーマス・シェリング／斉藤剛訳『軍縮と影響力：

核兵器と駆け引きの理論』勁草書房、2018年、75－76頁および102頁]。

29) See Brodie, Bernard, "The Development of Nuclear Strategy," in Miller, Steven E., ed., *Strategy and Nuclear Deterrence* (Princeton, NJ.：Princeton University Press, 1984), pp.3－21.

30) See Gray, Colin, "Nuclear Strategy：A Case for a Theory of Victory," in Miller, Steven E., ed., *ibid.*, pp.23－56.

31) 坂本義和「軍縮の新たな展望」(永井道雄編『核時代の平和を求めて』国連大学、1984年) 27頁。

32) 豊田利幸『新・核戦略批判』岩波書店、1983年、109頁。

33) Von Hippel, Frank, "Taking apart the Doomsday Machine," *Bulletin of the Atomic Scientists*, Vol.45, No. 4 (1989), p.11.

34) Lebow Richard Ned and Janice Crass Stein, "Rational Deterrence Theory：I Think, There for I Deter," *World Politics*, Vol.42, No.2 (1989), p.223. and see Achen, Christopher H. and Duncan Sindal, "Rational Deterrence Theory and Comparative Case Studies," *ibid.*, pp.225－38；Jervis, Robert, "Rational Deterrence Theory and Evidence, *ibid.*, pp.187－207；Why Nuclear Superiority Doesn't Matter," *Political Science Quarterly*, Vol.94 (1979/80), p.5.

35) See Hoshino, Akiyoshi, *Principle and Dynamics of World Politics：In Quest for a Theoretical Framework of the Changing Global System* (Tokyo：Teihan, 1979), pp.233－68.；星野昭吉『グローバル社会の平和学―「現状維持志向平和学」から「現状変革志向平和学」へ―』同文舘出版、2005年、144－73頁参照。

36) 合理性はとくに国際政治の世界では多義的に使用されるが、目的的合理性と手段的合理性の両者の意味で使用されるが、すぐれて現実的な手段的合理性が重視される。

37) どの国にとっても国際システムにおいて最優先する目標としての平和・安全が一致していることが重要であるが、そのための手段・方法・政策・戦略について国々の間で大きなギャップが存在している。そのこと自体が重要な問題を引き起こすことになる。

38) O.R. ホルスティ／宮里政玄訳『国際政治の理論』勁草書房、1972年、476－77頁。

39) 高橋杉雄・秋山信将「『核の復権』の現実」(秋山信将・高橋杉雄［編］『核の忘却の終わり―核兵器復権の時代―』勁草書房、2019年) 10－12頁。

40) O.R. ホルスティ／宮里政玄訳、前掲書、471－73頁。

41) 蝋山道夫「現代の安全保障―その理論的考察―」(有賀貞ほか編『講座国際政治5―現代世界の課題―』東京大学出版会、1989年) 57－58頁。

42）土山實男「抑止失敗の外交政策理論」（日本国際政治学会編『転換期の核抑止と軍備管理』< 国際政治 >90、有斐閣、1989年）35頁。

43）Waltz, Kenneth, *Theory of International Politics* (Mass.：Addition-Wesley, 1979), pp.376－77.

44）ケネス・ウォルツ「核保有国が増えるのはおそらく好都合」（スコット・セーガン／ケネス・ウォルツ、川上高司＜監訳＞斎藤剛＜訳＞『核兵器の拡散―終わりなき紛争―』勁草書房、2017年）7－42頁参照。

45）スコット・セーガン「核保有国が増えるのは不都合」（スコット・セーガン／ケネス・ウォルツ、川上高司＜監訳＞斎藤剛＜訳＞同上書、43－78頁参照。

46）See Krass, Allan, "Deterrence and Its Contradictions, "in Weston, Burns H., ed., *Toward Nuclear Disarmament and Global Security：A Search for Alternatives* (Boulder：Westview Press, 1984), pp.209－15.

47）See Thee, Marek, *op.cit.*, p.3.

48）Ziegler, David W., *War, Peace and International Politics*, 3 rd ed (Boston：Little, Brown end Company, 1989), p.230.

49）See Jervis Robert, "Deterrence and Perception," in Miller, Steven E., ed., *op.cit.*, pp.57－84.

50）Carrol, Rear-Admiral Engene J. Jr., "Current Arsenals：The Balance of Terror," in Perry, Thomas L. and Dinne DeMille, eds., *Nuclear War：The Search for Solutions* (Vancouver：Freisen Pinters, 1985),p.3.

51）Dahl, Robert, *Controlling Nuclear Weapons* (Syracuse：Syracuse University Press, 1985), p.3.

52）George, Alexander L. and Richard Smoke, "Deterrence and Foreign Policy," *World Politics*, Vol.41, No.2 (1989), p.172.

53）Barnaby, Frank, *Prospects for Peace* (Oxford：Pergamon Press, 1980), p.37.

54）Zuckerman, Solly, *Nuclear Illusion and Reality* (New York：The Viking Press,1982,), p.108.

55）Owen, Henry and Edward C. Meyer, "Central European Security, "*Foreign Affairs*, Vo.68, No.3 (1989),p.29.

56）Schell, Jonathan, *The Time of Illusion* (New York：Vintage Books, 1976), p.342.

第３章

「第一次核時代」における核抑止論・戦略

1　はじめに —核軍拡の展開と核抑止戦略の形成—

驚異的な破壊力をもつ核兵器の国際社会への登場で、人類世界の絶滅の可能性をつねに内在化させている「核時代」において戦争のない平和世界の実現の方策として、「核抑止」か「核全廃（廃絶）」かの選択肢が提示された。もちろん、この二つの「核抑止」と「核廃絶」の選択肢は実際には、対等で、対称的関係ではなく、著しく非対称的関係を構成していることはいうまでもない。第二次大戦後から今日に至るまで、その具体的な意味内容や機能、役割、有用性、存在意義などにおいて一定の変容はみられるものの、前者の核抑止論（戦略・政策）が事実上、支配的な地位を占めてきている。「核戦争（非核戦争も含めて）を防ぐには、核戦争に備えよ」との命題が、現実的で、科学的で、あるいは有用であるとみなされてきたし、また今でもそう認識されている。そして、「核戦争（広くは一般の非核戦争も含めて）を防ぐには、平和に備えよ」との命題は本質的に、厳しい紛争状況が支配する国際システムを正確に、また適切に理解することができない、非現実的で、単なる理想的で、また不適切な見方として批判されたり、否定されてきた。「核のない世界」を求めることは、ただ規範以上のものではなく、きわめて甘い見方にすぎないと理解されてきた。しかしそうした前者の「核抑止」戦略を主張し、また、後者の「核全廃」を批判することは、前者の「核抑止」命題の正当性や妥当性を意味するものでは決してない。なぜならば、前章で明らかにしてきたように、そもそも「核抑止」理論（戦略）は実際には、現実的でも、科学的でもなく、また有用的条件をそれほど強力に備えていない。「核抑止」理論（戦略）体系は本来的に、理論的にも実践的にも整合性がきわめて脆弱な、矛盾の要件を構造化している。単純にいうならば、「核抑止」戦略を主張する多くの国の政策決定者や軍部、研究者、戦略家などが、「核抑止」戦略は現実的で、科学的で、有用なものとして思い込み、一方的に、無批判的に自己主張しているにすぎない。それだけに、必要なことは何よりも、「核抑止」戦略を支える矛盾の体系を解明すると同時に、「核全廃」方策の実現の必要・可能条件の抽出を試みることが要求される。

先にみてきたように、巨大な破壊力をもつ核兵器の出現するなかで、第二次大戦後の世界平和・安全の実現をめぐる、「核抑止」と「核全廃」の二つの選択肢の問題は、現実には、核戦力（核兵器）の実用化問題としてはたしかに、第二次大戦の終結以前からすでに最大の争点なっていた。「西欧の科学者たち（ナチス・ドイツと占領下のヨーロッパの科学者たちが大半であったが）はこの新兵器が莫大な破壊力を秘めていると予感していたが、連合国側は日本かドイツが先に実用化するのではないかと恐れた。この米英同盟は、1941年から初の核軍事研究プログラムに着手する。『核拡散防止』のテクニックが初めて試されたのもまた第二次世界大戦の最中であり、その後の半世紀を通じて定期的に現れている。第一条件が機密であったのは当然である」。事実、一方で、米国は核兵器開発のための「マンハッタン計画」を、ソ連はもちろん、もっとも親密関係にあるイギリスや非占領地区のフランス人、ド・ゴールの自由フランス軍に知らせることなく、ニューメキシコ砂漠のロス・アラモスで極秘裏に推進してきた。他方で、核拡散防止のため機先を制して、連合国空軍は敵の核施設であるドイツの重水工場と日本の核研究所を破壊したのである[1)]。

「マンハッタン計画」の作成のためのきっかけとなったのは、アインシュタインが1939年８月に、米国の核計画の開発をすすめるルーズヴェルト大統領へ送った手紙であった。戦争終了時にアインシュタインは自分の行動を後悔し、そして自分を原子科学者達はだましたのだと痛感した。彼は、ドイツが原爆を早期に製造を可能にする前にそうした爆弾を手に入れることだけのために核開発を支持したのだった。彼はたしかに、米国が他国によるそうした兵器の使用に対して抑止するかあるいは報復する以外その爆弾を決して使用しないだろう、と当然考えていた。降伏する直前の衰弱した日本に原爆を投下したことは、彼の想像を超えるものだった[2)]。

「マンハッタン計画」に直接的であれ、間接的であれ関わりをもつ科学者の間でその計画の推進過程でそれに内在する矛盾や疑念を表出するようになった。真理をめざすべき科学者たちの行動が人類のために世界平和や安全を実現するどころか、かえって反対に危険な状況に追いやっているのではないのか、という認識が生じてくるようになった。アインシュタインに限らず、いや彼以上に早くから、またかなり明確に原子兵器の危険性について警鐘を鳴らしていた最初の科学者の一人がL. ジラードである。早くも1942年９月に彼は科学者達がとり込まれた仕事の不吉な関わりを強調するメモの下書きを残している。それは、多くの主権国家がそれらの軍隊の所有兵器のなかに原爆をもつ世界において平和を実現することなどできないといっている[3)]。

そうした科学者たちの一連の動向のなかでもとくに原子科学者委員会の存在が注目されるべきだ。1942年12月に最初の核連鎖反応が生じた、シカゴ大学の冶金実験室で、原子科学者委員会が巨大な核エネルギーをどのように統制し、また利用していくかという政治問題を問い始めていた。それだけ原子力が驚異的な核エネルギーを生み出すことが可能となったという事実と、それが現実の国際の平和と戦争、軍事力問題に大きな影響力を及ぼすことになるという予測の確実性を反映するものだった。同委員会は1944年報告書『原子核工学趣意書』を提出した。この報告書はたしかに、原子力の優位性を確保しようと試みることで長期にわたる安全をもたらすことはできないと警告したのである。そして、同報告書は明確に、原子力戦闘の手段を有効に抑制することができる警察力をもつ国際統治機構の創設を主張している[4)]。

さらに、「マンハッタン計画」に深く関与したもっともすぐれた科学者の一人として、デンマークのニールス・ボーアの行動をみなければならない。なぜならば、当時のどの科学者より早く、核エネルギーの発見と核兵器開発がもたらす、驚異的な社会的・政治的意味を明確かつ適切に自覚していたからである。彼はこれらの事態を、人類史の過程で恐るべき画期的な出来事であるとし、人類がこの事態の後にも無事に生き残りつづけていくためには、世界的課題に対してまったく新しい考え方が要求されると確信していた。彼は何よりも、東西の核軍備競争の展開がもたらす恐るべき結末を予測できる能力をもち合わせているところから、これからの核軍拡競争を防ぐために不可欠とみる根本的手段の一つは、原爆に関する秘密をソ連と共有することを主張した。その具体的な内容は、核エネルギーの共同運用と共同管理の体系について合意を得るとの前提条件で、原爆を使用する前に、原爆に関する情報をソ連の指導者に教え、そしてまた、核エネルギーの発見がもつ可能性をソ連に説明することによって、その共有を申し出る、というものであった。このボーアの考えは、ルーズベルト大統領の理解を得たものの、1944年５月に会ったチャーチルの同意を得ることに失敗してしまった[5)]。

そうしたボーアの行動があった一方で、広島での原爆投下の８週間までに、「マンハッタン計画」のシカゴ支部の科学者たちによる「フランク報告」が出された。この報告書は、巨大な爆発力をもつ核エネルギーの発見の意味を長期的な視点から分析したものであるが、そのなかでこの原子爆弾を実際に使用することに深い懸念が表明された。すなわち、この原子爆弾が一度使用されると、他の国ぐにも数年のうちに核兵器を所有するようになることは確実で、そこに核軍拡競争が不可避的に進展し、その後の危険な世界情勢を支配し、毒しつづけることになるだろう、とみている。世界政府のような超国家的組織体が樹立されるまでの間、核兵器の国際的管理が不可欠な予備的対応条件である。この管理を効果的に実行するために、工業目的の核分裂性物資の大規模な生産は、一時的であれ中止することが必要となる、という。こうした内容をもつ「フランク報告」は米国政府に提出されたものの、公的に核エネルギーはまだ秘密事項であったため、非公開の秘密文書扱いを受け、マンハッタンの他の実験室の科学者の間の支持を広げることはできなかった。だが、戦後に核エネルギーの発見が公になると、科学者たちは自分たちの見解を自由に表明できるようになり、こうした事態についての科学者たちの深い憂慮とその問題解決の方策は、次第に多くの科学者集団に影響を及ぼし、また、それらからの支持を広げることになった[6)]。

そういった科学者の核エネルギー（核兵器）の発見に対する深い憂慮を現実のものとして捉えざるを得なくなったのが、一つは、1945年7月16日にニューメキシコ州の砂漠の僻地アラモゴルドでの史上初の原爆（核兵器）実験の成功により、かつて予想もできなかったような巨大な爆発力を証明したことである。この実験に立ち会った科学者および研究者、政策決定者、軍関係者などが例外なく、一様に原爆の想像をはるかに超える巨大な爆発力を目にして驚愕すると同時に、この恐ろしい核兵器の存在にどう対応していくべきかという難問に直面することになった。「マンハッタン計画」を指導してきた中心人物のオッペンハイマーは、核実験の成功に畏怖の念を抱きながらも、複雑な苦悶に満ちた心の内を、不気味なきのこ雲が遠くに立ち昇った時に、『バヴァッド・ギーター』の一説を思い出した。「わたしは、この世の破壊者、死神となった」。

そして、1945年8月6日と9日に、広島と長崎に巨大な爆発力をもつ原子爆弾が実際に投下された。原爆（核兵器）が実験場ではなく、現実の人間社会で使用されたことで、驚異的な死傷力・破壊力をもっていることを証明することになった。広島・長崎への原爆投下で壊滅的な打撃を受けたことは、単に特定の地域の問題ではなく、核兵器の使用が全人類世界の絶滅を可能にするという、地球的規模の最重要な問題であることを明らかにすることになった。

1945年7月のニューメキシコ州での史上初の原爆実験の成功と、同年8月の広島・長崎での原爆の投下という二つの事態（実際には後者が重要な意味をもつが）が、C. D. ウォルトンのいう「第一次核時代」の出現を促したのである。ここでは、「核戦争を防ぐには、核戦争に備えよ」という命題に基づく「核抑止」と、「核戦争を防ぐには、平和に備えよ」という命題に基づく「核全廃」との見解が、その出発点では非対称的関係を構成していても、実際には前者の選択肢が選択されることになる。それが具体的には、核抑止論に立脚する核抑止戦略にほかならない。したがって、2では、「第一次核時代」において、人類世界の絶滅を可能にするほどの巨大な破壊力をもつ核兵器にどう対応しようとしてきたのか、あるいはどのような核兵器の国際管理体制を試みてきたのか、を冷戦構造の形成過程と結びつけて検討していく。3と4において、米ソの核軍拡競争の展開過程における「核抑止戦略」としての大量報復戦略と柔軟反応戦略の本質と特性、問題点を明らかにする。5のなかで、核拡散問題は核抑止戦略にとってどのような意味と課題があるのか、また、1968年に成立した「核拡散防止条約(NPT)」の意義とその条約に内在する問題点を明らかにする。6においては、米ソ間の「相互確証破壊（MDA）」関係を核抑止戦略の観点から考察することによって、「相互確証破壊」関係の制度化は実質的に、相互核抑止体系を意味するのかどうか、また、MAD関係の制度化にどのような問題が存在しているのか、を明らかにしていく。7では、1980年代後半に第二次レーガン政権とゴルバチョフ政権との間でどのような核軍縮交渉が行われてきたのか、また、それが冷戦構造の変容・崩壊にどのよ影響を及ぼしてきたのか、を論及する。8のなかで「第一次核時代」において、なぜ実際に核戦争が起こらなかったのか、核抑止戦略が有効に機能したからなのか、あるいは別の要因が作用したからなのか、などを核抑止力と非核抑止力の観点から検討していく。

2　核兵器問題への国際社会による対応策の模索

1945年8月の広島・長崎への原爆投下は事実上、その直前7月のニューメキシコ州アラモゴルドでの史上初の原爆実験の成功を受けて、米国側の日本での原爆投下の真意がどうであれ、現実の人間社会に対して行われた実験である、という意味合いをもっていることは否定できない。トルーマン政権は当初から、日本を早く降伏に追い込むことで対日戦争を早期に終わらせ、1945年11月に計画されていた上陸作戦で膨大な犠牲者が出ることが予想される米兵の命を救済するためと主張してきた。こうした原爆投下の「早期降伏説」や「人命救済説」は神話に過ぎないとみることができる[7)]。また、日本への原爆投下は、当時すでに事実上の米ソ冷戦がはじまりつつあった段階で、米国が戦後の東アジアでの勢力拡大の動向を防ぐために、対日戦争戦略の必要性からというよりも、対ソ戦略の重要性から実行したともいわれることが多い。しかし、どのような説が正しいかどうかというよりも、ほぼすべての出来事と同様に、原爆投下という事実は、米国とイギリスおよびソ連との関係、東アジアの政治状況、米国内の政治状況、政策決定者および政策決定過程、対日観、そしてまた、日本の対外戦略・行動、国内の政治・経済状況、日本の政策決定者および政策決定過程、対米観、などのさまざまな複合的要因の産物といってよい。もちろん、こうした考え方は、出来事の多様で、複合的要因を羅列的に、また平面的に位置づけることを意味しない。いくつかの要因のなかでもどの要因が中心的なものなのか、また他の要因よりも重要なものであるかを考慮しなくてもいい、ということをいうのではない。そうでないと、出来事や事実の原因をあいまいなものにし、また、出来事や事実の特性を不明確なものにする。それぱかりか、さまざまな出来事の因果関係を適切に理解することが困難となり、それらの本質や特性、存在意義を見失うことになる。米国側が広島・長崎への原爆投下の目的なり意図をどのように正当化しようとも、想像を超える驚異的な巨大な爆発力によって両市に壊滅的打撃を及ぼした、という現実（結果）については否定できない。また、米国が日本への原爆投下をどのように正当化しようとも、決して許容できるものではない。さらに、核戦争によって人類世界の絶滅の可能性が現実なことになったという事態についても、米国を含めてすべての国ぐには否定することができなくなったのである。そうした事態の常態化が実際に、まさに「核時代」の証にほかならない。

この「核時代」における戦争と平和の枠組みは事実上、それ以前の枠組みとはまったく異なるものとなった。政治の一形態としての戦争の位置づけも、最後の手段としての戦争の正当性も、自国の防衛を可能にし、安全・平和保障を実現することも、失うものより得ることを確実にすることも、そしてまた戦争で勝利を収めることも、すべてできなくなったのである。このことは明らかに、巨大な破壊力をもつ核兵器の特性（機能）に由来する戦争と平和の枠組みに及ぼす大きな変化にほかならない。H. T. ナッシュがいうように、それは、(1)地理的接近における変化（地理的距離を超えて、自由に、容易にその対象に近づくことができること）、(2)兵器のスピードと破壊能力の変化、(3)兵器をコントロールする実践の変化、(4)防衛的能力に対する攻撃能力の相対的優位性の変化、などである[8)]。核兵器の出現によって「核時代」における世界の戦争と平和の枠組みの時空の圧縮現象が現われたといってよい。それだけに、戦争と平和の問題はある国の、ある国家間の、ある地域の、ある人びとの問題ではなく、すべての国ぐにの、すべての人びとの、つまり人類の問題となったのである。

そうしたことから、第二次大戦後の国際社会にとって、核兵器の出現にどう対応すべきかが最重要課題となったのは、きわめて当然のことである。核兵器の存在についてどう対応すれば、第三次世界大戦（事実上の核戦争）を防ぎ、世界平和・安全を実現することができるのかについて、どの国もまたすべての人びとが積極的に同意できる名案をみいだ出すことは容易ではない。こうした現実的な政治的問題が存在していても、すべての国家を超える人類世界にとっての危機的状況に直面して、何らかの国際社会全体からの問題解決策を打ち出す必要性についてはある程度の同意がみられた。広島・長崎で核兵器を実際に使用し、また、自国のみが核兵器を所有している米国でさえ「タテマエ」として、積極的にこの問題に取り組まざるをえなかった。そこに、いくつかの原子科学者集団による活動の影響をみることができる。

米国政府が核兵器問題に何らかの手を打つ前に、各エネルギーの国際的コントロールについて最も緊急な必要性を求めたのが原子科学者たちであった。広島・長崎へ原爆投下する直前の1945年６月に、シカゴ科学者たちは、主としてラビノヴィッツによって書かれたものであるが、日本に対する原爆の軍事的使用に反対する、新しい報告書を米国政府に提出している。政府は、日本の原爆投下に反対し、また、将来核兵器を放棄し、国際コントロール・メカニズムを設置するよう米国の指導者に強く求めた科学者たちの報告書を拒否し、そして日本への原爆投下をすすめた。その際、その科学者たちは、原子科学者連盟（後に米国科学者連盟と改名）を創設するために共に加わったのだ。米国科学者連盟は1946年はじめまでに、ほぼ3,000名をもつ17の地方集団を抱えるほど大きな勢力となった。そのメンバーの90%が原子爆弾に関連する場で働く科学者であった。その一方で、ラビノヴィッツとシカゴの彼の同僚の何人かと、今日でも発刊されているが、核危機の現状についての最も権威的な情報源である『原子科学者会報』を発刊するようになった。エドワード・テラーが立案した特質の「地球最後の日時計」を描いているその会報は、1947年中葉までに17か国の科学者を含む２万もの発行部数に増えた[9)]。その「地球最後の日時計」は、文字通り、核戦争（最近では地球環境破壊などの地球的規模の危機的問題も含むが）によって地球が絶滅までに残された時間を象徴的に意味しており、夜中の０時に近づけば近づくほど地球絶滅の危機が高まっていることを示している。この時計の意味するものは、単に地球絶滅の危機の程度を描いているのではない。この時計の針は核戦争勃発の危機の程度も示しており、核戦争を含め核兵器をめぐる危機的状況が夜中の0時に近づけば近づくほど、地球絶滅に近づくことになる。核兵器が存在する限り、つねに核戦争勃発の可能性があり、またつねに地球絶滅の可能性も存在することになり、夜中の0時に近い時間から遠い時間に針が指していようと、一定の時間を指すことになる。その時間の針がどの時間をも指すことがなくなるには、核兵器そのものが全廃されなければならない。すなわち、この時計は、核戦争の勃発を防ぐには結局、「核のない世界」を実現する以外ない、ということを意味している。「核のない世界」を実現する以外、「地球最後の日時計」はなくならない。

そういった一連の科学者たちの運動の他に注目すべきは、ジラードとアインシュタインが、活動のための基金を集めるために類似した原子科学者の緊急委員会を創立したことだ。アインシュタインは、ハアンス・ベーセやリニュー・ポーリングを含む、他の著名な科学者によって支持されたこの委員会の議長として勤めた。ジラードはその委員会の裏方としての行動力を発揮して、科学者の活動を強化することに重要な役割を果たした[10)]。いくつかの科学者たちの集団は積極的に、人類に直面している危機的状況を訴え、また、「核のない世界」を実現していく必要性と重要性、可能性を国際社会で発信しつづけ、重大なインパクトを及ぼしてきたといってよい。

広島・長崎への原爆が投下された後、世界平和・安全にとってきわめて危険な核兵器を取りのぞき、「核兵器のない世界」の構築を求める声が世界中で高まってきた。皮肉にも、広島・長崎の被爆の直前の1945年6月に、サンフランシスコで、「われわれ一生のうち二度まで言語に絶する悲哀を人類に与えた戦争の惨害から将来の世代を救い」、世界平和と安全の構築をうたった国連憲章が、50の連合国によって署名され、国際連合が成立していた。1945年11月、トルーマン大統領は、イギリスとカナダの首相と共同で、科学者の見解を反映させる形で、原子力の発見に伴って起こった問題、とりわけ原子兵器および他のすべての大量破壊兵器を各国の軍備から除去する目的を実現するために、国連原子力委員会の創設を提案した。また、1945年12月に、米国の国務長官ならびにイギリスとソ連の外相とが会合をもつなかで、国連に原子力委員会を設置する提案を支援することを決めた。1946年1月にロンドンで第1回国連総会が開催された際、国連総会は恐るべき破壊力をもつ原爆をめぐる問題について全力をもって積極的に取り組んでいくことを決定した。国連の最初の決議で「原子力の発見によって起きた問題、およびその他の関連事項を取り扱う」ことを委託する国連原子力委員会（ACE）

の設置が正式に決定された。このACEは次の四つの重要な問題についての提案を作成するよう求められたのである。「第１：平和的目的のための基本的な科学的情報の自由な交換、第２：平和的目的のみに原子力の使用を保証するのに必要な程度の原子力のコントロール、第３：各国の軍備から原子兵器の撤廃、第４：構築された規範的な枠組みの遵守を保証するための有効検証方法の創設」などである[11)]。そうしたACEに託された四つの課題は、冷戦のはじまりのなかでほぼ具体的な成果をあげることはできなかった。しかし、第二次大戦後の危機的状況のなかで、その危機の最重要な要件である原子兵器をめぐる問題解決に国際社会（国連）が具体的な取り組みを試みたことは無視することはできない。

国連原子力委員会の設置を受けて、トルーマン大統領はすぐに、同委員会へ提出する米国にとって都合のよい内容をもつ国際管理案を作成するために、バーナード・バルークを指名した。いわばバルーク案の主要な内容は実際は、とりわけかつて「マンハッタン計画」に関わりをもった科学者たちの考え方であった。科学者たちは、巨大な爆発力をもつ原子爆弾が将来、二度と使用されることがないようにとの明確な意図をもって、ニールズ・ボーアとフランク報告の影響を受けながら、原子力の国際管理案の具体的内容を検討する作業委員会を設けると同時に、議会にも働きかけようとしていた。そうした動きに影響を受けた米政府は、国務次官ディーン・アチソンを議長とする委員会を設けた。その上、この委員会はテネシー渓谷当局の長官であるダビット・リリエンソールを議長とする諮問委員会を作った。そのなかにオッペンハイマーやその他の科学者も委員として加わった。彼らは実際にバルークから指名されたことを知って、深く落胆したのである。なぜなら、バルークは科学者たちの提案を軽蔑した自己中心的な、我の強い人物として知られていたからである。そのため、バルーク案は本質的に、諮問委員会で作成された、アチソン－リリエンソール報告の提案を具体化したものであるが、最初から科学者たちが納得できるような建設的な原子力の国際管理案が出てくることは期待できなかった。

それにしても、1946年３月に提出された、アチソン－リリエンソール報告書はたしかに「核時代」の最も広く影響を及ぼす提案といえるものだったといってよい。この提案は、原子力をコントロールするための、また核軍拡競争を予防するための具体的な解決策を提示している。この報告書は、原子力を平和的目的のみに使用することを保証するための提案も提示されている。具体的には、核分裂物質に対する独占を維持することになる原子力開発局のような国際組織の創設を求めている。この計画は、現存している原爆（つまり米国の兵器）の撤廃や、国際所有権のまたそうした兵器のさらなる開発を防止するための査察のおよび違反を監視するためのシステムの創設も求めている。いずれにしても、この報告書は、原子力の軍事利用を禁止する保障措置の組織体制を構築することに主眼が置かれていたのだ。オッペンハイマーは、この報告書は、原子力分野において世界政府が設立されること、つまりこの領域に国家主権の放棄があることを提案している、と書いた。また、この計画は戦争を防止する問題へのアプローチの新しいかつ健全な方法を含んでいるという。それは、公共政策の発展に平和主義調査を顕著に反映するものだった[12)]。

1946年6月に国連原子力委員会の第1回会議の場に、そうした内容をもつ米国の原子力国際管理案とするバルーク案が提出された。バルークはその際、米国が核エネルギーのこうした国際管理をなぜこれほどまでに最も重要な課題として位置づけていたかを、この計画案を紹介した際の黙示的な言葉に示されている。「『われわれはここに、生者か死者かの選択をしなければならない。それがわれの仕事なのだ。新しい原子力の背後にある暗い前兆の中にも、誠意をもってあたれば救われる希望がある。もし、われわれが失敗すれば、すべての人が恐怖のとりこになる不幸に運命づけられる。思い違いをしないようにしよう。われわれは「世界の平和」か「世界の破滅」かを選択しなくてはならない』[13)]」。こうしたバルークの発言それ自体は、「核時代」における核戦争を放棄すべきと気高く強調しており、決して否定されるものではなく、むしろ本質的には評価してよい。巨大な破壊力をもつ核兵器による戦争が生起すれば確実に人類世界の絶滅の可能性がある以上、人類が選択すべきは「世界の平和」だけであるとの認識はたしかに、正しいといわねばならない。こうしたバルークの発言は、「核戦争のない世界」を希求する科学者たちのみならず米国はじめどの国も肯定することができる。

しかし、どうやって原子力を国際管理し、核戦争が生起しない世界平和を実現していくのかの具体的な手段や方策、政策の問題になると、必然的に米国の固有な立場や利益、価値観、政策、見解、などの自己中心的な「我」が出やすくなる。現時点（当時）で米国のみが核兵器を独占していることから、簡単に、また積極的に原子力を廃棄するとは考えづらい。また、核兵器を手に入れたいと望んでいるソ連の存在を考慮するならば、米国にとって都合のよい、また、ソ連にとって都合の悪い、具体的な実施案を米国が作ることは避けられないとみてよい。いわばタテマエとしての目的とホンネとしての具体的な手段や方策との間に埋めがたいギャップが存在している、といってよいだろう。それは、バルークが国際原子力開発機関の創設を提案した後で、さらに次のように発言している。「兵器としての爆弾を廃棄することを含む、適切な原子エネルギーの管理組織が合意され、有効に活動を開始し、管理規制の侵犯は国際的犯罪であると烙印を押され、これに対する適切な懲罰が設定されなければ、われわれは以下のことを提案する。１．米国は原爆の製造を停止する。２．現存の原爆は、条約の規定に基づいて処分する。３．原子力の知識創出のためのノウハウに関するすべての情報を国際原子力開発機関にゆだねる[14)]」。とりわけ２の米国のみがもつ現存の原爆の処分については、条約が成立する前にはそれを処分することができず、米国が占有したままになる。また、バルーク案のなかで、協定の違反に対して迅速かつ有効な制裁条項を設けているものの、この制裁条項は安全保障理事会の５つの常任理事国の拒否権のないものだった。この点についても、ソ連の拒否権の発動を封じる意図をもつ米国にとって都合のよい条項であった。

したがって、バルーク案には、とりわけ国際原子力国際機関以前では米国の原爆処分は不可能であることと、協定違反国に対する制裁条項についての拒否権発動は不可能であること、の二つの問題がクリアーされない限り、バルーク案の成立は事実上、困難であった。当時、米ソ対立が強まり、冷戦構造が形成されつつあるなかで、ソ連にとって米国の核兵器の独占状態も、また自国の核兵器の開発放棄も認めることができなかった。そのバルーク案が1946年６月に国連原子力委員会へ出されてから数日後に開催された第２回会議へソ連のアンドレ・グロムイコ外相は、核兵器の生産・使用を禁止し、また現在、倉庫にある核兵器撤廃を要求する、対抗案を提出した。国際機関による監視を予定している、バルークの米国の計画と異なって、ソ連案はそれぞれの国家による自己管理（規制）に基礎を置くものであった[15)]。すなわち、グロムイコのソ連案は明らかに、国際管理機関が創設される前に米国の核兵器の撤廃を求めていることと、個々の国ぐにが国際管理機関によって規制されることなく自己規制方式をとることで安全保障理事国の拒否権の維持を主張していることで、バルーク案とは重要な事項で根本的な対立がみられる。そこに国際原子力開発機関を作ることによって核兵器の独占状態を維持すると同時に、ソ連の核兵器開発の動きを阻止したい米国の思惑と、それとは反対に、米国の核の独占体制を阻止し、自国の核開発を積極的に推進していきたいソ連の思惑とが、非両立的関係を構成していることが理解できる。したがって、米ソ両国の長期にわたる話し合いがやがて行き詰ることは早い段階から予想できた。

そのため、そうした根本的問題を内包しているバルーク案が成立をみることは、かなりむずかしかった。実際に、米ソ二つの提案は長期にわたって検討されてきたものの、最も重要な対立点の調整はできずに終わった。1948年５月に、国連原子力委員会は、議論は行き詰まり国際核軍縮を実現する最初の試みは失敗に終わったことを発表した。それでも拒否権に関係のない、1948年の国連においてバルーク案が承認をみたものの、それを具体的に実行していく方策は事実上、とられることはなかった。核兵器開発を推進しているソ連側は何としても、米国の核兵器独占体制の維持は容認できるものではなかった。結局、国連原子力委員会は1948年７月29日に、最後の会議を開催して、その幕を閉じた。まさにその１か月後に、ソ連は核実験に成功し、原爆を手に入れたのである。そのことで、米ソの間での長期にわたる交渉が失敗に終わったことが理解できる。

ここに冷戦の激化と共に、本格的な核軍拡競争が進展することになる。コートライトは、冷戦の間とその後にわたって、ある種の歴史的神話がバルーク案をめぐって展開することになったという。現実主義者は、ソ連がバルーク案を拒否したことをソ連の背信の、また冷戦の原因の兆候として描いた。だが、軍備管理を志向する人たちは、バルーク案を核兵器の撤廃および原子力の国際管理を求める重要な米国の発案として振り返ってみていた。しかし、どちらの仮説も全体的に正しくはない。スターリンは明らかに、いかなる外交的関与にもかかわらず、核兵器開発をめざしていたが、バルーク提案はたしかに、核兵器の撤廃と原子力の国際管理のための重要な案ではなく、米国の有利な立場を強く主張している一方的なものだった。「核時代」のかなり最初の時点から、米国は自国の所有している核兵器を独占的に維持することを主張したが、他の国が核兵器をもつことをあきらめるよう求めたのである。明らかに、こうした米国の思惑は、今日まで米国の核不拡散政策の基盤として残っており、また、まともな軍縮への進展を阻みつづけている[16)]。たしかに、そうした核兵器の撤廃および原子力の国際管理問題に対する米ソ各々の意図や姿勢についてのコートライトの主張は正しいといえる。しかし、核戦争勃発の可能性を内在化させている「核時代」の危機的世界に対して、米ソ冷戦の対立のなかで、それぞれ現実主義的立場からの対応であり、その前提となっている「核時代」の危機的世界の形成それ自体の存在を否定する必要はない。

3　進展する冷戦における核軍拡競争の激化と大量報復戦略

そうした米ソの思惑から、米国の核兵器の独占体制の維持が失敗に終わるとほぼ同時に、ソ連が1949年8月末に核実験に成功し、原爆を手に入れたことは、偶然どころか、きわめて当然の成り行きにほかならない。この時点から、進展する米ソの冷戦的対立に連動する形で、本格的な核軍拡競争が強化されていくことになった。

そもそも、第二次大戦後の早い段階から、また、コートライトはこういっている。米国の核独占体制が崩れることを懸念していた。また、ソ連が戦後早い段階から秘密裏に核兵器開発をめざしていることを予想していたため、トルーマン政権は、もし米国がちょうど今、さらなる原爆を製造し、また太平洋のビキニ環礁での核実験を始める準備をしておかなければ、核兵器撤廃を意図していることを米国が公言するのは、より重大な状態を引き起こすことになるだろう、と懸念していた。実際に、バルークが核兵器撤廃の発言をしたまさに当日に、米国議会は次期の原爆実験においては標的として海軍の船を使用する法案を通し、そしてトルーマン大統領は署名した。何人から上院議員はその決議と核実験に反対し、米国は国連で曖昧なことをいっていると非難されることになるだろうと述べた。しかし、彼らの関心は無視された。その2週間後の1946年7月に、テスト・エイブルはビキニ環礁上空で爆発したことで、核兵器撤廃に米国が熱心であるという、それ以上の見せかけを終わらせることになった[17)]。米国は1945年8月に、広島・長崎への世界で最初の原爆使用があまりにも大きな被害をもたらしたことでの世界中からの批判をかわし、その使用の正当性を主張するためにも、一方で、核兵器の撤廃および原子力の国際管理をタテマエとしていわねばならなかった。その他方で、核兵器を米国のみが所有し、その他のどの国にもそれを作らせず、持たせず、核独占体制を維持し、戦後の国際秩序の主導国としての地位を維持・強化しようとめざしたのである。それにしても、第二次大戦終了後からしばらくの間は、核兵器開発の積極的な動きは弱いもので、1946年と47年に3回ほど行われてきたにすぎない。そのため、原爆開発は、国連原子力委員会へバルーク案が提出されていることからも大きな成果が収めるはずもなかった。また、この間にソ連が核兵器開発を模索していることを米国は理解していたが、原爆を完成させるにはまだ相当時間がかかると予想していた。1948年の国連総会でバルーク案が承認されたものの、それを実現する具体的措置を事実上とることができなかったことから、米国の核独占体制の維持がこれからも可能であるとみていた。

それだけに、国連原子力委員会の最終会議が開催された直後の1949年8月にソ連の原爆実験成功は、米国に大きな打撃を与えることになった。そうした事態に危機感を高めたトルーマン政権はそれへの対応策として、早くも1950年1月13日に原子爆弾よりずっと強力な破壊力をもつ水爆開発研究を決定したのである。先に述べてきたように、この水素爆弾は、重水素の核融合連鎖反応を引き起こすための起爆装置として核分裂の原爆を使用する兵器で、数千万度という高温を発生させる爆弾であることから熱核爆弾ともいわれている。そうした超巨大な爆発力をもつ水爆開発の動向には、軍部やとりわけ物理学者テラー博士らのその顧問たちの考えであった。すなわち、対ソ優位体制を保持するには、米国は原爆より一段と強力な核兵器を開発しなければならないとの考えを強固に主張していた。「マンハッタン計画」に物理学者として加わっていたテラーは、核分裂性爆弾よりも核融合爆弾（超計画）に強い関心をもっていた。「ソ連の原爆実験で衝撃をうけた1949年の秋（ソ連は、米国の諜報部が予定したよりも２、３年早く最初の原爆をつくった。ソ連の核爆原（Joe－Ⅰ）成功を探知したのは、暗号名『ヴァーモント作戦』という米長期監視組織だった)、テラーの超爆弾構想はついに最高首脳部の注目を集めるようになった。極秘裏に、水爆製造のものすごい計画を実施すべきかどうかで激論が始まった。それは科学者、政府原子力委員会、上下両院合同原子力委員会、さらにトルーマン大統領まで巻き添えにした」。討議の内容については非公開とされていたものの、上下両院合同原子力委員会のメンバーの故エドウィン・ジョンストン上院議員が1949年11月１日の夜、最高機密であるが、長崎原爆より1,000倍も強烈な威力をもつ核兵器（水爆）への提案を明らかにした。ベーテをはじめ多くの同僚の科学者たちは、道徳的・実用的観点から、水爆開発計画には強硬に反対したものの、秘密保持の制約があるため、その問題の討議には大きな限界があった[18)]。こうした水爆核兵器開発をめぐる事態は、ソ連による早期の原爆実験の成功であり、また、米軍部内、政治家、政府をして核科学者の間での水爆開発をめぐる権力争いのなかでの開発志向勢力の勝利などの要因により、大きく開発の方向に傾いたのである。このことによって、ソ連の方が米国により先に使用されたら、米国の壊滅的打撃は避けられない以上、それを避ける唯一の選択肢は何よりも、先に水爆を手に入れる以外ないとの危機意識から、水爆開発推進がトルーマンからの命令として出されたのである。こうして、米ソが共に潜在的な破壊力に何ら明確な制約のない水爆をめざすことで、米ソの核軍拡競争が異常といっていいほど激化することになった。米ソ間の核軍拡競争は事実上、東西冷戦政治状況の展開と連動することによって、前者はよりいっそう激化の方向への進展は避けられなくなる。すぐれて強力な爆原力をもつ核兵器を作らせない、また使用させないために、自らがそうした兵器を作り、相手に先に使わせない、あるいは、場合によっては自らが先に使用したり、相手の打撃に対する報復として使用する、という政策なり、戦略を意味する。この時点では、それが「拒否的抑止戦略」あるいは「懲罰的抑止戦略」であるかの明確なものではないが、事実上の核抑止戦略が止めどのない核軍拡競争を引き起こすことは避けられない。一方の国が他方の国の行動様式を抑止するには、この程度の核兵器の量や規模で十分であるという限界が存在していないばかりか、同時に後者が前者を抑止する場合にも同様なことがいえる。そうであるならば、その相互作用でその無限性はさらに高まる。両者はその無限性をさらに、永続化することになる。「核戦争を防ぐには、核戦争に備えよ」命題に基礎を置く核抑止論・戦略をとる以上、核軍拡競争は必然化する。「核戦争を防ぐには、平和に備えよ」命題の非抑止戦略にどの国も依存するならば、核軍拡競争は避けることが可能となり、「核のない世界」は実現できよう。

米ソがともに、積極的な「核戦争を防ぐには、核戦争に備えよ」という核抑止戦略を志向するかぎり、核軍拡戦争は避けようがない。実際に1952年11月１日、米国は太平洋上マーシャル群島エニウェトク環礁で、「マイク」実験を行うことで「水爆時代」に突入することになった。その「マイク」水爆実験は、冷却して圧縮した液化水素を原爆によって爆発させるもので、10メガトンの巨大な爆発力をもつものだった。エラゲラブの小さな島が消えうせ、そのあとに、深さ53メートル、直径1.6キロのくぼみができ、隣の小島の地上表面のすべてのものを一掃し、すべてのものが消えうせたのである[19)]。想定をはるかに超える成果をあげて成功したことで、テラーをはじめとする物理学者や軍部、政治家などの水爆実験推進勢力の要求を正当化させることになり、より強力な水爆開発実験の継続を容認させた。そしてまた、その実験が予想されている時期よりも早く行われたために、世界中の多くの国ぐにや人びとに大きなインパクトを与えただけでなく、ソ連の水爆実験を早めたのである。

実際、米国の熱核兵器実験後、約半年の1953年８月12日に、ソ連はカザフ共和国のセミパラテスクで水爆実験を行った。このソ連の実験は、米国の爆発力10メガトン規模の実験と比べると、爆発力400キロトンとかなり小規模なものであったが、一定の重要な成果を収め、米国にもかなりの爆発力をもっていることをみせつけたのだ。この実験を目撃したほぼすべての人びとは、米国の場合と同様に原爆実験とは比較にならないほどの熱核兵器の大きな爆発力を目にして恐怖を伴う根源的な畏怖の感情を抱かざるをえなかった。ソ連の最初の実験を目撃したN. A. ヴラソフは、何らかの精神の壁を突破するほどの恐ろしく巨大な破壊力という全体的な印象を受けた、という。また、サハロフはとくにこれを次のように実感していた。すべてのこうした現場を実際にみれば、自分のなかで何かが変わる。焦土と化した草原でもだえ苦しむ焼けこげた鳥、衝撃波でトランプの家のようにすべて倒壊した建物、砕けた煉瓦の悪臭、すっかり溶けたガラスなどに直面すれば直ちに戦場を想像せざるをえない。爆発の瞬間、原野を横切って草を薙ぎ倒し地面を揺さ振る衝撃波など、これらすべてが不合理なことであり、きわめて強いショックを引き起こす。自らの責任を痛感せざるをえない。I. V.クルチャトフはスパイ活動の成果を利用して1949年８月にソ連初の原爆を製造したが、1955年11月に最初の水爆の空中投下実験を目撃したのちは、恐ろしいほどの巨大な爆発力を目にしてショックを受け、それ以上の核兵器開発の関与を放棄するまでになった。恐ろしい撃爆の光景に接し、水爆兵器はどんなことがあっても決して使用されてはならない、と強調した[20)]。

こうして、米ソ両国は水爆実験に成功し、あらたな核軍拡競争のスタートラインにつくことになった。しかし、熱核兵器が予想を超える強大な破壊能力をもっていることを証明した反面、それゆえに熱核戦争はこれまでとの戦争の在り方を大きく変え、単なる国家間の軍事力による対決で勝敗が決まる問題として終わらず、両陣営の熱核兵器開発競争は近い将来に人類世界を破壊に追いやる問題となるだろう、との危機意識が潜在的に、米ソ両国の一部の政策決定者や軍部、科学者のなかに明確な形をもってはいなくても部分的であれ出てきたことは無視できない。だが、冷戦状況がよりいっそう激化するなかで、全体的に、相互の信頼関係は著しく脆弱なものであるところから、熱核兵器縮小の方向どころか、かえってより強力な破壊力のある熱核兵器開発の道を選択したのである。熱核兵器開発をめぐる米ソの対立の緩和には、米ソを中心とする東西冷戦構造という政治舞台の基本的な変容が必要であった。「核戦争を防ぐには、平和に備えよ」命題ではなく、「核戦争を防ぐには、核戦争（通常戦争も含めて）に備えよ」との命題に基づく核抑止戦略（理論）が事実上、通用することになった。すなわち、それは熱核兵器拡大競争の維持・強化を物語っている。

アイゼンハワー政権は1953年末に正式に、どのような侵略行動に対しても大規模な核報復で対処するという「大量報復戦略」を決定した。そもそもこの大量核報復という考えは、52年の大統領選挙運動のなかでダレスによってアイゼンハワー共和党大統領候補にすすめられたものである。54年１月にアイゼンハワー政権のダレス国務長官が体系的な核戦略として大量報復戦略を正式に打ち出した。桃井真が述べているように、ニュー・ルック戦略ともよばれているこの戦略のねらいは、あくまでも相手の出方ややり方、戦術に対応する伝統的ないわば受け身の戦略に代わって、米国が自ら選ぶ手段と場所においてただちに反撃を行うことができる巨大な報復力に依存する抑止戦略であった。「当時、独占的に保有していた長距離戦略爆撃能力を背景に、ソ連が対欧州先制攻撃を考えても、ただちにソ連本土に大量核攻撃を加える力と意志のあることを誇示して、抑止する構想であった[21]」。したがって、この大量報復戦略といっても、「懲罰的抑止」と「拒否的抑止」を合わせもった戦略といってよい。

アイゼンハワー政権はそうした「大量報復戦略」を打ち出しながらも、一方で、より巨大な爆発力をもつ水爆を求めて、1954年３月１日に、「キャヌル作戦」というマーシャル群島ビキニ水域での一連の実験を始めたのである。この最初の爆発実験が15メガトン（1,500万トン）という巨大な爆発威力をもつ「ブラヴォ」といわれるものだった。今回の水爆実験では、その威力を大きく一段と高めるために、核融合燃料として、「マイク」実験の際の液体水素ではなく効率の良いリチウムと重水素で構成される重水素化リチウムという固体化合物だった。「使われたリチウムは、リチウム６といって、まれな同位元素で、中性子によってかなり簡単に分裂する。それが分裂すると、破片のひとつがトリチウムである。こうした爆弾は、自分で自分の燃料を生んだのだった。高い金をかけて原子炉内でトリチウムをつくる必要がなくなったわけだ」。トリチウムは重水素と融合することで、燃料の全質量の爆発を起こさせるため、大量の中性子を生み出した。爆発成功を高めるもう一つは、リチウムにウランの重い被膜が高エネルギー中性子の脱出を阻止することで、爆発力を高めたことである。水素の核融合によって放出されたエネルギーをもった大量の中性子は、ウラン238の被膜のかなりの部分を核分裂させ、水素爆弾の威力を倍加させたのである[22]。

実際に、「ブラボー」実験は、「爆心地のクレーターは深さが250フィートで１マイルを越す直径があった。火球は実験場から２マイルにわたって広がり、すべての方角で200マイル先でもその爆風を感じ取ることができた。そして最も重要なことは、危険な放射性降下物が数百マイルにわたって降り注ぎ、水爆時代の最初の人的犠牲者を生んだのである。28名の米国人や236人のマーシャル諸島の住民とともに日本の漁船の「第五福竜丸」の乗員も被爆した[23]」。この「ブラボー」実験は、単に「マイク」実験以上に巨大な爆発力をもつ水爆を手に入れることができたということで、その成功を喜ぶことでは終わらなかった。これまで決して経験したことがない事態に直面して、政策決定者や軍部、科学者たちは困惑と不安、危機感を著しく高めた。イギリスのチャーチル首相でさえ、これまでの核兵器に対する考え方を変えさせるほど、異常な巨大爆発力をもつ水爆の威力は人類の問題として捉えるべきと考えるようになった。アイゼンハワーも53年12月の国連での演説で、核戦争は文明を破壊させる可能性があり、大昔からの闘争を一からやり直すべきだという人類の警告だ、といわざるをえなかった。大量報復戦略を打ち出し、核抑止力に依存することに期待しながらも、核兵器の威力とその使用の結果に危機を高めざるをえなかった。

当時、東西冷戦構造の枠組みのなかで、米ソの直接的な対立というよりも、ヨーロッパやアジア、中東などさまざまの地域において紛争状態が強まっていた。核兵器の問題や大量報復戦略の問題にも大きな影響を及ぼすことになった。米国が必要に応じて自由に、自らその方法や場所で即座に反撃を行える巨大な報復力に依存するといっても、核戦争をも自由に選択できる戦略である以上、ソ連を抑止するよりも、ソ連に核戦争を引き起こさせる機会を与えることになりうる、との批判が出てくる。そもそも米国は大きなコストを払っても他国のために核兵器を使用するだろうか、また、どうやって自国の安全や利益のために核兵器を使用するのだろうか、との懸念を高めることになった。

当然のことながら、「ブラボー」水爆実験の実施とその恐るべき結果について、ソ連でも米国と同様に、人類世界の絶滅という黙示録的な将来像が次第に描かれつつあった。マレンコフ首相は1954年３月１日の「ブラボー」実験以降、それ以前での考え方を大きく変えて、ブラボー実施の放射性降下物が地球を周回していた54年３月12日、巨大な破壊能力をもつ近代兵器による人類世界の滅亡の可能性のある今日、人類が選択すべきは冷戦か核戦争ではなく、冷戦自体が新しい戦争を準備することになっている、と強調したのである。しかし、フルシチョフとモロトフは、たとえ核兵器によって戦う将来のいかなる紛争であろうとも資本主義の崩壊に終わる、という共産主義の伝統的立場の堅持を当然のことながら強調したのである。それにしても、マレンコフは、核戦争によって生じる放射線と放射性によって人間も生物も絶滅することになるとの物理学研究者の発言に影響を受け、地球上のすべての生きものは絶滅の危機に直面していると認めた。その後の53年９月の時点で、人類はそうした脅威に直面していることで、核兵器の使用はできないとの意識をあらたにした。フルシチョフは皮肉にも、今度はマレンコフを追放し、彼のいう主張を認めてその意見の後継者となった。

こうして、水爆兵器革命という経験を経た米ソの首脳は、共通の道をイデオロギー上の相違を超えて進むためのスタートにつくことになったのである。それを受けて1955年７月に、米ソのジュネーブ首脳会談の開催が実現することになった。この会談によって米ソが具体的成果を生み出したわけではなかったが、米ソが共に、熱核兵器の使用で北半球破壊の危機に直面し、この問題解決のために対応していくべきとの共通の認識ができたことは、新しい米ソ関係の形成にとって重要な意味をもっている。これによって米ソの明確な信頼関係が構築されることになったのではない。アイゼンハワーは、巨大な爆発力をもつ熱核兵器使用の結果、体制および国家の破壊がもたらされることの意味合いを、米国のみならずソ連も重大に受けとっているとみていた。実際、フルシチョフは56年２月の第20回党大会で伝統の戦争不可避性の教義を明確に否定したのである。この教義は、社会主義体制というものがまだ存在しない時代にレーニンによって主張された教義であり、その後に平和勢力は大いに強化され、世界に残存する資本主義諸国との対決を必要とすることなく共産主義へと前進する可能性が生まれていた、という。フルシチョフは、ソ連は体制間の平和共存か史上最大の破壊的戦争かのいずれかを選択せざるをえないのであって、それ以外の第三の道はない、と強調したのである[24)]。

こうしたフルシチョフの力説をどう捉えるかは単純な問題ではない。フルシチョフの平和共存路線の選択は、米国との不利な核軍拡競争の遅れをとり戻すための一時的な、便宜的な対応策にすぎないものなのか、あるいは、核革命に直面して人類世界の危機的状況に対応する不可避的な選択なのだろうか。この問題は、核兵器問題へ中国がどのように対応したのかを考察する場合に、重要な意味をもっている。いずれにしても、フルシチョフは核革命の現実を何よりも考慮せざるをえないなかで、1956年の彼の反応は、戦争の不可避性の考えと同時に、社会主義の勝利は帝国主義の内部での紛争の結果として可能となるという前提、を否定することだった。代わって、ソ連は「平和共存」路線を追求し、帝国主義諸国との戦争および西側での暴力革命の扇動は否定されることになるだろう、とみていた。フルシチョフは新しい政策を実行することによって、1917年以来のソ連対外政策のそうした二つの基礎を放棄したのである。「最も高い歴史的重要性をもつフルシチョフの決定は核革命による冷戦の終焉を説明する第一の手段を我われに与えている。なぜならば、まったく単純に彼が行ったことは大国戦争の中心的原因を否定することだからだ。もちろん、フルシチョフは、ソ連が革命国家としての地位を放棄し、また、その後の20年間のソ連の対外政策の諸側面がその形勢の維持に彼のまた彼の継承者の利益を反映することを認めたのではなかった。実際、このことが彼のそうした決定であった。こうしてソ連が西側と平和的に争うことを表明することで、フルシチョフは資本主義と社会主義との闘争が暴力的に解決されるという革新的なマルクス－レーニン主義仮説を放棄したのである[25)]」。

現時点での（当時の）核革命の状況においてゴルバチョフがとらざるをえなかったのが、そうした対応策だったといってよい。彼の政策の変更は、単なる伝統的なマルクス－レーニン主義の教義に、対米関係からとられた日和見的対応とはみることはできない。その時点での核兵器問題に対して、米国の認識とそれへの対応とソ連のそれとがきわめて類似していたといってよい。したがって、核革命の在り方の、また冷戦構造の変容に伴って、当然、米ソの間で核兵器問題への認識や対応策が異なってくることは何ら不思議なことではない。人類世界を絶滅させる可能性をもつ熱核戦争を行うべきではない、という認識については、米ソ間でかなり明確な同意がみられても、そのためにどうすればいいのか、どのように核兵器をめぐる問題を具体的に解決していくべきかについては、米ソ間でほとんど交渉が行われていないし、また同意点もなかった。そして、何よりも核心的課題は、「核時代」の本質的問題の在り方が、核兵器の存在を前提としていかに核戦争を防いでいくのかではなく、核兵器そのものをいかに絶滅していくかの問題にあることを理解することだ。もちろん、前者の問題が何ら重要な意義をもっていないとか、あるいは、その問題を考慮することなく軽視していいというのではない。そしてまた、後者の問題が簡単に解決しうるというのではない。核兵器をめぐる問題の本質的解決は、核兵器をいかに使うか、使わないかの使い方の問題ではなく、いかに核兵器を廃絶していくことができるかどうかにある。すなわち、「核戦争を防ぐには、核戦争に備えよ」命題の維持ではなく、「核戦争を防ぐには、平和に備えよ」命題への変革である。核戦争（通常戦争も含めて）を防ぐには、核兵器によって備える、つまり核抑止戦略（政策）は本質的に矛盾を内包することになる。

実際、アイゼンハワー政権が打ち出した、いかなる侵略に対しても自らが選んだ手段と場所によって即座に大規模な核報復で対処するという大量報復戦略はさまざまな問題を抱えており、十分に作用しなかった。どのような侵略に対して、どのような手段によって、また場所に対して、どのような規模で報復するかについて、不明確で、具体性はなかった。そしてまた、何よりも、核抑止戦略にとって中心的要件である核兵器使用の信憑性を敵対国自身や同盟国、味方、特別な地域や集団に受け入れさせることができることだ。その信憑性がなかったり、弱かったりした場合には、核兵器や通常兵器による抑止効果はない。古くは1950年の北朝鮮の韓国への侵略も、中国による朝鮮戦争への介入も、防ぐことができなかったし、ソ連の侵略に対するNATO諸国防衛やインドシナ戦争での敗北に際するフランス軍支援でも十分な抑止機能は弱いものだった。その他の第三世界における紛争の抑止やその解決にとって、米国の核兵器や通常兵器による抑止機能は有効に作用しなかった。もちろん、ソ連に対する直接的な戦略的抑止能力も決して強いものではなかった。アイゼンハワーの大量報復戦略の具体的中味は一貫したものでなく、さまざまな矛盾を内包していた。アイゼンハワーにとって最も重要な戦略の基本は、現実の問題に対して、いつ、どの場所に対して、どのような規模で報復するかではなく、すべての大規模な報復能力を（すべての資源を戦略空軍の戦闘能力と水素爆弾とに投入することによって）蓄積するかである。

こうしたアイゼンハワーの基本的考えに対し、彼の政権や委員の間のなかからも、従来のような意味での戦略の観点から反対の声があがってきた。とりわけダレス国務長官は、アイゼンハワー流の考えにみられる硬直性が同盟諸国を驚かせ、不安にし、危機に直面して降伏か全面戦争以外のほとんどの選択肢はないという理由からであった。陸海空三軍は予算の配分や昇進の機会が減少することを予想して明確に反対の立場をとった。また、政権外の一連の政治家や研究者も同様にアイゼンハワーの考え方に反対したのである。そのなかには、ディーン・アチソンやアドレイ・スティーヴンソン、ジョージ・ケナン、ポール・ニッツ、ジョン・F.ケネディ、ヘンリー・キッシンジャーらがいた。さらに、アイゼンハワーの国家安全保障会議のスタッフのなかでも、彼の考えに挑戦する意見書を提出した者さえいた。「しかし大統領は動じなかった。彼はいかなる戦争も核兵器の使用にまで拡大することになるという確信を決して修正しなかったのである。それ以外のことに備えるのは無意味であるだけでなく、危険であった[26)]」。

そうした大量報復戦略に内在する問題や欠点、弱点についてさまざまな方面からの再検討のなかから、限定的な紛争や侵略を抑止したり、効果的に対応したり、あるいは処罰するために戦術（戦域）核兵器を積極的に使用すべきである、という意見が表出してきた。戦術核兵器の使用を要求する人びとは、「⑴戦術核兵器は地上兵力による抑止のクレディビリティを増大させる、⑵それは人力（マン・パワー）を科学技術でもって代替することができるから、戦術核兵器は大量の地上兵力に対する最善の防衛力となる、と論じた。この主張は1957年にダレス国務長官の全面的に受け入れるところとなった。この年にダレス長官は大量報復政策に関する彼の見解を修正したのである。米国の指導者は東側からの侵入に対して西ヨーロッパ駐留軍は戦術核兵器をもって装備されていて、米国の指導者は東側からの侵入に対して西ヨーロッパを防衛する場合には通常軍事力だけが使用されるとは限らないということをしばしば言明してきた」。しかし、ある一定の局地的な破壊力の弱い戦術核を使用する戦争を限定的に局地化を長期にわたって続けていくことができるのか、という疑問は否定できそうにない。この戦略の最有力な主唱者のヘンリー・キッシンジャーは、一度核の敷居を超えてしまうと、戦闘中の両当事者がその戦闘の新しい一定の限定的な枠組みに関して一致して同意をうることはほぼ不可能となることは避けられないとみる批判者を支持している。戦闘の両当事者が共にエスカレーションを防止しようと望むならば、その限定は明白かつ顕著なものが必要であり、またそのなかでも最も重要な限定は通常兵器と核兵器の敷居にほかならない。その場合、核兵器と通常兵器の量的区別よりも質的区別の方がよりいっそう顕著であることを理解すべきだ。さらに、破壊力の弱い核兵器を限定戦争で使用すれば、勝利を収める可能性が大きくなるという主張にも、用語上の矛盾がみられる。限定戦争は事実上、戦闘当事者双方が完全な勝敗という決着に終わらない状態を許容することを意味する。もし戦局がどちらかに不利にかたむくと、あるいは限定された兵器では求める政治目的が実現できないことが明らかになると、エスカレーションの敷居はなくなってしまいがちとなる。人に緻密で高度に工業化したヨーロッパで米国が限定核戦略を実行すれば、無制限戦争の場合と同様な壊滅的な被害は避けられない。また、ベトナムのようなゲリラ戦に対しても、ベトミン軍の攻勢を抑止するためにも限定核兵器は有効ではない[27)]。

一定の限定的な地域や国、対象に対する侵略や攻撃を抑止するために、また、相手に罰を与えたり、あるいは威嚇するために限定的な戦術核兵器を使用することは、その本来の目的を達成することができないばかりか、その敷居を簡単に超えて全面的な核戦争に拡大してしまうことは避けられなくなる。前述したように、そもそも核兵器が相手の侵略や攻撃、威嚇、脅威を抑止することができるという核抑止戦略は本質的に、矛盾の理論・戦略的体系であり、本来の目的である抑止機能を遂行することはできない。核兵器の規模や量の問題ではなく、核兵器の根源的な質の問題である。限定的な戦術核兵器と地域核、戦略核の明確な境界は存在しない。戦術核戦争は戦略核戦争と結びつきやすい。ここで実際にはほとんど有用でない限定核戦争という考えが、なぜ出てきたのかをみなければならない。一定の限定的な地域や紛争、問題に対処するための戦術核戦争という構想ではない。米国の限定核戦争構想は米国自らのためで、ヨーロッパのNATO諸国のためのものではない。米ソ全面核戦争が人類破滅につながるため、「核保有国（米ソ）の政策決定者たちは、全面核戦争に移行しない限定核戦争というものが技術的に可能になった、といい始めた。限定核戦争は言葉の上では米ソ間でもありうるが、本当の意味は米ソの本土を聖域にして、その他の場所で核兵器の実戦使用を行おうというものである。これをわかりやすく言えば、米ソ以外の国々に数多くのヒロシマ・ナガサキを再現することはためらわない、という発想である[28)]」。ヨーロッパの市民たちは、1980年代に自分たちが危機的状況におかれているとの自覚から、ヒロシマ・ナガサキの今日的意味を再認識して、「ユーロシマ」という言葉を使用して、ヨーロッパで長期にわたる「反核反戦」運動を展開して、ヨーロッパにヒロシマを再現させない、と強く訴えた[29)]。

大量報復戦略の欠点や問題についての論争として限定核戦争のほかに、重要なものは何を攻撃目標にすべきかについての議論であった。大量破壊を可能にする核兵器を敵に報復として使用する場合、戦場か軍事目標に限定するべきかという「限定使用」の教義が研究された。すなわち、軍事的攻撃目標（対兵力戦略）と人口集中地域（対都市戦略）のどちらの攻撃目標を選択すれば効果的であるかについての研究が、1950年代から60年代にかけて、ハーバード大学やカリフォルニア工科大学、MIT、ランド研究所などの専門家会議で行われてきた。しかし、こうした理論研究はすべて失敗に終わったのだ。なぜならば、どのような限界を仮定しても、核戦争に進む境界線（敷居）を超えてしまい、高度の軍事的テクノロジーは維持すべき限定された敷居を簡単に飛び越えて、つねに敵が拡大してしまうことになる。しかしこの攻撃目標限定ドクトリンは、1960年代に入り、マクナマラ国防長官を中心に、具体的な政策として検討されることになる。いずれにしろ、この「限定使用」問題は、最終的には東西両陣営の戦略家たちによって、相互確証破壊という概念を「核の平和」の仕組みにすることに、とりあえず暗黙で合意された[30)]。

アイゼンハワー政権の大量報復戦略は、米国の対ソ核優位のもとでソ連を抑止するよりも、核戦争を挑発するという致命的な欠点をもっているという批判から行われた論争のなかから、戦術核兵器を使う限定核戦争という考えが生まれたのである。ソ連がヨーロッパ地域のどこかに、あるいはNATO諸国のどこかに侵略や攻撃をした場合、米国は自ら犠牲になっても約束通り、ソ連へ大規模な核報復をするのかという懸念が表出してきた。そもそも、ソ連は、米国による大規模な核報復を行うという脅しにどれほど信憑性をもっているかを疑問視していた。米国はそうした弱点や問題を解決するためにNATO諸国に戦術核を配備したのであった。そうした米国の対処で限定核戦争は可能となり、有効に作用するだろうか。これまでみてきたように実際には、局地的な戦術核戦争として限定することができず、全面的核戦争に発展してしまうとみてよい。そうした問題を解決し、大量報復戦略を意味のあるものにするためには結局、この戦略が何よりも、ソ連の核攻撃を確実に抑止するに十分な米国本土の非脆弱性の強化、米国の圧倒的優位な核戦力体系の確立、そしてまた、大規模な核報復を実行する米国の確固たる意図とソ連側へのその信憑性を強化する必要があった。

ところが、米国の大量報復戦略の再編の必要条件の充足を根本的に困難にする新しい事態が進展することになった。それが1957年10月にソ連のスプートニク打ち上げ成功であった。ソ連はそれ以前の57年までに対米本土攻撃力を十分にもった戦略爆撃機を保有していたが、それ以外の方法で対米本土攻撃を本格的に可能にする手段をもつことになった。たしかに、最初のスプートニク自体はただの人工衛星にすぎず、何らかの明確な軍事的意味も機能ももっていなかったので、米国政府や軍部、一般の人びとに特別な危機意識を生み出すことはなかった。ソ連がすぐに二回目のその打ち上げに成功したことによって、ソ連がそれ以前の夏にICBMテストを成功させていたことから、米国本土を直接攻撃可能なICBMの性能を確実に強めたのではないかとの懸念が高まった。「米国も翌年にはICBM実験に成功するが、すでに本格化していた宇宙開発競争および長距離弾道ミサイルの開発競争でソ連に遅れをとったことは、米国内に『スプートニク・ショック』と呼ばれる敗北感を蔓延させた。またスプートニクは、西欧がソ連に攻撃された場合、米国がソ連のICBMによって報復されることをわかっていながら、ソ連に対し大量報復の脅しを実行するのかという『ディカップリングの不安』を西欧諸国が募らせる契機となった[31)]」。こうした事態の推移は、単なる米ソ関係における重大な問題であると同時に、東西冷戦構造においてもきわめて重要な意味をもっていた。また、これを契機に東西間でのあらたな厳しい核軍拡競争の局面を迎えることになった。

そうした核抑止のための大量報復戦略をめぐる基本的な戦略環境の変化を受けて、これまでの優位にあった対ソ核戦略体系を再構築するために、有利な核運搬手段の開発・強化、核戦力の再編、NATO諸国への戦略的協力関係の強化、また通常戦力の増強などからなるニュー・ルック戦略を模索せざるをえなかった。ところが、時間が経過するにつれて、「スプートニク・ショック」も「ミサイル・ギャップ」の危機意識は実際には、ソ連の戦略的優位性や戦略的能力を過大評価していたことがわかってきたのである。それは何よりも、フルシチョフの意図的な核兵器について米国をだます戦術に起因している、とみられているようだ。スプートニクの成功について、フルシチョフは50年代末までいわばどんちゃん騒ぎを演じることになった。それは、あたかもスプートニクそれだけでソ連の抱えるすべての弱点を埋め合わせるかのように主張したり、ミサイルへの依存が強まるにつれ、彼はアルコール中毒患者と同じように行動し始めたことに現われている。フルシチョフのこうした中毒兆候は最初のICBM実験成功後にも現われ、ソ連は今や遠い目標を正確かつほとんど無警告で破壊することができるといっている。スプートニク成功後には、ソ連は必要とする、長距離・中距離・短距離のすべてのロケットを所有していると述べ、さらに1957年11月のスプートニク二号打ち上げ後に、必要なら明日にでも10や20の人工衛星を打ち上げることができると自慢したのだ。これらはかなり誇張したものであった。彼のこうした発言の多くは現実とはほど遠いものであった。複数弾頭のICBMや複数の衛星打上げの能力などは配備しておらず、かなり低い命中精度のものでしかなかった。アイゼンハワー政権期を通してソ連の実戦用ICBMの総数は実に、アルハンゲリスク南部の沼地の一か所に配備された性能の低いミョールカ４基にすぎない。しかし、米国側がこうした事実を知るのはしばらくの時間が必要であったために、その間にフルシチョフのロケットについての法螺（ほら）で米国側に強烈な衝撃を与えた。評論家のジョセフ・オルソップが、３年以内にロシア側が1,000基のICBMを保有するのに対して米国側はたった70基止まりであると予測したほど、「ミサイル・ギャップ」を強く印象づけた。それに対応して、アイゼンハワーは、有人爆撃機や、海外基地および外洋の海軍艦艇がもつ圧倒的な報復能力を詳細に国民に説明するなど、自国の兵器のいくつかを誇示する行動をとったのである。彼はまた、熱核弾頭を装備したソアーおよびジュピター中距離弾道ミサイル「IRBM」のヨーロッパ基地配備を提案した。こうして、フルシチョフによる誇張したミサイルによる威嚇は、米国がソ連に到達可能な本物のミサイルをヨーロッパに配備するという実質的な成果をあげることになった[32)]。最初はフルシチョフによる欺瞞的な戦略兵器による脅しで生じた、ミサイルをはじめ核兵器のギャップも米国がそのギャップを埋めるための戦略的対応措置を講じることで、戦略兵器の軍拡競争を引き起こすことになる。

しかも、この事態はそこで終わることはない。なぜならば、その戦略核兵器類のギャップが実質的に埋められたことでソ連はそれに対応してさらにその埋められたギャップをソ連にとって有利な新しいギャップを作り出すために戦略兵器の拡大競争を試みることは避けられなくなる。軍拡競争のメカニズムが潜在的に構造化している限り、その競争を弱める試みがあっても、軍拡競争は継続していくことになる。米ソ間、また東西間での基本的な紛争構造（冷戦）が存在する限り、核兵器と通常兵器の軍拡競争は展開することは避けられない。とりわけより大きな爆発力を求める無限の核実験が実施される。1954年から58年にかけて新核兵器の実験が次第に急速に遂行され、58年11月までに、米ソ英の核保有国は実験だけで、第二次大戦でドイツが空襲で投下した全爆弾の100倍以上の爆発力を爆発させた。その爆原力の100万トンは、地球上の全人口の全体重に等しいものだった。58年の末に核保有国の自発的実験停止でも、たしかに核爆発は停止をみたものの、兵器の拡大そのものは依然として続行された。61年の秋にソ連がこの停止をやめたことで、核兵器の拡大・強化の新局面を迎えた。ソ連は25メガトン級の爆発実験を、北極地方ノバヤゼムリカ実験場上空で行われ、なんとその１週間後、実に58メガトンの史上最大の爆発力をもつ実験を行った。なぜこれほど巨大な爆発力をもつ核実験を行うのだろうか。実際にこのような巨大な爆発力のある核兵器は軍事目的として使用できるのか、それは核戦争の抑止としての機能を果たすことができるのだろうか。むしろこれほどの核兵器を求めたり、製造すること自体が核戦争を引き起こす可能性を高めることになるのではないのか。とにかく、そうした核兵器の存在は我われの想像を大きく超えている。「身の毛のよだつことは、巨大な爆弾が戦争の道具としてのらちを越え、恐怖心を駆り立てる方法として、全人口を脅迫する心理学上の兵器となったことである[33)]」。こうした恐ろしい世界を、我われ一般人は異常とみるが、多くの政策決定者や軍部、研究者、戦略家、官僚、また軍需企業家などは正常とみていることも、まさに異常である。「核戦争を防ぐには、核戦争に備えよ」命題から、異常なほどの破壊力をもつ核兵器によって核戦争を防ぐことができるのだろうか。かえって核戦争を引き起こす可能性をつねに維持・強化することになると考えることが、正常で、合理的であるのではないのだろうか。

4　柔軟反応戦略と軍備管理の試み

アイゼンハワー政権が採用した大量報復戦略は事実上、大量報復核抑止戦略にほかならない。すなわち、それは、相手のソ連の思考・行動様式に対応する伝統的な受動的な、消極的な、あるいは防御的な戦略構想に代わって、米国が自ら選択する手段と場所において即座に巨大な報復力に依存する抑止戦略である。したがって、この戦略構想は実際には、能動的な、積極的な、あるいは攻勢的な特性をもっている。前述のように、「核戦争を防ぐには、核戦争に備えよ」命題を前提とする核抑止戦略構想である以上、つねにより巨大な破壊力をもつ核兵器を求めていくことが要求され、自らその動きをコントロールすることは困難となる。

そして、つねに核戦争を防止するどころか、つねに核兵器によって戦争が生起する可能性が存在することになる。なぜなら、核戦争を防ぐために、いつでも核兵器を使って戦争をする信憑性がなければならない。また、抑止する相手がソ連のような核大国であれば、ソ連自らが核抑止戦略を同様にとる限り、米国の出方に対応する受動的、消極的、あるいは防御的戦略政策ではなく、米国と同様に能動的、積極的、あるいは攻勢的戦略政策をとる以上、核兵器の軍拡競争が常態化し、また、つねに核戦争の危機的状況を高めることになる。米ソは相手に対する不信や脅威を維持・強化していくことになる。戦略環境が大きく変容し、これまでの硬直化した大量報復戦略はその変容に適切かつ柔軟に対応することができないなかで、核運搬手段の質量の改善や人命重視の兵器体系、核戦力の多面的な分散、通常戦力のいっそうの強化をめざすニュー・ルック戦略への転換を試みたものの、大量報復戦略に内在する欠点を大幅に修正する成果を収めることはできなかった。そのため、アイゼンハワー時代の大量報復戦略を実際に戦略的問題の欠点をどれだけ修正し、再び米国側が脆弱で、狭義な核戦略を再編して、強力で広義な戦略を再構成することができるかどうかが最大の課題をもって、民主党のケネディ政権が誕生したのである。

1960年のアイゼンハワー政権の終末までに、「大量報復戦略」の特性である、即時にソ連本土に大量に核攻撃を加える十分かつ有効な核戦争能力とその強固な意志による、確実な抑止構想の欠点を補ういくつかの具体的な手が打たれた。戦略爆撃機体系とICBM体系の整備・強化が進められるとともに、初の潜水艦発射弾道ミサイル（SLBM）の発射実験の成功により、陸・海・空の３本柱からなる戦略核兵器体系の基盤が形成されつつあった。また、ヨーロッパ中心であるが、中距離弾道ミサイルの配置計画も進められることになった。さらに、そうした核抑止戦略の修正は、それだけにとどまらず、通常戦力の強化を促進させることとなる。しかし、そうした動きは事実上、とりわけ核兵器体系の強化を要求するところから、核兵器拡大競争の激化を不可避にすることを意味する。相手からの軍事的侵略や攻撃をまえもって阻止するために核兵器の量を増やし、またその質を強化することによって抑止力を高めることは、自動的に可能になるのではない。なぜならば、抑止能力を高めるためにそうした方法をとることがかえって、相手が、不安や脅威、不信を強めたり、自国が大きなコストを払っても本当に核兵器を使用するかどうかの信憑性を認めず、単に脅しにすぎないと考えれば、先に核兵器を使用する可能性が高まる。さらに、抑止の対象である相手が抑止側の核戦力や意図を誤解したり、技術的な故障や核管理体制の不備などからかえって核戦争が発生する可能性を確実にコントロールすることはできない。何よりも重要なことは、いつでも核兵器を使用することができる核兵器がつねに存在していることだ。核抑止体系が明確で、完璧なものであっても、相手の行動様式を抑止することは容易ではない。そもそも完璧なものを作ることは技術的にも心理的にも困難である。それは大きく、相手の核抑止政策に対応する態度、思考・認識・心理的様式の在り方に依存している。

いかなる能力の抑止力をもっていると想定していても、一度相手の攻撃や侵略に失敗すると、核兵器を使用して自国を防御することができなくなり、自国の安全保障は確保することはできない。「過去において、強力なタンク戦力は抑止効果をもつことができたが、もし抑止が失敗し、相手の侵略がはじまっても、その同じタンク戦力は国を防御することができた。メガトン級の核弾頭を搭載したICBM戦力は単なる抑止的価値（実際に抑止力をもっていることを意味しない）をもっているだけで、それが国の防御力を提供することはできない。もし戦争が生起し敵が攻撃したならば、もしミサイルが発射されてもいかなる米国人の命を救うことができるだろうか。その答えは『ノー』である。もし戦争が勃発すると、抑止は失敗しそしてミサイルの存在する唯一の理由は消えてしまう[34)]」。戦争や攻撃が生起したらすべてが終わりなのだ。よく主張されるように、相手国が最初に第１撃として核攻撃を自国に行って被害をこうむっても、自国が報復としての第２撃によって相手国に自国が受けた被害より以上の致命的な被害を与えることによって相手国の第１撃を抑止するとの構想は適切なものだろうか。相手国が、第２撃の信憑性を否定したり、また、第１撃で勝利を収めることができると考えたり、相手国が自ら最初に核兵器を使用することが有利であると想定したり、あるいは、誤解や技術的トラブルで偶発的に最初に核兵器が発射した場合、第２撃で相手国に耐えがたい被害を与えるといったところで、相手国の核兵器の使用の抑止に失敗したことになる。第２撃を報復として攻撃した相手国に何らかの打撃を与えることができても、それによって自国の防御も安全保障を確保することもできない。実際に第２撃を相手国を発射することによって抑止を可能にするのではなく、そうした構想によって相手国の第１撃を抑止することが本来の目的である。どのような規模のものであれ第１撃が実際に行われれば、抑止は失敗したことになる。

1960年代に入り、大量報復戦略およびニュー・ルック戦略を修正・補完する形で注目された柔軟対応戦略は、その戦略の基は前者の二つの戦略を土台としていながらも、その実際の運用については弾力性や多面性、実施性を備えていた。こちら側から積極的な軍事行動に出るのではなく、相手の起こした軍事行動の内容に応じて柔軟に対処し、必要によって段階的に軍事行動の強度を適切にあげていくという、「合わせの戦略」を遂行して、相手を刺激したり、冒険的な軍事行動をとらせることなく問題の解決をはかっていく戦略である。最初の段階から過激な軍事行動をとることなく、軽通常戦力で、重通常戦力、戦術核兵器へと段階的にあげていき、急激なエスカレーションをコントロールするという戦略であった。そしてまた、最後の段階において戦略核兵器を使用する場合も、敵国本土の軍事的攻撃目標（対兵力戦力、カウンター攻撃)、あるいは都市攻撃（対都市攻撃、カウンターバリュー攻撃）のどちらかを選択する戦略である。最終段階での二つの選択肢についてはきわめて論争的問題であり、後に詳しく検討していく。

このように柔軟反応戦略の基本は、戦争をできるかぎり低いレベルの段階で終結させることをめざす戦略であるものの、最後の段階で対兵力戦略かあるいは対都市戦略のどちらの選択肢を選ぼうとも、それらを全面的に破壊する意図と能力を相手に誇示することでその核戦力（通常戦力を含む）の行使を抑止することである。オルドリッジが述べているように、「カウンターフォース」という言葉は実際に、攻撃という意味を含んでいる。これは、「強固」につくられた核ミサイルがソ連内のミサイルの格納サイロや核兵器の貯蔵所、指令や通信センターなどの戦略的軍事目標の破壊をめざしているということである。相手を核攻撃でまったく反撃できないように無力化を可能にするには、そうした「堅固に」つくられた目標を確実に破壊することが効果的である。「抑止力論が表向きの政策であった時代にも、少なくとも1950年代以降には、カウンターフォースがペンタゴンの隠された軍事思想であったように思われる。実施のところ、公式の表向きの政策と、軍事計画を左右する作戦思想とはいつも分裂していた」。たとえば1956年にポール・ニッツェ元国防次官は、行動という意味では、緊急事態に直面した際に我われの行動を律するべき、また実際にそうすると思われる一般的指導原理をさしているが、建前という意味では、政治的・心理的効果をめざした政策声明を示している、という[35]。

ロバート・マクナマラは1962年６月に、米国は核戦争の際に、同盟国が致命的な攻撃をくい止めるための第一の軍事目標は、敵の一般住民（都市）ではなく、戦力の破壊（対兵器力戦略）であるべきと主張して、カウンターフォース政策をケネディ政権として公然とはじめて提示したのである。すなわち、彼が述べたカウンターフォース政策の意図は、ソ連との核戦争になれば、ソ連の戦略的攻撃力は破壊されることで軍事的敗北は避けられなくなる、とソ連に認識させることであった。いわば被害限定政策であるこの対兵力戦略論者は、「侵略的国家は国民の生命よりもその軍事力を重視するから、対兵力戦略による抑止は対都市戦略よりもクレディブルである。したがって戦争を遂行する能力また意志を破壊するぞという威嚇の方が、都市地域での他の攻撃目標に対する威嚇よりも効果的であろう」という。この対兵力戦略は対都市戦略より、民間人の犠牲者を少なくすることになるばかりか、そのことが相手国に自由に対する敵対心を弱めたり、好意的感情を生み出すことも考えられる。だが、一方で、この対兵力戦略は、相手に先に第1撃を発射したいという誘惑を著しく高めたり、軍備拡大競争を誘発する、との批判もある[36)]。こうした複雑な問題を抱えている対兵力戦略はその後も、「柔軟対応戦略」の中心的論争点として検討されていくが、この戦略が政府の公式の政策となったことは、米ソ両国ばかりかその同盟国にとって重要な意味をもつことになる。

そうした動きの一方で、1962年10月に核戦争の瀬戸際まで進んだキューバ危機が発生した。キューバ危機は、同年10月14日に米国のU－2型偵察機によって、キューバに設置されたソ連のミサイル基地が発見されたことを契機で始まった。キューバ危機の発生は、米国とキューバとの直接的な関係のなかにではなく、キューバをめぐる米ソ関係の枠組みから考えることができる。そもそも以前からソ連は米国に対して、キューバに攻撃用ミサイルを配備しないと約束していたところから、このミサイル設置は米国にとって大きな打撃となった。だが、その1年前の4月にケネディはピッグズ湾事件を起こし、キューバ侵攻作戦に失敗していた。6月に開催のウィーン会議で米ソ首脳の間で厳しい対決を経験しているなかで、米国の裏庭といってもいいキューバへ米国本土に直接到達しうるソ連の攻撃用ミサイルの配備を何としても認めることができなかった。米国にとってはこの配備は優位にある米国の世界（核）戦略への挑戦を意味するだけに、この問題を深刻な危機的状況と捉えざるをえなかった。ソ連は、もしキューバが攻撃された場合には戦争の結果をもたらすと警告を発していた。ここではソ連は、核戦争ではなく単に戦争として威嚇したようだが、ケネディ政権は実際にはそれは核戦争を意味しているとみていた。ケネディはわずかな側近から成る「NSC実行委員会（エクスコム）」で、さまざまな選択肢を検討した結果、「海上封鎖」が失敗した場合にさらに軍事行動で対処できると考えていた。だが、現実には大西洋上で米ソ艦船が接触しており、米ソ核戦争の危機は最後まであったといってよい。その危機をのり超えて、10月28日米国がキューバを再度侵攻しないとの条件と引き換えに、ソ連はミサイル基地を撤去するとの条件で合意をみて解決することになった。また、その後、米国はソ連の要求に応じてトルコ配備のミサイルを撤去した。

ここで問題となるのは、一つは、冷戦史においてキューバ危機をどのように位置づけることができるかである。何が起こっているかについて、すべての見直しや再考の過程においても何ら変わっていないことは、「冷戦史に占めるこのキューバ・ミサイル危機の中心的な位置づけである。むしろそれはこれまで信じられていた以上に重要な転換期であるように思われるのである。それは米ソ間の競合において核軍備競争は言うにおよばず、イデオロギー対立、『第三世界』での抗争、同盟諸国との関係、外交政策のもつ内政上の意味、そしてそれぞれの指導者の個性などといった個々の主要な争点領域が交錯する戦後唯一の出来事であった。あらゆるものが突如そこに転落し、同時に交ざり合う一種の漏斗のように―そう言いたければ歴史上類例のない―ものだったといってよい[37)]」。ある出来事や事件は一つの要因や条件によって生起するのではなく、関連するさまざまな要因や条件が一枚の織物を編む結果にほかならない。キューバ危機の生起もそうした観点から捉える必要がある。

この問題とも関連するが、核抑止はキューバ危機を回避することができたのか、できなかったのかという核抑止機能についての問題がある。核抑止は、ケネディが核戦争勃発の可能性の高かった「海上封鎖」を防ぐことができなかったが、キューバ危機は実際に核戦争を勃発させることにはならなかった。キューバ危機が進展中に、核兵器の使用が避けられそうにない四つの事件を見逃すことができない。それらは「米国のＵ２偵察機が予定針路からはずれソ連上空を飛行したこと、ソ連の潜水艦が爆雷で威嚇されたこと、米国偵察機がキューバ上空で撃墜されたこと、そして、米国による、キューバへの侵攻計画であった[38)]」。それらどの事件も、もう少しで核戦争を引きおこすところだった。「おそらく、キューバミサイル危機について、最も注目すべきことは、核抑止がうまく機能したということを証明する事例に解釈が移り変わっていったその過程である。今日に至るまでの最も重大な核戦争の危機は、核抑止は、機能不全になり得るという明確な証拠を提示している[39)]」。皮肉なことに、実際には、それとは反対に、キューバ危機の経験は、核抑止が機能しうるという積極的な証拠となっていると理解されていることである。こうしたパラドクスは、たしかにキューバ危機はきわめて核戦争を引き起こす究極的危機であるものの、実際に核戦争が生起しなったことを過大評価したり、あるいは誤解することで、核抑止機能の結果と理解しているとみてよい。キューバ危機はたとえ実際に核戦争を生起していなくても、つねに核戦争を生起する可能性を潜在的に内在させていることを理解しなければならない。その問題は、戦後の「長い間の平和」が核抑止機能の結果であるかどうかの問題につながっている。

いずれにしろ、13日間のキューバ・ミサイル危機のなかで核戦争の瀬戸際まで行った米ソは結局、交換条件でありながらも、問題のキューバの攻撃用ミサイルをソ連が撤去したことで最悪の事態は回避された。それを契機に、その経験から再び核戦争の危機を回避するために、米ソは何らかの緊張緩和路線をとらざるをえなかった。米ソが1963年にとった具体策が、ホット・ラインの設置であり、また、イギリスをも加えた「部分的核実験停止条約」の締結であった。前者は、何か重大な懸案についての早急な意見交換を通して、問題解決策を一日も早く出していくための措置である。このホット・ラインによる意思疎通は、両国関係に信頼・友好関係を構築する試みにも役立つことになった。このホット・ラインの設置は実質的に、危機の発生やその拡大に対してその解決に向け協調して積極的に対応していく姿勢が出てきたことに重大な意味があることを知ることができる。また、後者の条約を締結も前者と同様に、キューバ核ミサイル危機の経験から、その危機の本質は核兵器戦略体系の維持・強化の問題であり、それを支える要件が核兵器の開発・強化のための実験であるところから、何らかの形の停止を取りきめることが必要だった。米ソ英三か国の本音がどのようなものであれ、国際社会の批判をかわす上からも、建前として何らかの核実験停止を模索せざるをえなかったのだ。事実上、この条約は包括的核実験禁止に頑固に抵抗してきた米国との妥当の産物であった。だが、この条約は部分的なものであり、地上（大気圏、大気圏外空間、および水中）での実験に限定されていて、地下での核実験は自由に、何回でも行うことができるものだった。米ソとも、目につきやすい地上での実験停止であっても、地下での実験停止でない限り、実質的な痛手とはならなかった。とりわけ米ソはともに、大規模な戦略核実験を何度もくり返し行った。そのことが1960年代でも核軍拡競争を支えていったのである。

米国は1960年代のケネディ政権成立後に本格的な柔軟反応戦略を取り入れて、どのような攻撃や侵略に対しても、エスカレートを防いで、低次元の段階で効果的に終了させることをめざした戦略であった。しかしその戦略は最後の手段としての「対兵力戦略」と「対都市戦略」の土台の上に成り立っていた。その前提での「対兵力戦略」と「対都市戦略」との二つの攻撃目標戦略の選択をめぐっての政策論争が支配的となってきた。先に述べたように、1962年にマクナマラ国防長官の「対兵力戦略」の有用性が明確化された。この二つの戦略政策は実際、戦略核抑止政策であり、相手国の攻撃や侵略を抑止するためには、相手以上の大規模な抑止能力をもつ必要から、必然的に核軍備拡大競争を引き起こすことになる。こうした事態の推移は、「対兵力戦略」と「対都市戦略」の二つの政策のどちらを選択しようと変わるものではなかった。マクナマラは62年に「対兵力戦略」政策を明確に打ち出した時点で、ソ連からの米国本土に核攻撃をする見込みがあれば、ワシントンはソ連のそうした行為を何であれ思い止まるという理由から、「アメリカにとって17対１という比率での優位も事実上は核における均等を意味するという力を力説した。ソ連の指導者たちは、これに納得することなくその後の年月をアメリカとの実際の対等を追求することに費やし、1970年までには概ねそれに成功したのである」。しかしそこで起こっていることは、東西両陣営は、ソ連が依然として対抗しうる特定の分野の力を用いて強さを計算することに暗黙のうちに合意していた。この結果、米ソ関係の中心的関心として核軍拡競争へのこだわりが表出することになった[40)]。

そうした動向は、米ソがキューバ核ミサイル危機で核戦争に瀬戸際まで近づくという経験をした後でも基本的には何ら変わることなく継続したのである。米ソの政策決定者や軍部は実際には、キューバ核ミサイル危機が起きたのは核抑止戦略それ自体に根本的問題があるとは認識できなかった。両国の関係者はそれとは別の政治的・軍事的・戦術的要因にあると考えたのではないだろうか。そのため、核戦争の危機を抑止するためには、相手以上に、その目的を実現するに適合した、大規模で、有効な核兵器戦略体系をいかに構築するかを模索することになったと考えてよい。したがって、そこに核軍備競争の拡大再生産現象しかみることしかできない。

マクナマラの強調する「対兵力戦略」は明らかに、ソ連に対する圧倒的な戦略的優位と攻撃対象を明確に設定する確実な技術的・科学的条件の確立を必要とする。そうした二つの条件を充足することが可能なのは、ソ連が軍事力を増大させることなく一定の水準で維持したままである場合のみである。それは現実的ではない。彼は、米国が、ソ連の戦争を抑止するためソ連に受け入れられないダメージを加えることが必要であることを提示している。おそらくソ連の人びと自らは、自分たちがダメージのどの程度のものが受け入れがたいものなのかとみているかを正確にいうのは困難だと思っている。しかし、マクナマラはそれを、控えめにいって、人口の20% ないし25%、生産能力の50% と評価した。また、68年にはマクナマラは、ソ連にさまざまなレベルのダメージを与えるのに必要な核弾頭数はどの程度のものかについて専門家の評価をもっていた。彼らは、わずか400

発で米国は確実に、ソ連の人びとの30%と生産能力の76%を破壊することができることをみつけた。また、最も少ない100発では人口の15%、生産能力の59%を、さらに最も多い1,600発では人口の47%、生産能力の77%を破壊することができる、との評価を出している。マクナマラは、米国はすでに400発以上（1960年代に10,000発を十分に越える）もっているので、これ以上の核弾頭は必要ない。ソ連が自国のもっている弾頭数をさらに増やし続けても、それはお金の無駄である、という。マクナマラの確証破壊の教義は、「限定抑止」として知られている戦略理論の一つの例である。この理論は、最小限以上の弾頭数をもつことは実際には悪いことであるという。なぜならば、相手からみると、過度の弾頭は単に自分たちを抑止するのではなく、自分たちへの第１撃に対する警戒を解くためと信じるかもわからない。したがって、そう信じることで自国の弾頭をより増やすようになり、軍備競争をあおることになる。結局、「限定抑止」を主張する人びとも、いずれにしても第１撃の懸念を取り除くことができず、戦争のリスクを高めることに加えて、浪費することになると思っている[41)]。

「対兵力戦略（カウンターフォース攻撃）」の考慮すべき問題は、当事者のどちら側も相手側が暴走することなく自制した態度で行動するとは十分に信用していないことである。そうである以上、それぞれが自己にも他者にも想定した行動をとることは期待できない。その結果、相互により高いレベルの核軍事を求める。「対兵力戦略」は実際に、「カウンターフォース攻撃」戦略といわれていることからも理解できるように、核軍備拡大競争を本質的に誘発するといってよい。R. C. オルドリッジがいうように、「被害限定（攻撃目標限定）は第１撃の攻撃でも第２撃の対応でも、まったく同じに働くものであることに注意する必要がある。どちらの場合も、米国の攻撃に対してお返しのできないようにすることが目的なのである[42)]」。

1967年には、米国のICBMは1,054基までに増え、同年４月に41隻目の最後のポラリス・ミサイル発射潜水艦が就役しており、マクナマラは少なくとも数量的に十分そろったと宣言した。これを契機として重点は、核兵器の精巧化がめざされることで、量より質の向上に置かれるようになった。このことで、ペンタゴンのカウンターフォースの意図を表出することを回避するため、とりわけ米国の報復戦力の「確実（証）破壊」能力に疑いが向けられたことに対して、マクナマラは、MIRV（多弾頭個別目標再突入体）で複数の目標を攻撃し、それによってソ連のABM（弾道弾迎撃ミサイル）を当惑させる複数核弾頭ミサイルの開発を命じた。彼は1966年には、次の兵器構成を考える戦略課題研究を発生させたが、「その一部はいずれペンタゴンの新しいミサイル－Ｘ（MX）計画に役立つことになる。後にトライデントと呼ばれる水中発射の長距離ミサイル・システム（ULMS）の設計研究や、後にＢ－１となってあらわれた高性能有人戦略爆撃機の研究も、この時期に始められた[43]」。こうした柔軟反応戦略の枠組みのなかでも、マクナマラの「限定核戦略」としての「対兵力戦略」を志向しながらも、戦略核戦力の維持・強化が大きく進展をみてきた。その一方で、ソ連側もキューバ・核ミサイル危機を経験したことで、対米劣勢状態を克服するために米国に対抗できる強力な核戦略体系の構築をめざしてきたことで、核軍拡が著しく強化されることになった。この段階から、米ソのみならず、国際システムにとって核兵器をめぐる問題が、とりわけ核抑止戦略が新たな複雑な問題に直面することになる。

5　核拡散問題と「核兵器不拡散条約」

すでにみてきたように、広島・長崎の恐るべき破壊を経験した国際社会は、その直後から国連を中心にいかにして核兵器を廃絶し、またその巨大な破壊力を国際的に管理していくかを模索してきた。しかし、そうした試みも基本的には、すでに核兵器を独占している米国と核兵器を早期に獲得をめざしていたソ連との対立で、「核のない世界」の実現への扉をほとんど開くことができなかった。その後の冷戦状況が厳しくなる国際社会の現実は、その冷戦の動向と連動する形で核兵器開発・強化の軍備競争が拡大するなかで、「核のない世界」の実現への道は遠のいていった。もちろん、その一方で、戦後の早い段階から、核兵器禁止や第三世界戦争反対を求める声や運動が世界中で展開されてきた。そうした反戦・反核運動も、米ソの核軍備競争を抑えたり、弱めることができなかった。核兵器所有国の間で、核兵器倉庫の規模を増やしていく「垂直的拡散競争」（「垂直的軍備競争」）進展しつつあるなかで、1952年にイギリスが、60年にはフランスが、そして遅れて64年に中国が核兵器実験を行ってきた。米ソ英仏中の核兵器所有国は例外なく、自国が核兵器をもつことによって、他国がそれを使用することを抑止（阻止）するとの論法で、核兵器の所有を正当化してきた。「ここには核抑止の基本である『恐怖には恐怖をもって応える』というおぞましい考え方が明瞭に読みとられる。核兵器による比類を絶する恐怖を相手に与えることしかないというのは、いったん核抑止の教義にとりつかれたら、むしろ必然的ななりゆきである[44]」。

「核戦争を防ぐには、核戦争に備えよ」命題を基礎とする核抑止戦略である以上、核の恐怖を同じ核の恐怖で抑えることになり、核の恐怖の悪循環メカニズムが永続的に作用することになる。このメカニズムの作用で核軍拡競争つまり垂直的拡散競争が必然化する。核兵器を所有していない国も場合によって、核抑止戦略から自国も核兵器を所有したいとの動きがあることは否定できない、これが水平的拡散の問題である。したがって、前者のタテの拡散と後者のヨコの拡散とは基本的には、核抑止戦略の産物にほかならない。しかし、核兵器保有国は実際に、非核保有国の核所有の動きを歓迎したいどころか、それに根本的に反対する。なぜならば、ヨコの核拡散は、少数の（五つの）核保有国の核管理体制によって国際平和秩序が不安定なものになり、核戦争の危機が高まることになる、という。もちろん、こうした既存の核保有国の主張は、核を求める非核保有国と同様な核抑止政策を擁護する核保有国が非核保有国の要求に反対するという意味で矛盾している。ここで核拡散問題を考える場合、既存の核保有国と核を求める非核保有国のほかに、核を求めず、その廃絶を求めるもう一方の非核所有の存在を重視しなければならない。後者は前二者との関係は、後者が核抑止戦略を否定し、核兵器の廃絶を求めているところから後者と前二者との関係は非対称的関係にあるものの、核の不拡散については後者と核保有国とは対称的関係を構成している。実際に、1968年に成立した「核拡散防止（核兵器不拡散）条約（NPT）」には、アイルランドの58年と早い時期からの積極的な協力があった。また、その前の1967年には、ラテンアメリカでの核兵器を禁止した「トラテロルコ条約」が成立している。核兵器の拡散問題およびNPTの成立について考察していく場合、そうした核保有国、核兵器を求める非核保有国、また核兵器の廃絶を求める非核保有国という三者の勢力の存在を重視すべきである。この三者のなかで最も強い勢力をもつ核兵器所有国にとって都合のよい核不拡散の枠組みを反映する形で、NPTが成立したのである。

このため、「世界的な不拡散制度は、なかなか本物の国際基準として定着しない。『核のアパルトヘイト』だと攻撃され、裕福な国の勝手なこだわりだと、多くの国が見なしている。このため、NPTは拘束性のある法的義務ではなく、各国をいいくるめて実施しなければならない高望みの対策になっている。違反して核兵器開発を進めるのを発見したり、制約したりするのは難しい。NPTによって承認された原子力エネルギーの平和利用の開発は、初期の段階では核兵器の開発とほぼおなじだからだ[45]」。インドの駐米大使のトーマス・グラハムは、こうした複雑な問題を内包するNPTを、不拡散・究極的な軍縮・核エネルギーの平和利用という３本柱に基礎を置く「バーゲン」（包括的な取り引き）と描いていたのである。しかし、NPT は実質的には、核所有国中心の、不均等の協定といってよい[46)]。たしかに、佐藤・櫻川が述べているように、NPT は次のような三つの部類を基本構成している。第１は、核兵器国による核兵器移譲等の禁止や非核兵器国による核兵器受領・製造の禁止、締約国である非核兵器国の保障措置受諾義務などによって、核兵器の水平的拡散防止の規定、第２は、米ソの譲歩による核兵器の垂直的拡散防止のための核兵器国による核軍縮交渉義務の規定、第３は、核兵器製造技術の潜在的拡散の可能性もある原子力の平和利用および平和的核爆発応用の非核兵器国による利益享受の規定、などである[47)]。

そうした内容をもつ NPT 体制の成立は事実上、米ソを中核とする核兵器保有国の利益を擁護するための国際管理体制であり、非核兵器保有国の水平的拡散を部分的に防ぐことができるかもしれないが、核兵器国の垂直的拡散をほぼ防ぐことはできそうにない。また、前者と後者の間の権利・義務の不対等性が存在しているとの疑念は簡単に解消しそうにない。そのことは実際に、今日でも NPT 体制が問題なく、その目的を実現するために有効に機能していない現実をみれば、容易に理解できよう。しかし、NPT 体制にとって最大の問題は、NPT 体制が水平的レベルでも垂直的レベルでもその拡散のメカニズムを支える核抑止戦略なり、核戦争の危機を防ぐための核兵器廃棄の問題ではないことだ。NPT 体制の機能は本質的に、核抑止政策の維持・強化であり、また核兵器拡散の維持・強化にほかならない。

6 MAD 関係の構造化と軍備管理の動向

さまざまな複雑な政治的・軍事的状況を反映する形で、1968年に NPT が成立することになったが、この成立には、とりわけ米ソが抱える共通の深刻な課題を抱えていることに注目しなければならない。水平的核拡散を防ぐことは、米ソにとって都合のよい国際管理体制を具体化することによって、米ソ中心の世界核秩序を構築することにあった。もし、米ソ英仏中以外の新しい核兵器国が出現したら世界核秩序はきわめて不安定なものとなると同時に、新しい核保有国との間で、あるいは非極保有国との間で核戦争が生起する可能性が存在していた。もしそうした国ぐにの間の核戦争では終わることなく、米ソもそれにまき込まれ、米ソ間の全面的核戦争につながる可能性があると想定されていた。こうした懸念は第二次大戦後に、東西冷戦が世界中で進展していく過程でも表出していた。米ソ間での核軍備競争が次第に高まるに応じて、とりわけアジア・アフリカ・中東・中南米の紛争地域での戦争を、米ソ間の直接的対決を避ける冷戦のためのハケ口としてきた。だが、そうはいっても米ソ核戦争に結びつくことを懸念せざるをえなかった。しかし、明確に米国はNATO諸国や日韓などの同盟国への拡大抑止政策をとることで、直接的・間接的に核戦争にかかわる可能性を増大させていくことになった。もちろん、米国の場合とは異なり明確なものではなかったが、ワルシャワ条約機構（WTO）諸国や中東の親ソ諸国に事実上の拡大抑止政策をとっていた。そうした意味で、米ソはともに同じ問題を抱えていた。

1968年にそうした水平的核兵器拡散を防ぐためのNPTが成立するときに重ねて、米ソ間の垂直的核兵器拡散は新しい局面を迎えていた。もちろん、この動きが完全に止まったわけではないものの、際限なく進展する核軍拡競争が大きく緩んできた。米国では、トルーマン政権、次のアイゼンハワー政権（ダレス国務長官）の大量報復戦略（ニュー・ルック戦略）、さらにケネディ・ジョンソン政権（マクナマラ国防長官）の柔軟反応戦略を遂行するなかで、ほぼ一貫して核軍事力の増大・強化をはかってきた。ソ連もとりわけキューバ危機を契機に米国の核戦略体系に大きく遅れをとっているとの危機意識から、ブレジネフ政権のもとで、戦略核戦力の拡大を猛烈な勢いで進めてきた。その結果、米ソ両国が早くも67・68年にかけてほぼ同規模（単なる量ではなく質の）戦略核戦力をもつ、いわば「核の手詰り」状況が表出するようになった。すなわち、この状況とは、米ソ両国のどちらかが相手側に最初に第１撃を行っても、相手の核報復力を破壊することができずに、その相手の核報復によって受け入れがたい破壊を避けることが不可能なので、相手の核報復を恐れて核攻撃を行うことができない状況を意味する。こうした状況は「恐怖の均衡」ともいわれているように、米ソ両国がおたがいに、いずれの側が先制核攻撃を行っていても自国の壊滅的打撃を防ぐことができないのだ。そこでは、実際に、一方が勝って、他方が敗けるというゲームは成り立つことなく、ゲームが行われれば、結果は「共倒れ」以外ない。核戦争のゲームでは、米ソ両国のうち、どちら側も自国がより多くの価値や利益を得て、相手がその分だけのそれらを失うという「ゼロ・サム」ゲームのルールは通用しない。あるいは、両者とも相互に攻撃を受けて、部分的に利得を失っても、途中で戦争を中止することは実際上、困難であり、両者とも壊滅的な状態で終わることになる。それぞれの国が核抑止に失敗して、核兵器が使用された場合、両国はどちらも核攻撃に対して各々の核兵器を使用して自国を防衛することは不可能である。核戦争が実際に生起したら、両国とも最後で、生き残りはまったく困難となる。リーマン・カズィンズが早くも1961年に明らかにしたように、国家は、戦争を宣言したり、戦争を始めるのではなく、自滅を宣言したり、自滅するのだ[48)]。

「核の手詰り」状況や「恐怖の均衡」状況、「相互自滅」状況などは、相互に確実に破壊し合う、つまり「相互確証破壊（MAD)」状況といい換えることができる。MAD は明らかに、核兵器が抑止して相手を強制する教義というよりも状況といってよい。米国にとって確証破壊力とはソ連によって第１撃（先制核攻撃）を受けた後でも残存する第２撃（報復）核戦力を意味する。「MAD は、いずれかが先制攻撃をしても相手の報復攻撃による壊滅的な損害を免れないという状況にあるため、利のない先制攻撃が生じにくい状況、すなわち『戦略的安定性』の一支柱をなす危機安定性が高い状況を意味する。大量の核兵器に依拠しているため、文字どおり『狂気』の沙汰であると批判されることが少なくないが、特に冷戦期の米ソに核廃絶を期待するのはあまりに無理がある以上、米ソ間に核戦争が生じにくい状況は重要な意味をもつものであった[49)]」。この段階での冷戦の局面に、米ソ関係が事実上、「相互確証破壊」関係として展開していくことになることで、危機的状況でありながらも一定の安定性が高まっているものの、米ソ関係の本質は、相互確証破壊をもたらすいつでも全面的核戦争が著しく生起しうる状況にあることを意味する。米ソ間の全面的核戦争が潜在的にもなくなったことでも、あるいは起こる可能性が低下して安定状況にあることを意味するのではない。米ソ両国が相互に確実に破壊する全面的核戦争がつねに起こりうる危機の常態化なり、構造化なのである。あくまでも危機の安定性であり、危機のない安定性ではない。米ソ間での戦争は、たしかにどちら側が勝利をするか、どちら側が敗北するかの戦争のゲームではなく、両国相互の自滅や絶滅のゲームでしかない。いや、そもそもゲームが成り立たない。

そう考えてみると、先にみてきた水平的核兵器不拡散の動向と、米ソを中心とする垂直的核兵器拡散の問題とは直接的な結びつきをもっている。MAD 状況にまで達した米ソの戦略核戦力拡散を一定規模で維持して、できるかぎり水平的レベルでの核兵器の拡散を防ぐのは、拡散に伴う米ソの関わりをもつことなしに米ソの核戦争の可能性をできる限り抑えようとする意図がみえてくる。米ソがMAD 状況に直面しているだけに、可能な限り核戦争に巻き込まれないようにしようとの試みの現れである。米ソ間での全面的核戦争が生起する可能性が弱くなったのでも、なくなったのでもない。核戦争が決して起こらなくなったのではなく、核戦争を安易に起こせなくなったことにほかならない。なぜなら米ソはMAD 状況のもとにあり、戦争したら自滅しかないからである。

そうしたMAD状況の日常化が進展しつつあるにもかかわらず、1969年1月に発足した共和党のニクソン政権は、一方で、マクナマラのめざしてきた戦略核兵器体系の全面的な再編・強化を引き継ぎ、カウンターフォース能力の向上を加速したのである。就任のわずか3か月後にメルヴィン・レアード国務長官は、ポセイドン・ミサイル体制を大幅に向上するための予算を要求し、米国の先制攻撃の意図を表明した。この提案は議会で否決されたものの、その後に姿を変えて表出した。同時に、ニクソンは、ソ連の核攻撃があった場合に、ソ連民間人の大量殺戮を命令することで次に米国人の大量殺戮が避けられないことが明らかでも、大統領はそれ以外選択することができないのか、また、確実破壊を狭義に定義し、多様や脅威の抑止能力を測る唯一の物指しとしていいのか、との理由で限定カウンターフォース能力の開発を命じた[50)]。米国では1950年代に、ソ連の対米攻撃があった際に、それにどう対応していくかの、単一統合作戦計画（SIOP）を採用してきた。ソ連からの攻撃が間近に迫ったとみえた時に、「すべてのマルクス＝レーニン主義者に対して3,267発にのぼる全核兵器を同時に使用する準備を整える計画であった。攻撃の対象とされた国にはソ連だけでなく、中華人民共和国、東ヨーロッパ、北朝鮮、北ヴェトナム、そして多分アルバニアも含まれていたであろう[51)]」。ところが、1950年代後半と60年代初頭においては、米国の対ソ先制攻撃は、北米の比較的小規模なダメージに留まっていただろうが、60年代半ばまでには、全面的核戦争において勝利を手に入れることは、理論的にみても不可能になりつつあった。「米国政府はつねに、拡大核抑止の信頼性の向上を試みてきた。SIOP（柔軟性を重視するような核戦争計画）を米国政府はつねにもっていた。ケネディ政権は、SIOP－63までの全面的見直しを命じた1960年代初頭から始められ、1974年から、65年の限定的な核オプションを重視した大規模な見直し（SIOP－5）を経て、ソ連の政治指導層を目標とするとともに、対兵力に改めて重点を置いたSIOP－6（1983年）の見直しが行われるまで進化し続けた」。また、1960年代半ば以降にソ連の長距離核戦力を無力化する理論的可能性がなくなった後には、ソ連の近代化によって無力化された同盟戦略の基盤を、西側諸国が続けて維持することを望んでいるかの重要な問題が出てきたのだ[52)]。そうしたSIOPの実質的な変容のなかでも、ニクソンはカウンターフォース能力の強化を重要視してきた。

他方で、ニクソン政権は、ベトナム戦争での敗北や国際的な政治・経済力の支配的地位の相対的低下のなかで、冷戦のデタント外交が模索された。ニクソンは、カウンターフォース能力の開発を求めながらも、ソ連との間で戦略核戦力レベルのほぼ均衡のとれた形をめざして核軍拡競争を一定の枠組みのなかで封じ込める姿勢を示す必要があった。戦略兵器制限交渉（SALT）は、1969年11月半ばに始まった。この交渉のはじまりは実質的に、核軍備を制限する米ソの努力について新しい重要性の開始の現れを物語っていた。また、SALT の開始は歴史をさかのぼってみれば、1946年に核兵器の撤廃および原子力の国際管理を求めるバルーク提案によって26年前に始まった、軍備管理交渉の長期にわたる過程における最近の歩みを示している[53)]。

ナッシュが述べているように、米ソは、二つの基本的目的を実現する見通しによって、SALT に参加する動機になっている、一つの目的は、米ソ両国が核戦争勃発につながる、緊張や不信感、敵意の状況に敏感だったことである。核兵器の備蓄量を制限する協定は、米ソの戦略的関係により大きな安定性に貢献し、そしてまた核戦争のリスクを減らす手段となっていることを示したのである。この目的は実に、1968年の NPT 成立の意図と一致していた。もう一つの目的は、戦略的軍備競争のとめどのない継続の必然的な一部であったコストを、すなわち、米国にとって国家予算の２／３を超える規模のコストを削減することだった。この目的の一つの側面は実際に、戦争の恐れを減らすことになる協定を支持する行動をとることによって、他国からみると米ソ両国の国際的地位や威信を高める願望があったことだ。もう一つの側面は、米ソ両国が、中国やフランスのような他の核保有国に対して軍備についての話し合いに参加し、あるいは少なくとも中国やフランスが軍備に対する国際的制約に敏感になることに役立ち始める、戦略的兵器の制限の先例となることを望んでいることである[54)]。

そうした目的を前提に進められた交渉の結果として、1972年５月に、第１次戦略兵器制限暫定協定（SALT －Ｉ暫定）と弾道弾迎撃ミサイル制限条約（ABM 条約）が締結された。一方、前者の SALT －Ｉ暫定協定の内容は、大陸間弾道ミサイル（ICBM）は、米国の1,054基対ソ連の1,618基に制限し、また、潜水艦発射弾道ミサイル（SLBM）は、米国の44隻・710基対ソ連の62隻・950基に凍結した。他方、後者の ABM 条約の内容は、ABM 設置場所を米ソそれぞれが２か所、200基にまず制限した。しかし、1974年７月の議定書で当初の条約の内容が大きく変更され、１か所のみで100基に制限されることになった。米国は、ノースダコタ州に建設を試みたものの、フォード政権は1975年にそれを中止している。ソ連の方はモスクワに ABM 網を配備した。

ところが、何よりも限定カウンターフォース能力の開発を重視するニクソン政権は、SALT －Ｉ暫定条約は十分に満足できるものではなかった。その協定が締結された直後にレアードは議会に「SALT に関連して修正すべき戦略計画」のリストを提出したほどである。つづいて8月には、両院協議会で否決されたものの、核弾頭の精度改良を求める政府提案をしている。J. シュレジンジャー国防長官は、議会の承認をえることなく、ミサイルの命中精度を改善する研究を認可さえしていた。ニクソンやシュレジンジャーは、大統領が限定カウンターフォース政策を選択性と柔軟性をもって目標選択を行うことができる、と強調した。そもそも、SIOP は、熱核戦争についての青写真であり、つねにカウンターフォース対応戦争が偶発的に起ることも含んでいた。シュレジンジャーが、米国はヨーロッパや朝鮮などで共産主義勢力の進出を阻止するには核兵器の先行使用を考えるだろう、と公式に認めていることが明らかになった[55]。

その一方で、核拡散問題が存在するなかで、米ソ二国間の抑止方式のみでは十分なものではないとの認識から、米ソ間のみの核軍備に関する協定のみでは不十分であるため、何らかの政治的意味をもつ約束ごとを結ぶことが模索された。その結果が、73年6月の「米ソ核戦争防止協定」であった。これは、米ソ両国の政策目標が核戦争と核兵器使用の危険の除去であるとし、核戦争を招くような事態の発生を防止し、軍事的対決を回避し、核戦争の発生につながる可能性を排除し、核戦争の防止を目的としている。

しかし、SALT－I 暫定協定と関連しているがそれ以上に大きな問題を抱えていたのが、ABM 制限条約であった。1960年代後半になって米ソは、それぞれが発射する戦略核弾道ミサイルを撃ち落とす ABM の開発を急いでおり、ソ連はいち早くモスクワ周辺への配備を進めていた。石川卓が述べているように、ABM 自体は防御兵器であるものの、その配備により相手側の報復攻撃に対する非脆弱性を強化した側の先制攻撃の誘因を増大させることになるのみか、ABM およびその防御網を突破するための ICBM や SLBM における軍拡競争を避けられないものと思わせた。この「ABM 条約はその配備を厳しく制限し、米ソがその国民の大多数を核攻撃から無防備なままにしておくことを意味するものであった。つまり、ABM 条約は MAD 状況を制度化し、危機安定性の維持に加え、戦略的安定性のもう一つの柱をなす『軍拡競争にかかる安定性』の確保にも適うものであった。しかし、自国民を敵の核報復にさらしておく上に、抑止失敗の場合には『相互破壊か、さもなければ降伏か』を迫られることになりかねないと考えられた MAD 状況の「非倫理性」に対しては、根強い嫌悪感が残った[56]」。ABM 条約は事実上、ソ連にとって有効なものでも、米国にとっては不利なものでしかないとして、それを軽視するようになった。そして前にみたように、フォード政権下の75年にその配備を中止している。また、SALT－Ⅰ暫定条約の抱える問題とABM条約をめぐる問題を結びつける形で、シュレジンジャー国防長官を中心に対都市戦略ではなく対兵器戦略であるカウンターフォース攻撃政策が強調されると同時に、戦略兵器の個別誘導多弾頭（MIRV）化や戦略兵器の命中精度の向上などの質の強化が進められた。

そうした動向を受けて、民主党のカーター政権のもとで1979年６月に第二次戦略兵器制限条約（SALT－Ⅱ条約）が成立した。このSALT－Ⅱ条約では戦略核兵器の質的制限を試みて、ICBMやSLBM、戦略爆撃機の規制上限として2,250基、そのうちMIRV化ICBMの上限を820基、これにMIRV化したSLBMを加えた上限として1,200基、これに空中発射巡航ミサイル（ALCM）搭載爆撃機を加えた上限は1,320基とした。しかし、ミサイル搭載可能な弾頭数や投射重量に関する制限については一切なかった[57)]。ところが、同年12月にソ連軍のアフガニスタン侵攻事件が発生するなかで、米国議会によるSALT－Ⅱ条約の批准は困難となり、それに代って、80年８月にカウンターフォース攻撃のみならず、戦争を早期に終結させるため、ソ連指導部に初期の段階で決定的な攻撃を加えることをめざす、大統領指令59号が出された。これは相手側からの報復で大きな打撃を受ける前に、ソ連に圧倒的な打撃を与えることで一方的な事実上の勝利を見込んだ構想である。ソ連指導部への早期攻撃が実際に、米国にとって好ましい結果につながるかどうかは不確実なものであり、この問題をめぐる議論は明確な答えは出なかった。

ソ連軍のアフガニスタン侵攻事件が起きたことで、米国の描く世界秩序への重大な挑戦という新しい局面に対して米国は決定的な対ソ対決の姿勢が問われることになり、いわば「新冷戦」とか「第二次冷戦」と呼ばれる東西冷戦の復活であった。だが、こうした事態は、ほぼ同時期の1979年７月に起きたイラン（イスラム）革命の成功と連動していた。このイラン革命の成功は、米国が主導する世界秩序に対するもう一つの根源的な挑戦を意味していた。これまで米国の対中東政策はイランの親米的なパーレビー国王の存在に大きく依存していた。イラン革命の成功でパーレビー体制が崩壊するばかりか、湾岸諸国へのイラン革命の波及という危機的状況が拡大することになった。イラン革命成功の直後に、革命政権が米国へ亡命したパーレビー国王のイランへの帰還を求めるなかで、イラン学生がテヘランの米国大使館に突入し、その大使館員を人質にとる事件が発生した。カーター大統領はさまざまな方法でこの人質事件の解決に努力を払ったが、長期にわたって解決することができなかった。80年11月の大統領選挙で共和党の候補者のレーガンは、何もできない、無能な「弱い国家」から、すべての問題を解決できる、「強い国家」へ転換することをうたい文句で圧勝したのである。

実は、「弱い国家」の象徴は、米国が大使館員人質事件を解決できなかったことだけではなかった。それ以上に決定的理由は、ソ連のアフガニスタン侵攻事件を米国が防ぐことができなかったし、またこの問題の解決に決定的な役割を果たすことができなかったことだ。また、この事件が起こる前の1977年頃から米国を無視して一方的に、WTO 諸国へ次から次へと膨大な量の中距離核ミサイルを配備していったことであった。米国を無視して次々に思い通りに挑戦的な行動をとっている背景にある重大な理由は、70年代後半においてソ連の戦略核体系が米国のそれより優位な立場を確立しており、もう米国は恐れる必要な相手ではなくなったとみなしているのではないか、と米国の政策決定者や軍部は判断したようだ。政治的にも軍事的にも弱くなった米国では、テヘランの米国大使館員人質事件も解決できないし、また、ソ連軍のアフガニスタン侵攻にも、さらに、WTO 諸国への中距離核ミサイルの大量配備にも、反対したり、対抗することができない弱い国となったとみるほど、ソ連は自信過剰に陥っているのではないかと理解したのである。ソ連が実際に、ソ連に比べて米国を弱い国になったとみたかどうかは明言できないが、少なくても、ソ連の行動に対し米国は直接的にまた積極的に阻止したり、介入することはできない、と米国をみていたと思われる。いずれにしても、そうした事態に直面して、政策決定者や軍部、多くの国民は、政治的・軍事的に「強い国家」として再生することがきわめて必要であるとの認識が一般化するようになった。とくにソ連との関係では、米ソ間の MAD 関係を克服するためにソ連をはるかに凌駕する戦略・戦域核体系の再構成が何よりも重要である。なぜなら、ソ連は大型 ICBM の MIRV 化を積極的に押し進めるばかりか、WTO 諸国への大規模な INF（新型 SS −20）の配備を積極的に展開しており、MAD 関係の打破を試みている。「弱い国」のままであれば、ますますソ連の攻撃を抑えることが困難となり、ソ連の戦略・戦域核体系に対抗できる軍事的「強い国」つまり超核大国の再建を急ぐ必要があった。一方で、ソ連の東ヨーロッパ地域への中距離核ミサイル SS −20の配備に対抗して、米国はパーシングⅡや巡航ミサイルという戦域核を大量に NATO 諸国へ配備した。他方で、1981年10月に、「国家安全保障決定指令13号（NSDD13）を策定し、核戦争を180日間という長期にわたって戦い勝利する方針や、命中精度の高い大型の MIRV 化 ICBM の新規導入を含む核近代化計画の推進などを打ち出した」。また、シェルターなどの「消極防御」やミサイル防衛などの「積極防御」の強化による抑止効果の向上も求められた[58]。

前者の米国による西ヨーロッパへの大量の中距離核ミサイル配備に対して、ソ連側はSS－20の配備を中断するどころか、米国の配備に対抗してさらに多くのSS－20を配備したことで、止めどもない配備競争が展開されることになり、東西ヨーロッパ諸国を巻き込んだ米ソ間の緊張が一気に激化することになった。ヨーロッパで戦域核戦争がいつ起きてもおかしくないほどの危機が高まった。この危機的状況はよく、キューバ危機以上のものだったといわれるほどのものだった。もちろん、この危機はヨーロッパでの局地核戦争で終わらず米ソの全面的核戦争へとつながるとの懸念が一部ではあった。この中距離核戦力（INF）問題は、放置しておくことができないほど米ソ間の最重要な問題となってきたために、1979年12月開催のNATO理事会で、米国がSS－20ミサイルの撤廃・削減を求めてソ連と交渉し、失敗した際には、米国がNATO諸国にパーシングⅡはじめINFを配置することを決定した。それに基づき、米国の方からソ連に話し合いを申し入れて交渉に入ったものの、何の成果もえることもなく、２年後に中断されることになった。その後83年末に米国は西ヨーロッパへのINF配備を始めた。

後者の動きの流れのなかで大きな波となったのが、1983年３月にレーガンが「戦略防衛構想（SDI）」を打ち出したことである。SDIは、ソ連から米国に向けて発射された大量の核ミサイルを、米国本土に到着する前に、宇宙空間に配備されたレーザー兵器などを駆使して、発射直後のブーストの段階から、最後の大気圏再突入の４段階に分け、それぞれの段階でICBMを確実に制御して無力化することをめざす「戦略防衛構想」と主張しているが、実際には「戦略攻撃構想」にほかならないといってよい。なぜならば、ソ連が米国に向けた第１撃（先制）としてのミサイル攻撃をしても、あるいは第２撃（報復）としてのミサイル攻撃であれ、一基のICBMは米国本土に到達することができない。ソ連側が米国と同様なSDIをもっていなければ、ソ連に向けた米国側の第１撃（先制）としてのミサイル攻撃にしても、あるいは第２撃（報復）としてのミサイル攻撃であれ、ソ連に大規模な被害を確実に与えることができる。レーガンのSDIは明らかに、米国のみが一方的に得をする、事実上の「戦略攻撃構想」にほかならない。SDIは実際には、米国側の一人勝ちの、ハイテクの戦略的攻撃システムであるものの、政治的には超低度なシステムにすぎない。したがって、本質的にこうした矛盾のシステムであるところから、ソ連側から厳しく反発を受け、INF問題とともに、米ソ間の核軍備管理をめぐる交渉に大きなトゲとなって、交渉の手詰り状態を招くことになった。

米国側がソ連側に対抗して、MAD状況から抜け出すために、より強力な核抑止戦略体系を構築しようと試みても、MAD関係状態を強化させるだけで、何の問題解決にもならない。なぜならば、相手のソ連も基本的には米国と同様な核抑止戦略体系を強化しているからだ。米ソがともに、MAD状態のなかで有利な地位を求めている限り、そのMAD状態を強めることすれ、弱めることがない。すなわち、MAD状態の維持を積極的に求めていることをやっているのだ。したがって、米ソがともにMAD関係を変えようとするには、構造として、あるいは状況としてのMAD関係を基底している核抑止戦略を非核抑止戦略へ変革していく方向を模索しなければならない。もちろん、前者から後者への変革は容易でないことはいうまでもない。懲罰的抑止や拒否的抑止であれ、またカウンターフォース攻撃やカウンターバリュー攻撃であろうと、対兵器戦略や対都市戦略であろうと、あるいはMADであろうと、その本質は核抑止戦略（理論）のいち側面でしかない。何らかの核兵器によって相手の行動を抑止するなり、相手の攻撃や戦争を阻止する戦略なり、政策なり、理論である。そこには非核抑止力は存在していない。さまざまな軍備管理や軍縮は意味がないといっているのではない。核抑止戦略を前提とした、あるいはその戦略と結びついた軍備管理や軍縮が問題なのである。核軍縮でもつねに核兵器を実際になくしていく方向性をもっていることが必要なのだ。NPTやSALT－Ⅰ・Ⅱ、ABM条約にしてもそうした観点からその有用性が検討される必要がある。

7　冷戦構造の変容・崩壊と核抑止戦略

1981年に政権を担当した共和党のレーガンは、「強い国家」米国を再建を模索するとともに、同時にソ連に対抗してMAD関係を米国優位の形で組かえていくために対ソ強硬姿勢を貫いた。そのなかで、ソ連のSS－20に対抗して膨大な量のパーシングⅡと巡航ミサイルを配備し、INFをめぐる激しい軍備競争を推進していった。その一方でSDIを打ち出して、ソ連に対して米国の核戦略体系の優位性を訴えた。ところが、INF配置競争は実際には、米ソ両国の軍事的緊張を高め、両国の関係の悪化を強めたばかりか、ヨーロッパでの戦域核戦争の危機を高めただけで、両国にとって政治的にも軍事的にも何らの成果を収めることができなかった。そうしたヨーロッパでの局地核戦争の危機に直面したNATO諸国は、米国への不信を著しく高め、ヨーロッパ諸国で長期にわたる反核反戦運動が激しく展開されることになり、反米・反ソ意識も強まった。米国に残されたのは、耐えがたいほどの膨大な軍事費と危機的な財政の悪化であった。また、大きく落ち込んだ経済の再建をはかっていくためにも、第一次レーガン政権の最大の課題は、ソ連との関係改善をはかり、本格的な核軍縮交渉の推進であった。

この課題の解決のためには、米ソのMAD関係の枠組みを前提に米国にとって有利な核戦略抑止体系を確立をめざすのではなく、その枠組み自体の何らかの根本的改変が必要であった。そのことは同時に、ソ連側でもMAD関係の枠組みを積極的に改変していこうと求める条件や動きをとる必要性があった。第二次レーガン政権の成立とほぼ同じ時期の1985年３月に、ソ連の保守派に代って改革派のゴルバチョフ政権の誕生であった。当時のソ連は、政治的腐敗が大きく進み、官僚体制がほとんど機能不全に陥り、財政は極度に悪化しており、社会の安定性を大きく喪失し、また、経済活動は滞り、生産力の致命的な低下によって国民の生活水準は大幅に落ち込み、そのため国民の不安・不満が際限なく高まっていた。ソ連は事実上、政治的、経済的、また社会的にアナキー状態であった。こうしたいわば最悪の状況のなかから、全面的社会改革を志向するゴルバチョフを中心とする改革勢力の登場であった。ペレストロイカを成功させるためにも、ソ連をめぐる国際環境を対立的なものから友好的・協調的なものに作り変えねばならなかった。当然、その中心が、米ソ関係の本格的な関係改善であり、また具体的には、米ソ間の核戦力の全面的軍縮を実現していくことだった。軍事費の大幅削減が緊急の課題であった。ここに、レーガン政権が抱える課題とゴルバチョフ政権のそれとが重要な点でほぼ一致することになった。

こうして米ソ関係の改善を求める舞台が創られるなかで、早くも85年から86年、87年と核兵器の軍縮交渉のための首脳会談が実現することになった。米ソ間での包括的軍縮交渉開始の合意に基づき、85年11月ジュネーブで６年半ぶりに米ソ首脳会談が開催された。この時は、両国の軍縮交渉に当たり問題提起され、具体的成果がなかったものの、それぞれ１万発の弾頭数を超えた戦略核ミサイルの問題や先制攻撃の考え方に関わる問題、戦略核兵器の50%削減問題などについての何らかの解決策の必要性の共通認識が生まれた。次の米ソ首脳会談が86年10月にアイスランドの首都レイキャビクで開催された。ここでの交渉はかなり順調に進み、戦略核兵器の半減基本合意、INFの全廃が決まると思われたが、SDI問題がネックとなって交渉は何の成果を得ることなく失敗に終わった。それでも、何らかの重要な軍縮の成果をあげる必要性から、87年12月にワシントンで第３回目の首脳会談をもった。その結果、やっと「米ソ中距離核戦力（INF）全廃条約」

の調印に至った。SDIの問題が残っており、また、東ヨーロッパだけでなくロシア・アジアに配置されていた部分も含んでおり、ソ連に不利な内容であった。それでも、ゴルバチョフの核兵器の軍縮については早くから強い関心をもっていた。事実、政権成立の85年3月直後に、ゴルバチョフは一方的に、INF配備凍結と核実験凍結を表明していた。また、「新思考外交」路線を推進していくなかで、INFの軍縮交渉の重要性が認識されていた。このINF全廃条約で全廃されるINFの量は、全核兵器貯蔵量の1～5％ときわめて少ないといえ、冷戦とMAD関係にある米ソ関係に及ぼす影響は決定的なものだった。このINF全廃条約の成立は、東西冷戦構造の変容・崩壊へつながり、また、米ソのMAD関係枠組みを大きく変容させていく、象徴的出来事にほかならない。

実際、第一次レーガン政権成立の米ソ間の核戦力をめぐる対決・緊張はヨーロッパでの局地核戦争の危機を引き起こすほどのものだったが、この条約の締結で、急激に緩和状態を形成していった。これを契機に米ソ関係改善は予想を超える順調に進展することになり、冷戦構造の終焉とMAD関係の変容を早めた。その間、米ソの信頼関係が大幅に増成され、米ソ間の問題ばかりか、世界各地の紛争や問題の解決に協調して関与するまでの友好的関係を構築していった。レーガン政権を引き継いだG. W. ブッシュ政権は、その関係をさらに進め、89年にマルタで開かれたブッシュ・ゴルバチョフの米ソ首脳会談で、冷戦の終焉を宣言するまでになった。さらに、82年6月に開始された戦略兵器削減交渉はしばらくの間動きはなかったものの、90年6月のワシントンでの首脳会談で戦略兵器50％削減で基本合意を得た上で、91年7月モスクワでの首脳会談で史上初の「第1次戦略兵器削減条約（START－I）」を調印するまでになった。要するに、「冷戦の敵（米ソ）は、大規模な報復を駆りたてるように調整されている核態勢をとることによって、最大限抑止を追求したのである[59)]」。したがって、米ソ間の冷戦対決状況の変容・終結は同時に、米ソのMAD関係の基本的枠組みの大幅な変容を意味する。

8　核抑止力と非核抑止力

こうして人類世界絶滅の可能性をつねに創出してきた核戦争の危機は、完全ではないものの、冷戦構造崩壊および米ソMAD体制が変容するとともに、やわらぎ、また低下し、後退していった。たしかに、第二次大戦後からソ連邦解体の1991年までの間、何度かの核戦争生起の危機に直面してきたが、核戦争は実際には発生することはなかった。しかし、冷戦の長い間の平和は、核兵器の存在とその機能、つまり核抑止戦略（理論）によって可能であったとも、あるいはなかったとも科学的に証明することはできない。あるいは、核兵器以外の別の要因の存在とその機能、つまり非核抑止力によって可能であったとも、あるいはなかったとも十分確実にまた客観的に証明することもできない。せいぜいいえることは、核兵器の使用を核兵器によって抑止することがあるかもしれないし、なかったかもしれないとか、また、核兵器の使用を非核要因で抑止することがあるかもしれないし、なかったかもしれないとかである。だが、もし後者がまったく作用しなければ、核戦争の危機は克服できなかったであろう。

核兵器ではなく、非核兵器による抑止、つまり非核抑止力とは一体どのようなものなのか。非核抑止力とはどのようなものなのかを明確に区別することはできないし、あまり意味があるとはいえないが、一応、思想（規範)、政策決定過程（政策決定者・国内条件)、運動、そして制度の四つに分けてみることができる[60)]。思想あるいは規範としては、平和主義、平和思想、道徳、人道主義、平和理念、規範、正義、宗教など、きわめて抽象的なものでありながらも、日常的に、偏在的に存在して、人びとの一定の考え方や見方、判断、行動の指針、目的、理想の在り方を規定したり、あるいはその際に影響を及ぼすことができる潜在力といってよい。例えば、日本国憲法の平和主義やとくに９条の平和理念がいかに現実的に世界平和の実現に貢献してきたか、また貢献しているかをみることは容易である[61)]。この理念や規範は、政策決定者や国内条件、運動、制度などに直接・間接に影響を及ぼし、連動関係にある。

第２の政策決定過程（政策決定者・国内的条件）とは、戦争・平和の在り方を判断したり認識し、それに基づいて対応・決定・行動を選択する場合に、政策決定者の思想や判断、実行力、国内社会への影響力、また、政策決定者に影響を及ぼしたり、規制する国内条件は重要な意味をもっている。ほとんどの平和・戦争の原因は、「政治家の敵対する権力の成長についての認識や、消滅でなくても、彼ら自身の制約に対する恐れ[62)]」のなかにみつけ出すことができる。それを包む形での政治体制、経済体制、社会構造、文化、軍・産・官・学・技複合体の存在なども国際システムの戦争や平和の在り方に一定の影響を及ぼすことが明らかだ[63)]。

第３は平和・反戦勢力（世論）や反核反戦運動の存在である。この勢力と運動こそが核抑止戦略（理論）に内在する矛盾からの核戦争勃発の危機を回避し、核兵器使用を核兵器で抑止するのではなく、非軍事力で抑止することができる。いわゆる平和的抑止力となりうる条件は、非同盟諸国勢力や中立主義勢力、国内・世界世論、反戦・平和運動、反核・反（核）戦、多種多様な政府間・非政府間国際組織（制度）、国際組織などである。核兵器そのものよりも、人間の意識、国民意識・人類意識が核戦争の勃発を防ぎ、「長い間の平和」を支えてきたのである。

第４は平和的制度や平和レジュームである。これらが「長い間の平和」を創り、維持する機能を果たしてきた。この条件は第３の条件と関連しているが、米ソ間で、東西間で、またそれらと第三者との間で、「長い間の平和」を可能にし、また維持するための、行動主体の戦争へつながる行動を規制したり、管理するための手続き、ルール、制度、習慣などからなるレジュームが形成され、冷戦がその緊張を著しく高めたり、また、熱戦化の危機をコントロールしたり、規制したり、また解決してきた。例えば、J. ナイは、さまざまな問題領域で自国の行動様式や国家間関係様式をルール化していく米ソ間の安全保障レジュームの形成を可能にする「核の学習効果」を強調する[64]。核の不使用の学習を通して熱戦化する危機を克服してきた。また、J. ミューラーの「一般安定性」を過去の戦争から学ぶことで人びとが戦争に対する意識や状態を変化させ、戦争回避志向性を高めていくことによっても、核兵器の出現にもかかわらず、これまでの戦争一般に対する否定的態度の形成によっても、大国間の「長い間の平和」を実現したという主張[65]も部分的に認めることができる。しかし、大国間の「長い間の平和」には、敵対する両者の全滅の可能性をもつ存在意義が大きいことは否定できない。従来の通常兵器によっては大国間レベルでの「一般安定性」を維持することは容易ではなく、「一般安定性」を強化して「長い間の平和」を支えるのが皮肉にも核兵器にほかならない。同時に、その核兵器の使用を規制した一要因が、国際レジュームなり、「一般安定性」であったことも認められよう。したがって、それらの条件も非核抑止力の一部としてみてよい。今日では、この国際レジュームもまた１から４までの諸条件を含めて、核戦争の危機を抑止したり、統治する包括的な枠組みを、グローバル核兵器ガバナンスといってよい。あるいは、グローバル・レベルの非核抑止力を「平和のグローバル・ガバナンス」とみてもいい。

その一方で、1945年以来米国によって核兵器が使用されなかったのは、核抑止だけではなく、核使用を禁止する強力なタブー（禁忌、禁制）も重要である、との見方も存在している。ニナ・タネンワルドは、核兵器の不使用は核時代の単一の最も重要な現象のままであるという。核兵器の使用に反対する強力なタブーは、核兵器を受け入れがたい兵器として非難するグローバル・システムにおいて発達してきた、という[66]。タネンワルドのタブーの三つの特別なメカニズムは、米国の政策において有効であった。国内世論や世界世論、個々の指導者の個人的な道徳的信念などである[67]。そうした核のタブーは、どちらかというと法的規範というよりも道徳的である。核兵器の使用をとくに違法とするような国際条約はたしかに存在していない。なにか具体的な形をもったものというより、規範的なものといってよい。タネンワルドが主張するように、禁忌はたしかに、核不使用の強力な条件であるといってよい。しかし、決して単一の最も重要な現象ではない。タブーはまさに包括的な非核抑止力の一つである。

核抑止問題の基底には、「核戦争を防ぐには、核戦争に備えよ」命題を基礎とする核兵器に対する核兵器による抑止である。しかし、「核戦争を防ぐには、平和に備えよ」命題を基に核兵器に対して非核抑止力による抑止である。一方、前者では核兵器によって核戦争を防ぐ以上、核兵器はつねに存在しなければならず、永遠になくならない。他方、後者の場合では、核兵器を非軍事力で抑止するので、核兵器はなくなる可能性がある。まさに「平和に備えよ」とは、非核抑止力で核兵器の使用（核戦争）を抑止することから、「核（兵器）のない世界」の実現する可能性が出てることになるといえよう。

1）ピエール・ルルーシュ／三保元［監訳］『新世界無秩序』NHK 出版、1994年、98－99頁。

2）Cortright, David, *Peace：A History of Movements and Ideas*（Cambridge：Cambridge University Press, 2008), p. 127.

3）*Ibid.*, p. 128.

4）*Ibid.*, pp. 128－29.

5）ジョセフ・ロートブラット「核兵器廃絶への過去の試み」（ジョセフ・ロートブラット、ジャック・シュタインバーガー、バルチャンドラ・ウドガオンカー編／小沼通二、沢田昭二、杉江栄一、安斎育郎［監訳］『核兵器のない世界へ』かもがわ出版、1995年）19頁。

6）同上論文、19－20頁。

7）木村朗＋高橋博子『核の戦後史―Q＆Aで学ぶ原爆・原発・被ばくの真実―』創元社、2016年、39－56頁；ウォード・ウィルソン／黒澤満［日本語版監修］・広瀬訓［監訳］法律文化社、2016年、25－57頁参照。

8）See Nash, Henry T., *Nuclear Weapons and International Behavior*（Leyden：A. W.

Sijthoff, 1975), pp. 59－63.

9）Cortright, David, *op. cit.*, p. 129.

10）*Ibid.*, p. 130.

11）Woodliffe, John, "Nuclear weapons and non-proliferation：The legal aspects," in Pogany, Istvan Pogany, ed., *Nuclear Weapons and International Law*（Aldershot：Avebury, 1987), p. 84.

12）Cortright, David, *op. cit.*, p. 131；ジョセフ・ロートブラット、前掲論文、21頁。

13）ジョセフ・ロートブラット、前掲論文、22頁。

14）同上。

15）Woodliffe, John, *op. cit.*, p. 85.

16）Cortright, David, *op. cit.*, p. 132.

17）*Ibid.*, pp. 132－33.

18）ラルフ・E.ラップ／八木勇訳『核戦争になれば』岩波書店、1963年、35－38頁参照。

19）同上書、40－43頁参照。

20）ジョン・ルイス・ギャディス／赤木完爾・齊藤祐介訳『歴史としての冷戦―力と平和の追求―』慶應義塾大学出版会、2004年、363－64頁。

21）桃井真「大量報復戦略」（川田侃・大畠英樹編『国際政治経済辞典』〔改訂版〕、東京書籍、2003年）473頁。

22）ラルフ・E.ラップ／八木勇訳、前掲書、43－44頁。

23）ジョン・ルイス・ギャディス／赤木莞爾・齋藤祐介訳、前掲書、366頁。

24）同上書、370－73頁参照。

25）Craig, Cambell, "The Nuclear Revolution as Theory," in Booth, Ken and Toni Erskine, eds., *International Relations Theory Today*, 2nd ed（Cambridge：Polity, 2016), p. 144.

26）ジョン・ルイス・ギャディス／赤木完爾・齊藤祐介訳、前掲書、377－81頁参照。

27）K. J.ホルスティ／宮里政玄訳『国際政治の理論』勁草書房、1972年、495－97頁参照。

28）豊田利幸『新・核戦略批判』岩波書店、1983年、48頁。

29）同上書、48－49頁。

30）ヘンリー・キッシンジャー／伏見威蕃訳『国際秩序』日本経済新聞出版社、2016年、378－79頁。

31）石川卓「核と安全保障」（防衛大学校安全保障学研究会編：武田康裕＋神谷万丈責任編集『安全保障学入門』新訂第５版、亜紀書房、2018年）255－56頁。

32）ジョン・ルイス・ギャディス／赤木完爾・齊藤祐介訳、前掲書、389－92頁参照。

33）ラルフ・E.ラップ／八木勇訳、前掲書、44－48頁参照。

34) Ziegler, David W., *War, Peace, and International Politics*, 3rd ed (Boston : Little, Brown and Company, 1984), p. 231.
35) R. C. オルドリッジ／服部学訳『核先制攻撃症候群―ミサイル設計技師の告発―』岩波書店、1978年、30－31頁。
36) K. J. ホルスティ／宮里政玄訳、前掲書、497－99頁参照。
37) ジョン・ルイス・ギャディス／赤木完爾・齊藤祐介訳、前掲書、422－23頁。
38) ウォード・ウィルソン／黒澤満（日本語版監修）・広瀬訓（監訳）『核兵器をめぐる５つの神話』法律文化社、2016年、78頁。
39) 同上書、84頁。
40) ジョン・ルイス・ギャディス／赤木完爾・齊藤祐介訳、前掲書、473頁。
41) Ziegler, David W., *op. cit.*, pp. 232－33.
42) R. C. オルドリッジ／服部学訳、前掲書、32頁。
43) 同上書、32－33頁。
44) 豊田利幸、前掲書、88－89頁。
45) ヘンリー・キッシンジャー／伏見威蕃訳、前掲書、383頁。
46) Greitens, Sheena Chestnut, "Nuclear Proliferation," in Baylis, John, Steve Smith, and Patricia Owens, eds., *The Globalization of World Politics : An Introduction to International Relations*, 4th ed (Oxford : Oxford University Press, 2008), p. 381.
47) 佐藤栄一・櫻川明巧「核兵器不拡散条約（NPT）」（川田侃・大畠英樹編、2003年）、119－120頁。
48) Consins, Norman, *In Place of Folly* (New York : Harper, 1961), pp. 107－108.
49) 石川卓、前掲論文、258頁。
50) R. C. オルドリッジ／服部学訳、前掲書、33－34頁。
51) ジョン・ルイス・ギャディス／赤木完爾・齊藤祐介訳、前掲書、419頁。
52) コリン・S. グレイ／大槻佑子訳「核時代の戦略―アメリカ（1945－1991年）―」（ウイリアムソン・マーレー、マクレガー・ノックス、アルヴィン・バーンスタイン編／石津朋之、永末聡監訳・歴史と戦争研究会訳『戦略と形成（下）―支配者、国家・戦争―』筑摩書房、2019年、503－504頁。
53) Nash, Henry T., *op. cit.*, p. 103.
54) *Ibid.*, pp. 108－109.
55) R. C. オルドリッジ／服部学訳、前掲書、34－37頁参照。
56) 石川卓、前掲論文、259頁。
57) 櫻川明巧「戦略兵器制限交渉（SALT）」前掲辞典、446－47頁。
58) 石川卓、前掲論文、260－61頁。

59) Blair, Bruce G., *Global Zero Alert for Nuclear Forces* (Washington, D. C.: the Brookings Institution, 1995), p. 1.

60) 星野昭吉『グローバル社会の平和学—「現状維持志向平和学」から「現状変革志向平和学」へ—』同文舘出版、2005年、157－160頁参照。

61) 星野昭吉『戦後の「平和国家」日本の理念と現実』同文舘出版、2017年、279－87頁参照。

62) Haward, Michael, *The Causes of Wars* (Cambridge: Cambridge University Press, 1983), p. 18.

63) See Kozk, David C. and James M. Keagle, eds., *Burocratic Politics and National Security: Theory and Practice* (Boulder: Lynne Rienner, 1988).

64) See Nye, Joseph S. Jr., "Nuclear Learning and U. S. –Soviet Security Regimes," *International Organization*, Vol. 41, No. 3 (1987), pp. 371－402.

65) See Mueller, John, *Retreat from Doomsday: The Obsolescence of Major War* (New York: Basic Books, 1989).

66) Tannenwald, Nina, *The Nuclear Taboo: The United States and the Normative Basis of Nuclear Non-Use* (Cambridge: Cambridge University Press, 2008), pp. 1－2.

67) *Ibid.*, pp. 47－50.

第4章

「第二次核時代」における「核の忘却」から「核の復権」への展開

1 はじめに ―「核の忘却の時代」から「核の復権の時代」へ―

東西冷戦構造を構成し、主導する米ソ超大国が支配してきた、ほぼ1945年からソ連邦崩壊の91年までつづいた「第一次核時代」は事実上、冷戦の終焉とともに相互確証破壊（MAD）関係の変容によって終わった。もちろん、「第一次核時代」の終わりは実際に、「核時代」そのものが終わったのではなく、「核時代」の変容した新しい局面をもつ段階に入ったことを意味する。「核時代」とは究極には、巨大な破壊力をもつ核兵器による戦争によって、人類世界の絶滅の危機あるいはその可能性のある時代、と捉えてきた。きわめて単純にいうならば、「第二次核時代」初期においては、核戦争および人類世界絶滅の危機が相対的に低下すると同時に、核兵器および核抑止論・戦略の世界平和・安全保障機能の変容の時代といってよい。

たしかに、冷戦構造崩壊後の「第二次核時代」初めの核戦争の危機をめぐる世界平和・安全保障環境が大きく変容したことは否定することができない。「モスクワとワシントンは、まだ世界最大の核兵器庫を所有しているが、最近、国際政治環境は激変している。米ロ両国は今は、特別の敵対関係にはなく、また、近い将来に大規模の核紛争の危険性も小さいようだ。しかし、その他の点にいては、国際環境は冷戦時代よりもずっと危険なものである。世界は『第二次核時代』に移行しており、そのなかでは核兵器はきわめて危険かつ不安定なレジュームを含めて、より多くの国へ水平的に拡散していくことになる。したがって、いつか起こる核戦争の可能性は、『第一次核時代』の場合よりも現在ずっと大きい[1)]」。冷戦時代崩壊に伴い、核戦争の危機をめぐる世界平和・安全保障環境の変容は実際的に、冷戦後の核抑止論・戦略環境の変容を意味する。「第二次核時代」に支配的であった米ソの全面的核戦争の危機を抑止する理論的・戦略的枠組みが変容したことにより、冷戦後の「第二次核時代」において、この枠組みをそのまま通用ことは明らかに困難なことになり、新しい核抑止関係に適切に対応しうる核抑止論・戦略が必要となることはいうまでもない。

「第二次核時代」において、米ソ間の対称的な全面的核戦争の危機の相対的低下に伴って、より多くの国への核拡散の動きが強まってきたことは、それだけ核抑止の対象が多元化し、また、複雑な問題を抱えることを意味する。すなわち、抑止すべき脅威の対象が特定のものではなく、著しく分散化・多元化すると同時に、それらに対応する抑止の方法・手段・政策・戦略も多元化・複合化したことが明らかとなってきた。高橋杉雄は、冷戦終結と核抑止戦略の戦略的前提の変化を次のように適切にまとめている[2)]。

⑴　グローバルな冷戦と地域情勢とのリンクの切断：冷戦期においては地域紛争が生じた際、米ソの直接的な武力紛争や核戦争にエスカレートする可能性があったが、グローバルなエスカレート・ラダーと地域情勢が切断されたのである。核抑止戦略が適用されうる対象が多様化したことで、とりわけ米国は、地域情勢に抑止力のあり方を適応させる必要が出てきたのである。

⑵　通常戦略における劣勢の消滅：冷戦期のような米ソ間の対立関係は大幅に緩和されたが、その一方で核拡散のリスクが深刻化し、地域覇権をめざし核開発を進める国家に対する抑止態勢の強化の必要性が認識されることになった。1990年代から2000年にかけて、ミサイル防衛システムの開発・推進と情報技術における革命、あるいは軍事力のハイテク化・情報化の進展を背景に、核兵器を使用することなく地域紛争に十分に対処できるようになったことだ。

⑶　核拡散の進展：1991年の湾岸危機・戦争前後のイラクの核開発の疑惑、また1993～94年の北朝鮮の核開発疑惑の発生に際し、核拡散が進行し、核兵器に関する平和・安全保障問題を米ロ両核兵器超大国のみでは管理・解決できない状況が表出してきた。地域紛争が激化して核兵器使用の可能性を懸念せねばならない情勢を無視できなくなったのである。

⑷　冷戦後の新たな「戦略的安定性」：米ロ間に、「冷戦的対立なき戦略的安定性」が成立したことである。冷戦終結後も、戦略核戦力における米ロ両核超大国の圧倒的優位体制を継続すると同時に、かなりゆるやかになったといえMAD体制は継続しながらも、非脆弱な第２撃能力に基づく戦略的安定性の維持に基づく核軍備管理体制が形成されたのである。

そうした冷戦終結の核抑止戦略をめぐる前提条件の変化が実際に、「第二次核時代」の特性を構成している。これらの特性が、「第二次核時代」における、第一次核抑止戦略の変容した新しい核抑止戦略の基本的枠組みを構成すると同時に、垂直的核拡散と水平的核拡散の基本的枠組みを規定する。これらの二つの基本的枠組みとは、統合的・単一的なものであることを意味しない。反対に、むしろ多元的・多様的・複雑な枠組みである。それだけに前述したように、抑止の対象が多元的、多様的・複雑的であるだけに、多種多様なそれぞれの抑止対象に最も十分に適合する抑止（「テーラード抑止」）が要求される。これまでのように軍事力や戦力の視点からの抑止戦略ではなく、政治的・経済的・社会的・文化的条件などの総合的観点からの抑止戦略へのアプローチの重要性が強調されている。今日の核抑止戦略についても、「テーラード抑止」が求められている。こうした「第二次核時代」の抑止の在り方は1996年に、K.ペインによって主張されている。ペインは、冷戦後に表出したいくつかの地域の国ぐにの脅威に対して適切に抑止できる政策の信頼性を高めていくためには何よりもまず、脅威を生み出す敵の性格や動機、決意、政治的文脈などの知識の獲得である、という[3)]。既存の敵とは異なる新しく表出してきた敵に対する抑止政策は、その敵のさまざまな特質に適正に見合ったものでなければ十分に適用しない。適用するためには、敵の存在を規定する諸特性に適合するものでなければならない。すなわち「テーラード抑止」が要求される、意思決定者の価値や文化、損益、リスクに対する傾向などについて最大限の知識を得ることばかりか、また、敵の戦略資源や能力、脆弱性などに関する作戦を立てる際に有効となる情報を収集することも要求される。また、G.グレイは、大量破壊兵器の獲得をめざしている「ならず者国家」の脅威に対処しうるには、とりわけ強固で多層な攻撃・防御的な敵対兵力能力が用意されることが必要だという[4)]。このグレイの主張も、「第二次核時代」における核兵器の獲得をめざす新しい「ならず者国家」に対するある種の「テーラード抑止」とみてよい。いずれにしろ、冷戦後の新しく変容した世界平和・安全保障環境の支配する「第二次核時代」における新しい脅威に対応するには、「テーラード抑止」が何よりも必要となることは認めてよい。

しかし、そもそも「第二次核時代」において核抑止戦略は実質的に、核戦争の危機を抑止することができるかどうかを問うことが重要である。なぜならば、「第一次核時代」において核戦争が勃発することなく、「長い間の平和」が維持されてきたが、これが核抑止戦略が有効に機能した結果であるかないかを、科学的に証明することはきわめて困難である。結果的に核戦争が起こらなかったといって、核兵器の抑止機能が適切に作用したからと、核抑止力を正当化することはできない。せいぜいいえることは、ある時、ある場合、ある状況で、一時的に抑止力が正常に機能したかもしれないが、別の時、別の場合、別の状況でも、長期にわたって、つねに正常に機能することは実際にきわめてむずかしいのである。というのは、すでに第１章および第２章で詳しくみてきたように、核抑止理論・戦略は本質的に矛盾の体系であり、核戦争や大規模紛争の危機を抑止するよりも、むしろそれらの危機を維持したり、強化するように作用しているといってよい。そうした矛盾の表出を抑え、危機を正常かつ適切に抑止することができる条件が、「非核抑止力」の存在である。それは具体的には、平和理念や規範、理想、道徳、タブー、外交、信頼関係の醸成、協力・友好関係の促進などの非核や非軍事な抑止力から構成されている。そうした非核抑止力が実質的に、核抑止力をまたその矛盾を抑止している。「第二次核時代」において核抑止戦略のなかで非核抑止力をどう考慮することができるのか、また、核抑止論・戦略で核抑止力と非核抑止力をどう関係づけているのか、あるいは前者が後者をどう意味付けていくのか、などが注目される。もし核抑止戦略において、両者の関係を適切に認識できなかったり、あるいは考慮しない限り、核抑止戦略は正常に機能することができなくなろう。

そうした非核抑止力をめぐる問題以外で、核抑止理論・戦略において「第一次核時代」とともに「第二次核時代」においても最も重要な問題は、核抑止論・戦略は本質的に、人類世界の絶滅を可能にする核戦争の危機を抑止することができるだろうかである。「テーラード抑止」戦略によってその可能性はどれだけ高めることができるのか。また、水平的・垂直的核拡散を管理したり、削減することによって核戦争の危機を適切に抑止することができるだろうか。「核戦争を防ぐには、核戦争に備えよ」命題に立脚する核抑止戦略である以上、いかに「テーラード（核）抑止論・戦略であろうと、水平的・垂直的軍縮を可能にしようとも限界があり、その危機を適切に抑止することは困難となる。なぜならば、核抑止がどのような種類や形態、程度、手段、方法によってであれ、核兵器の存在や所有を前提としている限り、人類世界絶滅の危機がつねに存在しているからだ。「核戦争を防ぐには、平和に備えよ」命題を前提とする核兵器の廃絶を可能としなければならない。もちろん、即座にあるいはきわめて短期間のうちに核の全廃を実現することは非現実であることはいうまでもない。問題は、「テーラード（核）抑止」論や戦略であれ、また、核軍備管理や軍縮であれ、その動きがつねに核兵器全廃の方向に向かっているかどうかである。「第二次核時代」における核抑止戦略は、「テーラード抑止」戦略にしろ、水平的・垂直的核軍縮にしろ、核全廃への方向性をどう認識しているだろうか。あるいは、本質的にそのことを理解することができるだろうか。

冷戦後の「第二次核時代」において、世界平和・安全保障環境が大きく変容するなかで、とりわけ米国を中心とする核抑止戦略の形成・展開・変容過程を検証していくことで、冷戦後の核抑止戦略がどのように変容や特性、役割、問題をもっているか、また、核戦争の危機の抑止にどのような意味をもっているか、さらに、水平的・垂直的拡散にとってどのような役割を果たしているか、などを明らかにしたい。そのため、２では、1993年１月発足の民主党のクリントン政権の核抑止政策をみていく。３において、共和党のブッシュ政権がとりわけ2001年９月11日に米国で発生した同時多発テロ事件を契機に、どのような新たな抑止態勢を備えていったかを明らかにすることで、なぜ米国が明確にミサイル防衛を重要視する「新たな」戦略体制を促進していったのか、また、どのように「ならず者国家」やテロ集団の攻勢に対処していったか、を検討していく。そうした事態の推移と連動して、米ロ関係がどのように展開していくことになったかについても注視していく。４では、09年に発足した民主党のオバマ政権が全面的な核態勢の見直しをはかるなかで、究極的には「核兵器のない世界」実現の必要性、米ロの間で「新 START」の締結の試み、さらに、核テロの危機的動向や大幅な核拡散の懸念に対応するための「核セキュリティ・サミット」開催も含めて NPT 体制の見直し・強化の試みを考察していく。５においては、17年の共和党のトランプ政権の成立前後に、オバマ政権時の前向きな、現状変革志向的な核態勢が、米国中心の後向きの、現状維持志向の核態勢が模索されていく状況を解き明かしていく。トランプ政権が、「中距離核戦力（INF）全廃条約」の廃棄をはじめ、世界各地での深刻な紛争問題への米国のための、身勝手な関与（北朝鮮の核問題も含めて）によって、水平的・垂直的核拡散の枠組の再構築をはかっていることをみていく。

２　クリントン政権時の戦略核態勢の再編と核拡散の動向

冷戦構造の崩壊とともに「相互確証破壊（MAD）」関係も大きく後退するなかで、たしかに人類世界の絶滅の危機はきわめて緩やかなものとなった。そうした世界の転換期に「第二次核時代」に入っていった。その際、米ソの全面的核戦争が回避され、第二次大戦後の「長い間の平和」は実際には、核抑止論・戦略の結果であるとの見解は一般的には、容認されてきたといってよい。ここでは、概して「長い間の平和」は、核抑止論・戦略が本質的に、適切で、正しいものであり、核抑止力が有効に機能した結果であると主張された。しかし、その核抑止論・戦略が本質的に、さまざまな矛盾の体系であり、非核抑止力の存在と機能を正当に評価することができなかった。

だが、C. D. ウォルトンが述べているように、「その第二次核時代においては、冷戦時期に共通する次のようないくつかの仮定は問題であることが明らかになっているようだ。すなわち、一つは、核兵器保有国はつねに'合理的'であり、戦略ミサイルに防衛は抑止を浸食しているという仮定であり、もう一つは、核管理や軍縮条約は核不拡散にとって最善の方法であるという仮定である[5)]」。こうした主張はたしかに、適切なものであるが冷戦構造やMAD体制が支配する「第一次核時代」の世界平和・安全保障環境が大きく変容する「第二次核時代」において、前者の時代に一定レベルで通用してきた平和・安全保障理論・戦略に、とりわけ核抑止論・戦略に関わる仮定や概念に、変容した事態の展開する局面と全体的であれ、部分的であれ合わなくなったことは、当然のことである。既存の現象が時間的に変容していく場合と、新しい現象が生起する場合とでは、現実と仮定および概念とのギャップの強度は異なるが、後者の場合にはそのギャップはより大きいといえる。例えば、北朝鮮やイランの核問題に対する抑止に関しては、米ソ間の抑止問題と、北朝鮮やイランの核開発に対する抑止問題とでは明らかに、その抑止仮定や概念の間には大きなギャップが存在しており、前者の抑止の仮定や概念的枠組みは実質的に、後者のそれにそのままではほとんど適用しないといってよい。

いずれにしろ、そうした問題の解決する一つの概念的試みが、「テーラード抑止」というものだ。長い間にわたって、多くの核兵器国が交渉や紛争のなかでいかに自国の核兵器庫を使用するかについての一定の明確な考え方については知られている。しかし、「『第二次核時代』において抑止は十分に、ある者が抑止する努力をしている国の文化的・政治的・軍事的・その他の特性への適合さえなければならない。すべての指導者はソ連を指導する多くの個人に似ているのではない。たとえもし抑止が冷戦の間本当に'通用'したとしても、その期間に発展したような抑止論が問題であることは、推測されるだろう[6)]」。まして文化的・政治的・軍事的・経済的・歴史的・その他の特性が欧米諸国と著しく異なる第三世界の国ぐにに対する抑止であれば、それらの特性により十分に適合されるものでなければならないといえよう。

しかし、そうした主張は実際には、「第二次核時代」における固有のものではない。すでに「第一次核時代」においても部分的にはみることができる。C.グレイは、米国の戦略文化においては、次のような八つの特徴を識別することができるという。とくに核兵器の問題に関する特質については少し詳しくみよう[7)]。⑴歴史に対する無関心。⑵技術開発の様式と技術志向的な問題解決：米国内における歴史的経験から、米国的ノウハウによってすべての問題について一定の解決策を発見することが可能だという信念を生んだ。ランド研究所が生み出した戦略分析は、脆弱であるとされた戦略室軍総司令戦のための解決策の提示である。イラクの戦争の際の「砂漠の嵐」作戦は、米国の戦争技術がさらなる高みを達したことを示した。⑶忍耐力の欠如：米国の政策決定者は、短期的結果がでることを求めた。⑷文化的差異に関する無知：米国は、超大国の不遜さと島国的な狭量さのために、他者に対する共感が欠如していることにより、その政策決定者は、社会の事態の推移とその意味に対してしばしば無感覚となる。米国は特別であるという不変の伝説と、また、その社会は真に類まれなものだという思想は、危険なほどの戦略文化上の放漫さを育んできた。⑸大陸的世界観と海洋国家としての位置付け：米国は1980年代にいたるまで戦争を「ヨーロッパにおける戦争」と同義化するほどに、ヨーロッパ中心的かつ大陸主義的な戦略に固執してきた。柔軟な戦略は、ヨーロッパにおける戦争を世界的紛争における作戦の一つとして対処することをむずかしくした。⑹戦略的に対する無関心：多くの米国人は、核兵器の出現によって戦略が時代遅れになったと考えるようになった。また、軍事力による威嚇の有効性、あるいは実際の軍事力行使について大きな関心を示さなかった。戦略に無関心なのは、その国家安全保障共同体が物質的に表れているのみならず、米国が関与してきた紛争にはほぼ存在するイデオロギー性や海によって隔てられている戦略的利点、イギリスとその海軍がヨーロッパで米国に代って役割の一部を果たしたこと、などにもよっている。軍事的負担を軽減するために戦争と戦略を削除する、というのが米国の伝統的なやり方である。1991年の湾岸戦争の際にも明らかである。米国的「限定」戦争に関する有効で、明確な理論と戦略をもっていなかった。対ベトナム戦争の例が示すように、不適切な政策選択は、作戦遂行能力の欠如や愚かな戦術と同程度に、戦略の成功を妨げることになる。⑺遅れがちだが大規模な軍事力の行使：社会圧力かつ強い影響を受ける大衆民主主義国政府をもつ米国は、その軍事力を限定的政治目的のために迅速に用いることが得意ではない。国家存亡の危機に直面していない場合に、同政府は、短期間での成功の見込みが強く、かつ犠牲者の少ない軍事作戦に対してのみ、国民から支持を得ることができる。国民は、米国軍が道義的に問題がある戦闘に参加することを認めない。また、核兵器の使用に関するその戦略論は、大陸的というよりむしろ島国的である。慎重に規模を限定しつつ核兵器を使用するというものが、現代米国の考え方である。⑻政治の忌避：抑止、限定戦争、そして軍備管理を３本柱とした冷戦期の米国の戦略研究は、「戦争は政治的交渉の継続にほかならない、しかし政治交渉の継続におけるのとは異なる手段を交えた継続である」というクラウゼヴィッツの命題を尊重してきた。しかしその一方で、同時に彼らは、安定的抑止や危機管理、限定戦争の実施、軍備管理のためのアプローチなどの、実に非政治的な概念を構成し、発展させている。過去数十年におよぶ戦略研究は、危機や戦争を引き起こす政治的動機にそれほど目を向けることなく、安定的抑止の必要条件を重視してきた。非政治的かつ非戦略的に単純化された理論によって、米ソ間の核戦争を避けることができた。米国の戦略文化は政治よりも行政と相性がよい。戦力計画についてのその調査研究は、その研究対象がアートであり、科学ではないということを決して認めることができない。戦略兵器は、勝利を確実なものにするためよりも抑止のために必要とされるために「どの程度あれば十分か」という問いに永遠に答えられない。

以上みてきた米国の戦略文化が、同国の核抑止論や戦略に事実上、一定の影響力をもっており、またそれらの在り方を規定することはいうまでもないが、相手国、たとえば過去のソ連は米国のそれとはかなり異なる（もちろん同様な部分もあるが）戦略文化をもっている以上、ソ連側のそれを十分に正確かつ適切に理解し、また、抑止論や政策を適合させなければならない。そうしない限り、敵対する相手の攻撃や軍事紛争、核戦争を抑止することが困難となる。冷戦後の「第二次核時代」に入り、1990年代中葉から北朝鮮やイラクのようないくつかの地域の国ぐにからの核開発の危険な行動をとる状況が表出するなかで、これまでの抑止の枠組みでは対応できない危機が次第に高まってきた。冷戦時代に一般化され抑止の枠組みから、新たに表出した危険な相手に対しても妥当するように抑止論や戦略を適合させることができる、いわば「テーラード抑止」が要求されることになった。これについて詳しくは後で検討していくが、「テーラード抑止」という考えは、冷戦後の「第二次核時代」においても既存の国家間や地域間でも作用するものであることはいうまでもない。まず、冷戦後の米ロ関係の戦略的再編成という観点からみていくことにしよう。

冷戦構造の崩壊とともに「相互確証破壊（MAD）」関係の後退を大きく可能にした象徴的な動向の一つが、1987年12月の「中距離核戦力（INF）全廃条約」であり、もう一つが91年７月の「戦略兵器削減条約（START・Ⅰ）」であった。

前者は、ヨーロッパでの局地核戦争を生起しうる危機を生み出す、射程500〜5,500メートルの中距離のソ連のSS20と米国のパーシングⅡ・巡回ミサイルを全廃するものであった。その核戦力は全核戦略のうちのわずか１〜５％程度のものでしかないものの、その条約の成立は限定核戦争勃発を防ぐための究極的方法としての核戦力の全廃を実現したのである。これはたとえ米ソ間の全面的核戦争ではなく、限定核戦争であれそれを防ぐには核抑止政策ではなく、核兵器そのものの全廃によって可能となると同時に、その全廃が必要であることを実際に明らかにしたことを意味している。そしてまた、核戦争の危機も、きびしい冷戦的政治対立環境のなかでもその回避が可能であるとともに、そのこと自体が冷戦構造解体を促していく大きな決定的要因となったのである。

その一方で、後者のSTART・Ⅰの成立は実質的に、「恐怖の均衡」を構成していた米ソの核による「相互確証破壊（MAD)」関係の枠組みが緩やかに変革した産物にほかならない。このSTART・Ⅰは実際に冷戦崩壊時に成立した戦略兵器削減条約であり、ICBM・SLBM（潜水艦発射弾道ミサイル）・戦略爆撃機からなる戦略核運搬手段の上限として1,600発を、核弾頭数の上限を6,000発（そのうち4,900発を上限とする弾道ミサイル搭載弾頭数を含む）と決めたのである。だが、前でもみてきたように、この戦略兵器削減をめざす米ソ間の交渉はその成立まえより早くも、82年より始まっていた。当初は何らかの成果をあげることなく、83年末に休会に入ってしまった。85年にやっと交渉が再開され、86年10月のアイスランドのレイキャビックで開催がされたレーガン・ゴルバチョフの第２回首脳会談で正式には合意をみることはなかったものの、目やすとして戦略核兵器50％削減が一応決まった。91年７月にブッシュ・ゴルバチョフのモスクワ首脳会談でSTART・Ⅰは正式に成立をみた。この条件の成立は実質的に、米ソのMAD関係を大きく緩めて冷戦という政治的対立の基本的枠組みを崩壊に導いたことは否定できない。

しかし、このSTART・Ⅰの成立がそのまま、MAD関係そのものを完全に解体したのではなく、緩めたと理解しなければならない。このことが事実上、条約成立後の米ソ間の核抑止戦略の在り方にかかわる問題につながっているからだ。MAD関係とは、一方の国が他方の国からの核の先制第１撃を受けても生き残り、他方への反撃核の第２撃によって相手側の人びとや社会環境に破壊的な攻撃を与える能力（確証破壊能力）を両者が保有することで、両者がお互いに確実に核兵器を使用することができない関係を構成することを意味する。MAD関係は、先にあるいは後で核兵器を使用しても、決して一人勝ちはありえず、確実に共倒れに終わる、勝・敗のゲームが成り立たない。そのため、こうした状態が「恐怖の均衡」あるいは「相互抑止」にほかならない。米ソの戦略兵器削減条約の成立はたしかに、MAD状態を緩め、「恐怖の均衡」状態を弱めることになったものの、米ソのMAD状態を解体したことではない。いわば戦略兵器の削減は実際には、単なるMAD状態の削減（縮小）にほかならない。明らかに、START・Iの成立は、米ソの全面的核戦争の可能性を大幅に低減させ、一定の「戦略的安定性」を生み出したといってよい。だが、冷戦の終結によって第二次大戦後の「第一次核時代」のもとでの核戦争をめぐる核対決関係は、冷戦後も色濃く残っている。そうしてまた、核戦争を防ぐための核兵器による相互抑止論・戦略も基本的にそのまま維持していくことになる。

米ソが相互に核兵器を確実に使用することができない「相互核抑止」を実現可能にする条件は、米ソ両方が相互に、第1撃に対する確実に反撃を可能にする第2撃能力の非脆弱性の確保、および第2撃の確実に相手を破壊する能力の維持である。米ソ両国の双方が事実上、そうした第2撃能力を確実に維持できなければ、「相互抑止」は成り立たない。一方のみが、報復のための第2撃能力をもつ限り、「相互抑止」は構成されず、核戦争の危機が高まることになる。その第2撃能力がどの規模（数量）の戦略核兵器体系であるかを決定することはきわめて困難である。事実、START・Iをめぐる米ソ（ロ）交渉でも、それが最大の問題であることはいうまでもない。それは実は、戦略核運搬をめぐる手段の基数や核弾頭数の単なる問題ではない。相互抑止を支える第2撃能力は、戦略核兵器体系の数量のみではなくその質も重要であると同時に、その相互抑止そのものの在り方やそれに影響を及ぼす政策決定者や軍部、国民の政治的・経済的・社会的・戦略文化的特性によっても規定される複雑な問題を抱えている。それについては実際に、米ソ（ロ）ともに認識しているようだ。START・Iの内容も完全に有効なものではなく、それら特性の産物であるといってよい。それだけに、櫻川明巧がいっているように、1990年6月にワシントン米ソ首脳会議で、戦略核兵器の50%削減での基本合意をえたものの、その際に91年7月のSTART・I正式署名後に、次の「第2次戦略核兵器削減条約」締結への交渉に向けての話し合いを開始するとの共同声明を出している。そうした約束を取りつけなければならないほどに、START・Iは何らの問題もないといえるような有意義な内容をもっていなかったとみてよい。

たしかに、当時のソ連の政治的混迷状態のなかでは交渉はしばらく実現することがなかった。明らかに、このSTART・I締結には、G. H. W. ブッシュ大統領の方がソ連（ロシア）側より積極的であったが、実際に米国の戦略政策に関係者は、ソ連軍（独立国家共同体戦略軍）が米国の都市や軍の施設を攻撃目標としている限り、一般的に核兵器を使用することやその役割について、また、とくに戦略兵器について従来の考え方を変えることに強い抵抗があるようだった。そのことは、全米科学アカデミー（NAS）の1991年度研究のなかでも明らかのようだ。この研究は、「『アメリカの核政策の主たる目的は、他国の核攻撃を抑止するか、またはそれに対抗するということ以外の目的で核兵器を使ってはならない、という新しい政治的合意を強めることであるべきだ』という建設的な提案を行っている」。さらに「戦略兵器削減条約（START）の直後、『アメリカとソ連はそれぞれ、戦略軍の核弾頭の実数を3,000～4,000に減らすべきである』と提案しているが、この数字は、産業とエネルギー供給源、通常軍、海軍と空軍の基地、戦略司令部と作戦本部など、1,000～1,600の目標地点を攻撃するのに必要だと計算したのである。同研究所はまた、安全保障上の協力が将来進展すれば、目標は500～800か所、弾頭数も1,000～2,000個に減らすべきだろうと述べている」。またこの研究で核兵器の削減数が膨大なものになったのは、米国の都市に対する核攻撃以外の攻撃を抑止するには適切ではないからである。そしてまた、上院外交委員会にその報告書を提案したW. K. H. パノフスキー氏は、都市を公然と攻撃目標とすることはありえないし、また、道徳的にも認められないと研究グループは判断したといっている[8)]。こうした問題について米ソ（ロ）ともに戦略文化の影響が重要な意味をもっている。いわゆる、ひとつの「テーラード抑止」アプローチが必要となるといってよい。

ところが、「1991年９月および92年１月に、ブッシュ大統領案で多弾頭ICBMの全廃を呼びかけ、ロシア側は1991年10月ゴルバチョフ大統領提案では2,000～2,500発までの弾頭数のさらなる削減提案に止まっていた。92年のワシントン首脳会談で戦略核兵器の大幅削減に合意、93年１月にはモスクワ米ロ首脳会談で『第２次戦略兵器削減条約（START・Ⅱ）』に署名。条約の主な内容は2003年１月１日までに米ロ核弾頭数を各3,000～3,500発に削減、MIRV（個別誘導目標弾頭）化ICBMおよび重ICBMの全廃、SLBM弾頭数を1,700～1,750発に削減など[9)]」であった。米国は96年１月に批准したものの、ロシアは長期にわたって批准しなかった。結局、今日でも未発効のままである。

こうして冷戦構造崩壊期前後からMAD体制の緩みのなかで、1991年７月の第１次戦略兵器削減条約（START・Ⅰ）と未発効に終わった第２次戦略兵器削減条約（START・Ⅱ）の調印で、不十分ながらも戦略核兵器の大幅な削減の動向が進展したものの、その後その成果は後退していく。START Ⅰ・Ⅱ成立時に発足をみた民主党のB.クリントン政権は、米ソ間の核兵器配置の基本的構造を前提としながらも、世界的レベルでの核兵器を含む大量破壊兵器や戦術核兵器、著しく発達した運搬手段の、一方の垂直的拡散問題と他方の水平的拡散問題の再編成を積極的に進めていく。世界の紛争地域や国ぐにの核兵器開発の動きに注目しなければ、あぶない地域や国への核拡散が懸念されることになった。米ソを中軸とする垂直的核拡散の問題はこれまでみてきたように全面的核戦争の危機を大きく低減させるような戦略核兵器の削減を可能にしたことによって、核拡散問題から非核化問題への関心が進展した。前述したように、たしかに、核戦力の量的削減は進んだものの、米ロ間には依然として、（縮小）MAD状況が残存していた。しかし、「米ロを含む5核兵器国間には『休止した一般抑止（recessed general deterrence）状態が生じているともいわれるようになった。米国の核戦略はロシアなどとの関係が悪化した際の『備』（hedge）とされる一方で、特に第三世界に拡散している生物・化学兵器の使用を抑止する手段と位置付けられた。こうした米国の核戦力には、量的な削減だけではなく、先行不使用（NFU）の採用など役割の低減についても歯止めがかけられることとなった。クリントン政権が掲げた核戦力削減の『先導』（lead）は、ほとんど実を結ばなかったのである[10]』」。

もう一方の水平的核拡散の問題は、「第二次核時代」において、「第一次核時代」の冷戦終結やMAD体制の緩みなどの世界平和・安全保障環境の変容のなかで表出した核拡散の危機であり、潜在的にも顕在的にも核兵器を求める地域や国、テロ集団が存在している国ぐにや非国家主体に対する核抑止は、核超大国や核所有国など一定の対称性をもっている主体間で通用する抑止の概念や仕組みは適切なものではなく、むしろむずかしい条件が存在している。すなわち、冷戦時の米ソ間で支配的な核抑止の枠組みはほとんどそのままでは通用しない、つまり核ゲームのルールが作用することは困難になっている。米ソ（ロ）の一定の核兵器保有の対称的国家間の抑止概念は、そうした対称的条件が存在していない国家間および国家と非国家主体との間のでは、前者の抑止概念は適合できない。また、その理由のほかに、その抑止概念に大きな影響を及ぼし、また抑止の在り方を規定する国家や地域の文化や政治、軍事、その他の特性がそれらの間で類似性よりも相違性がより大きいことにもよる。そうしたいわば政治文化や戦略文化が大きく異なれば、実際に抑止は有効に作用することはできない。抑止を適切に通用させるためには、危険な、新たな敵のとりわけ政治文化に対して適合させる必要がある。もちろん、新しい脅威の対象に対してばかりか、例えば、ソ連（ロシア）や中国などの核保有大国の指導者（政策決定者）や国民の政治文化をはじめとする特性に適合させる必要があることはいうまでもない。ただ、新しい敵に対する「テーラード抑止」が必要かつ重要だ、といってよい。「テーラード抑止」に失敗すれば、水平的核拡散の動向を大きく促進することになる。

水平的核拡散問題は直接的に、核兵器不拡散条約（NPT）体制と関連しており、核兵器を求める危険な国ぐにが潜在的にも顕在的にも存在していることは、NPT 体制が核拡散の動きを阻止できる能力をもっていないばかりか、そもそもNPT 体制それ自体が本質的に、普遍的なものでも公平なものでもないということを露呈している。核軍備管理や軍縮が持続するためには、現在の国際権力の現状も将来の国際社会も必要とするものを反映していなければならない。「NPTは、核兵器保有国が、核による平和において協調構造を形成し、それらの国の核拡散の兵器庫の中止を要求し、そしてまた、相互に補強する片務的・双務的軍備管理条約や政策の好循環のもとで核兵器を徐々に廃止し始める前の20年間に核所有国の垂直的拡散のために、危険なほど脆弱なものとなっていた。しかし、基本的不平等性は残っている」。NPT 体制は、五つの核保有国が、故意にまた不用意に核兵器保有集団としての立場を永久に独占を維持し、他国が決して、核兵器を保有しないようにすると信じる共通の意識や歴史、論理を拒否していない、という矛盾を内在化させている[11)]。同時に、核兵器を保有していない国が永久にそれを所有できないようにする、不平等な体制であり、そうした国ぐにを納得させるものではない。そのため、そうした危険な国ぐにや非国家主体などをめぐる世界の平和・安全保障環境の改善であるとともに、NPT 体制の改革が必要となろう。そのことは、米ロ間の核抑止戦略も含めて、核兵器を求める新しい敵に対して、文化的・政治的・経済的・社会的・技術的・その他の要素を考慮した抑止政策を適合させることが必要だ、ということを意味する。

前述のように、「テーラード抑止」概念は1990年代に明確に出てくるが、文化が戦略的結果に影響を及ぼすことができるという考えは一般的に、本格的にはツキィディデスや孫子らのかなり古くからの著作のなかで出てくるし、近代の19世紀にはクラウゼヴィッツが扱っている。文化と核戦略の関係については、70年代・80年代から研究されている核抑止問題を戦略文化や政治文化の観点からのアプローチを試みたのが、77年のJ. スナイダーであった。J. S. ランティスとD. ホーレットは次のようにいう。スナイダーは、戦略文化とは、単なる政策というよりもむしろ文化のレベルに一連の全般的信条や態度、行動パターンを置く準永続的な状態を達成する核戦略に関するそうした一連のものである、と定義する。その上で、スナイダーは、「ソ連の核ドクトリンを解釈するために戦略文化の理論を展開することによって文化を近代安全保障研究に導入した。この局面までの核戦略への支配的アプローチは、合理的有用性と普遍的利益という計量経済学的対応によって形成されてきた。米ソはこうして戦略的核分野での計算された方法において相互の動きに反応する合理的主体として位置づけられたのである」という。それに続けて戦略文化研究は、C.グレイによる戦略と米ソ関係の理念的基礎検討だった。グレイは、歴史的経験の特別な流れに深く根ざした明確な国民の様式が、米ソのような国において戦略的現象を特徴づけている[12)]。

その戦略文化は実質的には、政治文化とほぼ同じ意味をもっている。いずれにしろ、これらは、政策決定者（指導者）や個人、集団、国家などの政策決定や政治行動、政治意識に一定の影響力を及ぼしたり、あるいはそれらを規定し、何らかの政治的意味づけをする。とりわけ、いわば戦略文化は狭義の政治文化であり、指導者や国民、集団、国家が戦略に関する政策決定や政治的行動、政治意識において一定の影響を及ぼし、戦略的意味づけをする。戦略文化の構成要素には大きくは、物質的なものと観念的なものがある。すなわち、それらの要素には、地勢や気候、資源、歴史と経験、政治構造、防衛に含まれる組織の本質、神話とシンボル、適切な戦略行動を行動主体者に教える重要なテキスト、脱国家的規範、世代的変化、国際規範、そしてまた技術などである[13)]。それらに軍事力（兵力）の体系（とくに核兵器体系）の規範と資質、戦略思想、戦争観、道徳、人権意識なども加えていいだろう。戦略文化は実際には、そういったさまざまな要素の複合体であり、それらの要素が個々別々に作用するのではない。したがって、ある種の部分的な要素が変容することによって、戦略文化そのものが根本的に変容するのではない。それが、世界社会環境の変容（グローバル化）や新たに表出する危機的問題との間に大きく一致しない状況が生起した場合に、一定の変容が起こりうると認めてよい。しかし、そうした変容によって、さまざまな問題や出来事、決定行為に対する戦略文化が政策決定者（指導者）や国民、集団の思考・行動様式に影響を及ぼすことができないとか、それらを規定することがなくなった、ということを意味するものではない。変容する戦略文化の在り方が事実上、それぞれの問題や出来事への対応に影響を及ぼすことができる。また、戦略文化の変容によってかえって現実の問題や出来事を変容させることも可能となる。実際、戦略文化は大きく変容することも、しないことがあっても、問題や出来事に対する思考、行動様式に一定の影響を及ぼしたり、また規定する。だがどちらの場合でも、現実を維持するように機能する側面と現実を変革するように機能する側面をもっている。そしてまた、問題や出来事を正確に理解し、それに適切にかつ有意義に対応する戦略や政策のためには、新しい敵や古くからの対立する相手の戦略文化に対応策を適合させなければならないといってよい。ここでは具体的なテーマは、水平的な核拡散の危機への対応する抑止戦略や政策の問題であり、また米ソを中心とする垂直的な核拡散の配置の在り方の問題である。

冷戦構造が支配した「第一次核時代」において一応適用してきた「核抑止戦略」の枠組みが、冷戦後の世界平和・安全保障環境の変容するなかで、冷戦構造崩壊前に支配的であった「核抑止」概念はその有用性を失うことは当然であるとみられてきた。しかし、そうした見方は、一面正しいとしても、それほど単純なものではない。これまで述べてきたように、そもそも「抑止」概念や問題は本来的に戦略文化を無視しているとの認識をしなければならない、との考え方が70・80年代に表出してきたことは当然である。明らかに、抑止作用は戦略文化が大きく機能するからだ。「もし抑止とは、ある者が受け入れがたいダメージを果する能力と意図をもっていると敵に確信させることを含む、本質的に心理的現象とみなされるなら、文化的シンボルや意味が交差する文化的コミュニケーション戦略において役割を果たしているようだということは正しい。その最初の挑戦が1970年代の研究のなかで抑止の実在主義についてであった。また、ブースも、彼が抑止戦略の状況的本性としてみたものに注目した今日の研究成果は、文化的レンズを通して媒介された抑止とコミュニケーションのダイナミズムの洞察が求められている[14)]」。

そもそも抑止という概念は本来的に、独特なものである。「その理由は、それぞれが『起こらなかった』ことによって判断され、それが本当に『効いた』のかどうかは誰も完全に知ることはできないという点にある。それでも冷戦期には米ソ超大国の間では軍事的な衝突が起こらなかったため、抑止は成功したと考えられている[15)]」。抑止が独特の概念であり、それが実際に「効いた」かどうか誰も完全に知ることができないということは、ある主体が他者の核兵器の使用を具体的に抑止するメカニズムが明らかでないということ、いわば抑止のブラック・ボックス化にあることを意味する。ある国が一定規模の核兵器を手段として、相手国の核兵器を使用しないように、あるいは核兵器をもたせないように抑止する場合、その国の意図（目的）と手段（核兵器）という入力がどのような抑止のメカニズム（抑止システム）を通して、出力として何らかの他者の行動を抑止する結果を生みだしたら、抑止は成功したことになる。多くの場合、抑止のメカニズムの入力と出力とを結びつける過程は一般的には、ブラック・ボックス化されてきた。現実の抑止のメカニズムを構成し、規定する、政策決定者（指導者）や軍部、国民に及ぼす戦略文化は、冷戦期はほとんど考慮されてこなかった。抑止システムはほぼその入力としての米ソの核弾頭やミサイルの数量を中心とする戦略核能力の規模それのみを重視する傾向が支配的であった。それは、政治権力を理解する場合にも陥りやすい問題と同じである。権力の手段としての資源や国力、とりわけ軍事力がそのまま、実際に相手の行動様式（強制であれ、抑止であれ）をコントロールすることが可能な権力として読み替えられ、その過程やメカニズムはまったく考慮されることがない。その過程やメカニズムで作用する、政策決定者（指導者）や軍部、国民に及ぼす政治文化の機能はほぼ無視されたり、軽視されることになる。米国やソ連の潜在的な核戦力がそのまま、相手の行動様式をコントロールする現実の（顕在的な）抑止力や強制力にそのまま転換することはほとんどない、といってよい。換言するならば、物理的なモノがそのまま、現実の権力に読み替えるのではなく、ヒトとりわけ指導者の観念的、理念的、規範的、道徳的あるいは文化的な要素に濾過されて現実の抑止力や強制力となる。

こうしてみると、核抑止戦略や政策のモデルは、とりわけ政策決定者や指導者が、核兵器に対してどう考えているのか、なぜ核兵器を保有しようと思っているのか、核兵器を保有することがどれだけ価値や利益があるかとみているのか、核兵器を保有しないとどのような被害を被り、どれだけコストを払わざるをえないことになるのか、核兵器を保有したり使用することは正しいことだろうか、そしてまた、道徳や規範に反することになるだろうか、などといった政策決定者の観念や理念、戦時の文化の在り方が重要な意味をもっている。抑止力は明らかに、モノとモノとの関係ばかりか、ヒトとヒトとの関係での産物にほかならない。

核拡散の問題をみていく場合、政治指導者の核兵器に対する考え方が大きく作用するといってよい。ソ連のフルシチョフと中国の毛沢東のケース・スタディから次のような結論が出された。「核に対して大胆になることは、核保有国による限定的攻撃はしばしば抑止することはむずかしいが、外観を惑わすことができるために国際平和・安全を危険にするようだ。核拡散は、核を誇示（強制）することが安全と指導者が信じた時には危険であるが、指導者がそうした核兵器が危険とわかる時には安全となる。核兵器拡散は他の効果をもつことが可能だが、長期に大胆であることはその効果の一つではない[16)]」。

したがって、抑止戦略が成功するか失敗するかは、敵の政治指導者や軍部が、どのような価値や動機、目標、利益、人格、文化的背景をもっているかを知ることに大きく依存している。元米国の国防総省の高官として政策決定にかかわってきたP. ペインは、そうした観点に注目し、世界政治環境のなかで生起してきた新しい敵に対する抑止政策を適合させる作業が必要となるという。ペインが強調するところによると、抑止についてのほとんどすべての経験的評価は、抑止しようとする敵の価値や動機、決意を理解することが、抑止政策の成功か失敗かを決定することにとって重要である、と結論づけていることである[17)]。ペインのそうした主張の背景にあるものは、「第二次核時代」の抑止戦略は実質的に、「第一次核時代」において通用した抑止戦略の枠組みがそのままではほとんど新しい現実に適合しなくなった、との認識である。この「テーラード抑止」という考え方は、とりわけ「第二次核時代」に表出してきた新しい敵に対する抑止政策問題に関連することのみではなく、ソ連（ロシア）や中国、NATO諸国、インド、パキスタン、イスラエルなどの国ぐにの抑止政策問題に関連していることも忘れるべきではない。ただ、新しい敵に対する抑止概念は実際に、冷戦時の抑止概念がそのままでは有用性をもたないために、現状に合うように適合されるべきと要求されているだけであって、古い敵やその関係国に対して抑止政策を「第二次核時代」の新しい環境の変容に適合させる必要はない、ということを意味しない。

実際に、ペインは、「第一次核時代」の冷戦後の世界平和・安全保障環境の変容するなかで、米国とその同盟国や核大国のロシアや中国などの間での脅威だけでなく、北朝鮮やイラクなどの国ぐにやその地域での脅威や紛争が出現したという新しい核抑止対象が表出したことで、それらの対象に見合った抑止政策の実践的な方法の模索の必要性がある、という。米国にとっての危険な挑戦者とその敵をめぐる特別なコンテクストについて知力や情報集約・蓄積であることの重要性を訴えた。ペインは、「抑止政策の信頼性を高めるための方策の第１段階は、孫子の「敵を知れ」という根本的な警告に戻ることであり……これらの間への答えは一般化できるようなものではない」と主張している[18)]。冷戦期の敵であったソ連の特性や動機、決意、そして政治的コンテクストなどが明らかに、冷戦後の新しい敵のそれらの条件と同類のものでなく、それらの条件に関して両者の間での大きな相違が存在する以上、両者に対する核抑止戦略の意味と内容が大きく乖離するのはきわめて当然なことだ。新しい敵に対して、冷戦時代の一般化された古い抑止政策の枠組みから新しい政策を適合させなければならない（先に述べたように、冷戦後の新しい世界政治環境の変容のなかで、古い相手に対しても新しい抑止政策が適合されなければならない）。新しい敵や環境に対する抑止政策を適合させない限り、つまり「テーラード抑止」ではない場合には、抑止概念は一般の人には分かりにくい専門用語、いわば、もったいぶった言い回しに過ぎないものになってしまう。

これまで「テーラード抑止」概念の必要性が、政治指導者や中核的な政策決定者がその対象であったが、それをその国の政治制度や官僚機構、国民性、政治意識、国民の声などを含めた政策決定過程全体にまで広げられることが重要である。なぜならば、抑止の対象を一部の指導者や政策決定者だけに絞ることで十分に適切で、有効な抑止政策が可能となるのではないからだ。実際には、政策決定者は政策決定過程によって規定されており、また、戦略文化によって影響を受けているのは政治指導者ばかりではなく、その国の政策決定過程そのものでもある。また、政治指導者や政策決定過程は本来的に、それらを取りまく環境、つまり地域と世界社会の平和・安全保障環境と有機的な連動関係を構成しており、そのため、「テーラード抑止」の対象として環境やコンテクストがより重視される必要があろう。さらに、前述したように、ある意味ではもっとも重要な問題といっていいが、米国やロシア、NATO 諸国や日本のような同盟国（米国の拡大抑止の対象国)、インド、北朝鮮、そしてまた、核兵器開発を進めていたり、核兵器の獲得を望んでいたり、あるいは、核兵器を保有することが能力的に、技術的にできるような国ぐにといったイランやその他の国ぐににとってもいうことができるが、そもそも「核抑止論や戦略」とは実質的に正しいものなのか、もっとも適切なものなのか、何の問題や矛盾をもっていないのか、また、それらを変革していく必要性はないのか、などといった本質的問題を問わねばならない。核兵器による抑止政策をいくら「テーラード抑止」政策したところで問題は解決できるだろうか。核兵器の存在を前提とする「核戦争を防ぐには、核戦争に備えよ」命題から、「核戦争を防ぐには、平和に備えよ」命題へ転換することなく、どれだけ適切で、有効な核戦略つまり「テーラード抑止」政策によっても核戦争の危機を克服することができない。核戦争の生起する可能性を解消するには、非核「テーラード抑止」政策を創造する以外ないことが理解できよう。いわば「核のない世界」を求め、それを実現していかない限り「核戦争のない世界」を究極的に望むことができないといってよい。

ここでは一応、「テーラード抑止」政策の必要性が表出しつつある状況のなかで、米国のクリントン政権時の核抑止戦略を検討していきたい。まず、クリントン政権時の核兵器開発問題をみておきたい。そもそも北朝鮮の核開発問題に限らず、とりわけ核超大国の米国は1960年代の中頃からすでに五つの核兵器国家以外の地域や国ぐにへの核兵器拡散を防ごうという問題、つまり水平的核拡散問題に強い関心をもっていた。その目的の一つの大きな結果が NPT 体制の構築であった。すでにみたように、NPT 体制は本質的に、核保有国と非核国との水平的な矛盾を内包した前者のための「核管理体制」であった。とりわけ米国にとって「NPT 体制」は、米国中心の政治的・軍事的世界秩序を維持・強化していくための一つの重要な米国のための下位的世界秩序にほかならない。五つの核兵器国家以外の国ぐにや地域への核の拡散は、米国が主導する自国のための下位的世界秩序の維持・強化にとって、それを否定したり、抵抗したり、反対したり、あるいは挑戦する可能性を強化する重大な要件となる、との考えが支配的であった。NPT 体制が成立したあとも、水平的核拡散の動向にもっとも注意を傾けてきた。1970年代・80年代に世界の様々な地域で激しい紛争や武力対立が展開するなかで、中東や朝鮮半島、アフリカ、中南米で核兵器開発や核拡散の疑惑が潜在的にも顕在的にもしだいに表出するようになると、米国は徹底的にそれをさまざまな方法で阻止する対応策をとってきた。米国にとってもっとも危険な存在として認識したのが、北朝鮮であった。また、冷戦構造解体と MAD 体制の緩みの「第二次核時代」に入ると、クリントン政権にとっては、米ロの核戦力削減問題以上に、世界の厳しい紛争地域の危険な国ぐにへの大量破壊兵器の拡散を防ぐことに積極的に対応していくべき対象国の一つが北朝鮮であった。

1975年12月に北朝鮮が NPT に加入したものの、早い段階から核疑惑があった。その後、積極的にミサイル開発を推進していった。韓国全土を対象とする射程500キロメートルの「火星」を完成し、つづけて日本の全域をカバーすることができる、射程距離1300キロメートルの「ノドン」を手に入れた。その後、北朝鮮はより射程距離の長いテポドン１号とアラスカまでも届く射程距離をもつテポドン２号も開発に成功していた。米国をはじめ国際社会が北朝鮮の NPT に違反するような動きを懸念するなかで、国際原子力機関（IAEA）は北朝鮮が納得する形で保障措置協定を結んだ。その結果、IAEA は北朝鮮に査察に入ったものの、とりわけ兵器級プルトニュウムの量をめぐる北朝鮮側の事前報告と査察結果の内容とが一致しない部分が露呈することになった。93年５月に IAEA 理事会はふたたび北朝鮮に特別査察の受け入れを要求したが、北朝鮮はそれを拒否したばかりか、NPT からの脱退を通告してきた。米国は事態の悪化することを懸念し、米朝間で直接的な話し合いをするなかで、北朝鮮が NPT 脱退の発効停止を、米朝共同声明のなかで宣言した。しかし、それによって北朝鮮の核開発の疑惑がはれることなく、状況は一向に改善の兆しがみられなかった。クリントン政権は圧力を強め、一時は核兵器の使用も考えた。94年５月に、北朝鮮が黒鉛減速炉の燃料棒を交換することで対立が解消することになり、カーター元大統領が仲介の労をとるために訪朝し、カーターと金日成とが会談することになった。そこで、黒鉛減速炉を軽水炉に交換することで合意をみたことで、同年10月に戦争の危機が回避された。これを基にした「米朝枠組み合意」をとりつけることに成功した。その事実上の「米朝核合意」によって、米国が主導する国際社会が軽水炉を提供し、それに代って、北朝鮮側が既存の黒鉛減速型原子炉を解体放棄するとの条件を約束し、また、NPTにとどまることに決まった。95年3月には、日本も韓国をもとり込んだKEDO設立協定を締結することになった。そうした事態が推移するなかで、北朝鮮の核開発疑惑をめぐる危機的な米朝関係は一時的であれ、緩和されることになった。だが、その前後にも北朝鮮のミサイルの改良と発射実験が行われてきた。

当然のことながら、その一方で、米ロの核戦力による抑止戦略の再構成にも力を投入せざるをえなくなった。冷戦体制終焉後の第1次戦略兵器削減条約（START・Ⅰ）の内容が物語っているような戦略兵器削減や戦略兵器運搬手段（ミサイル）の単なる数量の問題ではすまない、戦略核兵器の質やその抑止機能の在り方の問題が検討されなければならないからだ。

クリントン政権のロシアとの戦略兵器削減の枠組みは事実上、G. H. W. ブッシュ政権時にソ連（ロシア）と締結した、第1次戦略兵器削減条約（START・Ⅰ）および未発効に終わったものの第2次戦略兵器削減条約（START・Ⅱ）で構成された基本的枠組みをそのまま引きつぐものだ。その延長線上で、1997年のヘルシンキ米ロ首脳会談では、「START・Ⅱ」推進の後すぐに「START・Ⅲ」交渉をはじめ、そのⅢでは弾頭数を各々2,000～2,500発を削減目標とすることで合意している。いずれにしろ、冷戦終結および米ソMAD関係の後退（緩み）を象徴する内容のものだった。クリントン政権はそうした戦略兵器削減の基本的枠組みのなかで、ミサイル防衛（MD）体制の全面的強化策を打ち出した。ある国による弾道ミサイルの攻撃の脅威に対して防衛体制をととのえて置くとの考え方は本質的に、核抑止論・戦略の原点であることはいうまでもない。たしかに、相手からの核攻撃を抑止して核戦争の危機を回避するためには、相手の矛としての攻撃的核兵器を抑制できる盾としての防衛的核兵器の存在が必要である。その盾としての機能する核防衛体制が強力なものであれば、相手の核攻撃の意図と行動を抑止する可能性が高まってくると容易に想定できよう。しかし、視点を変えて、核攻撃をしようとする意図をもっている相手（例えばロシア）の立ち位置から考えてみれば、核攻撃の対象国（例えば米国）側が自らいかなる強大な盾となる核兵器体制を構築していた場合でも、その攻撃の対象国により早く強力な第1撃を加えてもその国に大打撃を与えることも、その国に勝利することもできない、と単純には考えてはいない。むしろ相手国がその対象国に核攻撃を控えている理由は、対象国が完璧な防衛体制を築いているからというよりも、もし第１撃を先に加えると、確実にその対象国から報復として強大な第２撃を受けることになり、自国が対象国に与えた被害より以上の大打撃を確実に受けることになり、一人勝ちは決してありえない、との認識が一方だけではなく相互に共有されているからにほかならない。

核兵器はいかなる防御も不可能にする巨大な破壊力をもつ、B.ブロディのいう「絶対兵器」となったことが何よりも重視されなければならない。核兵器は実質的には、矛としての攻撃的兵器と盾としての防御的兵器という二面性を内在化させている。核兵器は容易に使用できない、また、使用しても一方的に勝利することも、得ることのみを可能にすることもできない、また、そうであっても、いざとなれば使用することもありうる、という核兵器の本質が理解されなければならない。そうした核兵器の本質から、核抑止論・戦略が成り立つとされている。冷戦時の「第一次核時代」の米ソのMAD体制は、一方の国からの核による先制の第１撃から生存を維持し、報復として第２撃によって他方の国に耐え難い打撃を与えることを可能とする能力を双方がもつことにより、相互に簡単に核兵器を使用できない相互抑止状態を構成していることを意味している。そういう体制が維持されている限り、相互に確実に破壊し合う核戦争の生起する危機の可能性が潜在的にはあるものの（あるからこそ簡単に戦争をすることができない）、双方とも先に第１撃を与えたいという要因も、与えねばならないという必要性も、さらに、相手から第１撃を受けるという懸念をもつことがない。そこに、双方の間の戦略的安定性の維持が可能となるといってよい。恐ろしい核戦争を防ぐために、恐ろしい核兵器で備えることが要求され、核戦争を防ぐために、恐ろしい核兵器を廃絶していくという論理がまったく成り立たないほど、核抑止戦略は本質的に矛盾のシステムである。

こうしてみると、一般の通常兵器についてもいえることだが、とくに核兵器の防御性（盾）と攻撃性（矛）の二面性がバランスよく両立する状態であれば実際には、抑止機能が正常に作用することで戦略的安定性が確保され、また強化が可能となりうるだろう。しかし、核兵器の防御性と攻撃性のどちらかが強くバランスを崩したり、あるいは、その二つの特性のうち一方が支配的となると、戦略的安定性が大きく脆弱なものとなり、核戦争の危機が表出することになる。すなわち、核兵器の相互抑止機能が有効に作用しなくなることで戦略的安定性を欠くことになり、相互抑止態勢が大きく動揺することになり、場合によっては、核戦争の危機が高まる。

核弾道ミサイルの脅威を防ぐというミサイル防衛（MD）は、何も今日的問題ではなく、すでに1950年代から試みられてきた。最初は米国が MD の一種である ABM（弾道弾迎撃ミサイル）を開発・配置したのにつづいて、ソ連の方も積極的に ABM を推進していった。とりわけ64年頃からソ連側が一方的にモスクワ周辺に ABM 網設置を推進した。だが、ミサイル防衛システムの強化が進められてきた1970年代前後になると、米ソ間の戦略的安定性を維持するため、米国とソ連との間で行われた核戦略ミサイルを中心とする制限を目的とする、戦略兵器制限交渉（START）が行われるなかで、MD がその交渉の過程で問題化した。なぜならば、MD システムは実質的に、米ソ間の円滑な相互抑止体制を支える戦略的安定性を喪失させることになるとの懸念から、強力な MD システムの設置が制約されることになった。そのため72年５月に「第１次戦略兵器削減協定（SALT・Ⅰ）」と「ABM（弾道弾迎撃ミサイル）制限条約」が同時に調印された。すでに述べてきたように、後者は、当初、米ソそれぞれの首都を含む２か所に200基に制限しての設置に決まった。その後、74年７月の議定書では１か所、100基に制限しての設置が認められた。その条件にしたがって、ソ連はモスクワに ABM 網をガロッシュに32基を配備したが、米国はノースダコタ州に設置を始めたものの、ソ連の戦略攻撃力に対する抑止効果を考慮して、フォード政権の75年に廃止されることになった。

MD システムでもっとも注目すべきは、1983年３月にレーガン大統領によって提示された「戦略防衛構想（SDI）」である。SDI は、レーガン政権が1970年代後半にソ連の複数弾道化 ICBM の著しい増強を知ることで、米国の報復としての第２撃能力の非脆弱性に不安感が高まるなかで、核防御力の強化をはかる意図から提案されたものだ。これまでの戦略的攻撃力を重視した抑止効果の方針から防御力を基軸とする抑止戦略に転換したのである。SDI は、ソ連が発射する核弾道ミサイルが米国本土に到達する前に飛翔中に迎撃してしまうための防御システム構想であるが、それはソ連側からみると事実上の攻撃システム構想にほかならない。SDI は事実上、米ソ間の強力な戦略的安定性を確実に喪失させてしまい、米国側に一方的に有利なものであり、また、一人勝を可能にする構想でしかない。なぜならば、ソ連の先制第１撃も空中で撃ち落とされてしまい、米国に何らの打撃を与えることができないばかりか、米国からの先制第１撃に対する報復としての第２撃が行われても、空中で撃ち落とされてしまい、米国に何らの被害を与えることもできないからだ。すなわち、ソ連の先制第１撃も、報復の第２撃も無効なものとなり、米国は無傷のままで、一人勝が可能となる。したがって、ソ連からみればSDIは典型的な攻撃システムであることから、1985年と86年の米ソ首脳による軍縮交渉はそのSDIがネックとなって失敗に終わっている。

そうした経緯を経験したあと、冷戦終結後の米国一極の世界秩序が形成されるなかで、G. H. W. ブッシュは、戦略体制の再編成を試みることで、ロシアのみならず世界的レベルでの「限定ミサイル攻撃防衛（GPAL）」構想を打ち出したことにつづき、クリントン政権は、さまざまな大量破壊兵器の拡散を防ぐための新しい枠組みの効果を進める一方で、より本格的な「弾道ミサイル防衛（BMD）構想の推進をめざしたのである。後者は、短・中距離弾道ミサイルを打ち落す「戦域ミサイル防衛（TMD）」および米本土に向けて飛行する長距離弾道ミサイルを打ち落す「本土ミサイル防衛（NMD）」の構築をめざした。とりわけ後者のNMDは事実上、ロシアの戦略核の行使を無効なものにし、戦略的安定性を大きく損なうことになる、との理由からの反対を招くことになり、クリントン政権は、ABM条約を尊重するとともに、TMD強化をめざすことになった。これまでの戦略防衛構想局（SDIO）を改組して、弾道ミサイル防衛局（BMDO）と名前を変えて、本格的なTMD強化にのり出した。ところが、NMDの推進に対して共和党勢力の強い議会からの抵抗を受け、クリントン政権はNMD化への動きを緩めざるをえなかった。そうした状況のなかで、クリントン政権は、NMD配置の早急な最終的決定を回避して、それ以上の事態の悪化を防ごうと試みた。そうした問題の処理をはかってきたものの、BMD計画そのものに反発するロシアは、そうした米国側の対応に納得することなく、ロシア側の抵抗の姿勢は弱まることがなかった。93年１月に調印をみた第２次戦略兵器削減条約（START・Ⅱ）の発行も遠のくことになった。クリントン政権のBMD計画は結局、米ロ間の「戦略的安定性」を揺がしただけで、BMD計画をめぐる問題の解決は、次の共和党のG. W. ブッシュ政権に委ねられることとなった。

3　G. W. ブッシュ政権の核抑止戦略の特性

2001年に成立した、共和党のG. W. ブッシュ政権は、米国の核態勢を変化させまた再生するための重大な課題をもって発足した。2001年３月に、ブッシュは、冷戦終焉という現実を反映する方法で自国の核戦力の規模や構成、特性を変化させたいと主張した。また、自分の目標は、早急に核戦略を削減する行動をとることであり、そして自国の安全保障の必要性と一致する可能な最小の核弾頭によって確実な抑止力をもつよう関与していく、と強調したのである。この第1の変化は、米国の核計画にとってロシアはもはや最重要なことではない。第2のものは、核兵器削減あるいは核兵器の役割の低減ではなく、その役割を拡大しなければならない他の敵対する相手のなかの一つが中国となったことだ。第3の変化は大量破壊兵器（WMD）の獲得を求めている地域の国ぐにに関与したことである。第4の最も劇的な象徴的な変化は、2003年1月に米国戦略司令部に委ねられたグローバル攻撃（global strike）作戦であった[19)]。

ブッシュ政権はまず、クリントン前政権が行き詰っていたBMD計画を大統領選挙で公約していたとおり、早期の解決にふみ切った。これまで二分にされていた本土防ミサイル防衛（NMD）と戦域ミサイル防衛（TMD）を廃止し、統合した全体をミサイル防衛（MD）とした上で計画を積極的に進め、本土防衛用システムの早期配備をめざした。BMD計画に反対していたロシアは、とりたててそれに反発することなく、また、START・IIの発効はなくても、特別に問題化することはなかった。ロシアが戦略攻撃兵器の削減のための条約締結の求めに、米国も反対することなく応じたことで、02年5月に「戦略攻撃兵器削減条約(SORT)」（モスクワ条約）が調印されることになり、発効後10年間で実戦配備された戦略核弾頭を1,700～2,200発にすることで合意をみた。その弾頭数は大幅な削減のように思われるものの、弾頭の明確な解体義務や具体的な検証メカニズムを伴うことのない、緩い条約であった[20)]。この条約の締結は実際には、この時点での米ソの軍事的・政治的力関係の実態を象徴するような内容であった。米国にとって、米ロの相互核抑止は大きく後退していたといえるし、ロシアにとって、米国と対等に張り合うことができないほどの力の後退を認識せざるをえなかった結果といえよう。あるいはまた、米国の脅威をこれまでよりも強く受けとる必要がなくなったからだろう。

MDを本格的に推進して成果を収めるためには、これまでみてきたブッシュ政権の主張した四つの変化に適切に対応するものでなければならなかった。そうでない限り、米国が求める最適のMD計画を実現できる見込みは多くはなかった。冷戦時の「第一次核時代」で適用してきた一般化された抑止論や戦略（政策）はさまざまなレベルでの、また、さまざまな分野での現実や問題が大きく変容をみた冷戦後の「第二次核時代」にはそれらの基本的な枠組みは十分に適合しなかったり、あるいはほとんど整合するものではなくなってきた。これまでは一般化された核兵抑止概念や政策にある現実を付け合せることで問題がなかったが、反対に変容した現実に対して核抑止論や戦略に適合させる作業が必要となった。新しく変容した世界平和・安全保障環境、新しい指導者や敵（古い指導者や敵も含めて）、国家、政策決定過程に及ぼしている文化的・特質的要素などを適合させなければならない（しかし、この問題の本質は、そもそも核抑止論や戦略、政策、概念とは何かを問うことだが、ここでは問わない）。

実際に、ブッシュ政権がMD計画を推進していくに当たって、脆弱な敵となったロシアである限り、相互核抑止そのものの有用性はなくなっているために、MDは相互核抑止の安定性を損なうものであり、米ソ間の戦略的安定性を維持することが困難となる、との伝統的見解は正しいものではない。それにもかかわらず、BMD計画推進を正当化したのである。「テーラード抑止」という考え方は米国の公式政策文書のなかで出なかったが、実質的に「テーラード抑止」という考え方は、ブッシュ政権時の2001年12月に2001年版の「核態勢の見直し」（NPR版は全文公開はされなかった。この「NPR」は実際に、「テーラード抑止」というアイディアを反映しているといえる。これまでの核政策と抑止における戦略思考の流れの発展についての議論から、エリノア・スローンは次のことを強調している。「ここ20年間で台頭してきた『テーラード抑止』というアイディアには、二つの側面がある。それは『特定のアクターと状況に適合させる』という面と、JOCでも出てきたような『直接的な手段』と『抑止を可能にするもの』とを区別して能力を適合せるという面だ。冷戦後の最初の十年間におけるペインの抑止についての戦略的思想は『特定のアクターと状況に適合させる』という面に取り組んでいたのが、もう一つの面である、抑止に必要となる能力の変化について包括的に取り組んだ最も初期のものとしては」、2001年版の「NPR」にまでさかのぼることが可能であるといってよい。新しい状況の変化のなかで抑止に必要となる能力の変化について包括的に取り組んだ2001NPRに「新３本柱」（the New Triad）が米国の核態勢の基盤を成すものとして紹介されていた[21]。冷戦時代の「旧３本柱（the Old Triad）は、戦略爆撃機や大陸間弾道ミサイル（ICBM）、潜水艦発射弾道ミサイル（SLBM）であった。戦略爆撃機のなかに海外の軍事基地や大型空母から飛び立つ戦略核攻撃も含むことができる。核巡航ミサイルの場合には３本柱すべてに関連している。C. ライスとA. B. ゼガードが主張しているように、基本的には、重要な資源（財）を分散する戦略は核抑止にとって最重要なものであるのだ。冷戦中、核兵器立案者にとって悩みは、もし単一の大量破壊力をもつソ連の攻撃がすべての米国の核戦略を排除できるならば、ソ連は米国を攻撃する可能性がより高くなるだろう。「そこで、核兵器立案者は敵の先制第１撃が米国の全ての核兵器庫を排除できないことを保証するために、その核戦力を堅固な大陸間弾道ミサイル施設、広く配分された爆撃機、そして移動して見つけることがむずかしい潜水艦の３本柱に米国の核戦力を編成した。米国の最も強力な核兵器を三つの異なる柱に分散することによって、何が起ころうともアメリカが報復できることを確実にしたのである」。逆説的にいえば、核報復の確実な脅威によって、核戦争の勃発するリスクを低下させたのである。反撃の第２撃戦力によって、両者が最悪な状態を避けることができた[22]。

冷戦後の「第一次核時代」においては、実際に、結果として核戦争が勃発しなかったという意味で、それなりの核抑止の役割を果たし、一定の有用性をもっていたといえよう。そうした「旧３本柱」は実質的にみるならば、冷戦後の「第二次核時代」においては、世界の抑止環境の変容に適応できるものではなくなり、新しい３本柱でそれに適合させることが必要となった。この新３本柱の１本目は、攻撃能力の分野で、これまでの核戦力に加えて通常戦力の大幅な増大であり、２本目は、攻撃能力の高い能動的な防衛手段と、ミサイル防衛（MD）を中心とする受動的防衛手段の組み合わせであり、３本目は、脅威に迅速に対応できる攻撃・防衛戦略を維持する防衛対応インフラの整備である。これらの３本柱の備えによって、全世界的レベルの戦略システムのなかで覇権的な地位を確立し、また、十分に適切な抑止効果を保証する実践的な戦力行使可能性の強化をめざしたのである。

こうしてみると、ブッシュ政権の「新３本柱」構想はたしかに、冷戦時代に適用してきたと思われてきた（実際にはそうとはいえないが）核抑止論や戦略および抑止政策における核兵器の地位と役割に関する考え方からの解放を意味している。したがって、「NPR」は事実上、冷戦時代に米国の核政策の中心的地位を占めてきたMAD（相互確証破壊）を公式に破棄した文書となったのである。「大規模な報復的核攻撃のための『旧３本柱システム』の代わりに、『新３本柱』（ニュー・トライアッド）は特定の状況に適合した反応をすることを狙いとしており、その結果として抑止の信頼性を高めるものだ。これはその二世代前の『大量報復』がより柔軟なアプローチにとって代わられたような状況と似ている。ところがNPRはさらに『柔軟反応』を上書きしており、通常戦略は核兵器による報復まで上昇する『エスカレーション・ラダー』における下層のものではなく、それ自身が戦略的抑止として行動することができるという考えを明らかにしたのだ」。しかし、この問題は次のようなさまざまに関連する別の問題と結びついている[23]。

冷戦時代の、とりわけソ連を対象とする報復の第2核攻撃を可能にする「旧3本柱」体制に代わり、特定の状況に適合した対応を可能にする「新3本柱」体制は、戦略核抑止の確実性を高めることをめざすものだったが、具体的には、その「新3本柱」戦略体制には重要な議論を引き起こす問題を内包していた。その中心的問題が、核戦力と通常戦力の複合的組合せが抑止力の有用性を維持・強化するだろうかに関するものだった。これについて肯定的立場と否定的（消極的）立場があるものの、結局、両戦力を統合的な一体のものとして位置づけるほうが、冷戦後の世界の平和・安全保障環境の変容するなかで抑止の対象がロシア核大国中心から多元化・多様化の、また、通常兵器自体の強化と多様化の状況のもとでは、柔軟な幅をもつ「拒否的抑止」としての機能を高めることが可能となろう。一本目の柱は、両者の戦力を二分する抑止戦略より相対的にその抑止能力を保証するといってよい。

第2の柱である「能動的防衛手段と積極的防衛手段とを統合する、ミサイル防衛（MD）は実際に、正しい戦略であるといえるかどうかの問題である。米国とロシアや中国などの対称的核保有国の間での核抑止戦略においては、冷戦時の米ソ間の関係のなかでも懸念されてきたように、米ソ双方が必要以上の防衛的手段を設置すれば、戦略的安定性を損なうことになると考えられるし、また、ミサイル防衛体制を備えた国はその非脆弱性を維持することが可能となり、先制第1撃として核兵器を使用しやすくなると思われるようだ。両者の「戦略的安定性」が崩れることを懸念して、自国の報復第2撃能力を確保するためにABM網の強化をはかるかもしれない。こうした議論は、冷戦時代の抑止論を冷戦後のそれに単純に延用しているとの反論がある。「積極的な防衛」戦略は、相手の先制第1撃核攻撃によって受ける米国や同盟国の損害の程度を極小化したり、相手に米国本土に対する攻撃は無意味に終る、というシグナルを送ることで、あるいはまた、米国本土の安全のための施設や措置の「受動的防衛」によっても、いわば「拒否的抑止」を強化することになるという。NMD構想であろうと、NMO（弾道ミサイル攻撃）戦略と同様に、弾道ミサイルによって他者の思考・行動様式を抑止するという、一つの抑止論や戦略の二面性を現わしている。どちらの面が強力であるかは相対的なものであり、絶対的なものではない。NMO構想が必ずしも、米国の抑止能力を維持、強化するとはいえないようだ。

さらに問題となるのは、先制核攻撃ドクトリンと、核兵器と生物・化学兵器の関係についてである。先行核攻撃ドクトリンは実質的に、相手を抑止することができるだろうか。あるいは、このドクトリンは相手を抑止するどころか、かえって相手の不安を招き、反発や抵抗を引き起こし、場合によっては、軍事行動や挑戦的行動に打って出るかもしれない。だが、先制核不使用という政策を打ち出したり、先制核攻撃ではないと相手が考える場合には、相手が安心して勝手な行動をとったり、反発したり、挑戦的な態度をとったりして、相手を自由にコントロールすることが困難となる状態に追い込まれ、抑止に失敗することになるという考え方もある。先制核不使用を明確に政策として打ち出したり、あるいはそうはしなくても先制核不使用の方針を堅持することは事実上、先制核使用放棄であり、核抑止戦略の有用性を自ら否定することに等しい。だが、核兵器保有が他の保有国に対する場合と、核保有国が非核保有国に対する場合とでは、先制不核攻撃ドクトリンのもつ意味は異なり、後者の場合には、抑止効果は相対的に強いといえる。しかし、実際はそうであっても、ブッシュ政権は、９・11事件を経験した後の2002年に先制攻撃ドクトリンの採用を打ち出し、イラクのS. フセイン政権の核兵器開発の動きを封じるための圧力を加えた。

その一方で、戦略核兵器が他の大量破壊兵器である生物・化学兵器使用の抑止効果にとって、どのような意味をもっているかという問題もある。米国は基本的には、NPT を遵守している非核国家に対しては核を使用しないとしているが、生物・化学兵器を保持している国まで約束を広げていない。つい最近まで、生物・化学兵器による脅威に対して核兵器による報復をするとは明言していない。生物・化学兵器の脅威を抑止するには、通常兵器か強力な破壊力をもつ通常兵器か、あるいは核兵器かどれを使用することが有効であるかは、きわめて不透明な問題である。どのような種類の兵器による抑止の試みであれ、何よりも重要なのは、生物・化学兵器の脅威に対する抑止のためには、敵の恐怖心や動揺を利用することができるかどうかだ。

とくに９・11事件を経験した以後で重要な問題として表出してきたものは、テロリズムに対する核と抑止の戦略についての考え方である。そもそも一般的な抑止概念がテロリズムあるいはテロ集団に通用するかどうか必ずしも明確ではない。テロ集団の施設や地域に直接、核攻撃を加えることは、現実的には考えにくいが、テロ行為を具体的に抑止しようとする試みや意図は実際に存在していることは肯定することができる。その問題は、テロ行為や集団を抑止することができるかどうかの問題とは別に考えてよい。９・11事件後のテロ集団に対する戦略として、非国家主体に対する抑止はできないということだった。そのことは2002年の国家安全保障戦略（NSS）で示されており、また、当時の全米研究評議会がみているようにテロ集団は特定の領土をもっていないし、彼らの指導者は不明確であり、ターゲットの選定も困難であり、彼らがどのような価値や目標をもっているかについても不透明であるなどのため、懲罰的でなく拒否的抑止を選択せざるをえないようだ。

ブッシュ政権は結局、さまざまな問題を抱えている新しい核抑止体制の再構築を求めて、「新３本柱」戦略構想を基にMD計画を推進したのである。MDを推進していくなかで９・11事件を契機に、いわば「ならず者国家」やテロ集団へのWMD（大量破壊兵器）の拡散を防ぐことに、つまりそれに対する抑止政策はどのように基本的に進めていくかが最大の課題となっていった。そのなかで、早くからイラクの核開発を注視してきたが、湾岸危機につづく米国が主導する第一次湾岸戦争が展開することで事態が大きく動いていくことになった。その湾岸戦争の休戦条約として国連の安保理決議687号で禁止されたWMDの破棄を行っていないとの理由で、米国はイギリス、スペインとイラク戦争（第二次湾岸戦争）にふみ切った。この戦争でフセイン政権は破壊したものの、WMDをみつけることができなかった。そのため、核兵器の拡散を防ぐために先制攻撃や予防戦争も許されるという考えや行動の正当性はまったく喪失していくことになった。先制攻撃ドクトリンの挫折は、核拡散を防ぐための政策の在り方についてのみならず、核抑止論・戦略の在り方および核戦力の役割や存在意義に関する本質的問題の再考が求められるようになった。「テーラード抑止」という概念は、2006年の『四年ごとの国防見直し』（QDR）のなかで使用されているが、たしかにブッシュ政権は実質的に、主として能力や戦力の観点での「テーラード抑止」に包括的に取り組んできたことは認めてよい。だが、政治指導者や政策決定者、国民、政策決定過程の観点からの「テーラード抑止」アプローチではなかった。抑止の力学がどのような役割を果たすかは、物理的能力ばかりか、特定の政策決定者や国民、政策決定過程をめぐる状況に大きく依存している。I. ケニオンとJ. シンプソンが主張しているように、抑止のメカニズムの効果との関係において、普遍的な合理性と特定の戦略的文化との間で継続的な論争において意義が存在しており、また、非国家主体やいわば「ならず者国家」による大量破壊的行為の脅威に関する論争にとっても含蓄がある、と理解してよい[24)]。冷戦後の変容した新しい環境と新たに台頭して敵に対して適合されるという「テーラード抑止」は明らかに、特定の政策決定者や国民、政策決定過程コンテクスト（環境）に適合させるという条件と、特定の物理的な能力の質やその変容に適合させるという条件からアプローチしなければならない。そうでない限り、核拡散や戦争を確実に抑止することに失敗しよう。

しかし、米国の核抑止理論や戦略が実際に、すぐれて「テーラード抑止」化に成功したところで、核戦争や核拡散を防ぐことができるだろうか。ブッシュ政権のMD構想が核抑止戦略を前提としている場合、核戦争や核抑止の危機の克服は本質的に、困難であるということができる。たしかに、核戦争の生起を防ぐことに、また核拡散の動きを止めることが、一時的に、偶然に、あるいはまた幸運に可能となることがあっても、むしろそのことは例外なことだ。そもそも核抑止戦略は本質的に矛盾を内包している体系であり、潜在的に核戦争の生起する可能性が、また、核拡散の可能性がつねに存在している。核抑止論や戦略が、自己が核兵器をもつことによって他者の核攻撃を防ぎ、また、自己が核兵器をもつことによって他者がそれをもつことを阻止する、という構想である以上、核兵器の存在は不可避となる。潜在的には垂直的レベルでも水平的レベルでも軍備拡大競争はつねに存在しており、本格的な軍縮はほとんど進展していない。あっても軍備管理であり、また核兵器の数量の制限や削減の問題であり、究極的な軍縮を意味する核兵器の廃絶の問題ではない。ブッシュ政権のMDシステムを中心とする核抑止態勢を維持・強化するなかで、その矛盾が表出することは避けられない。そのツケが次のオバマ政権に回ることは避けられなくなる。そうした事態の推移のなかで、2007年1月に、これまで米国政府で外交・安全保障政策決定にかかわった、H. キッシンジャーをはじめとする、G. シュルツ、S. ナン、W. ペリーらの4名の元高官が、世界的核軍縮を促進するために米国が一方的に大幅な核軍縮を行うことを提言したのである。この提言は、これまで米国が積極的に進めてきた核抑止強化策が世界的核軍拡競争を招いたのであり、米国が世界的核軍縮を促進するために自ら積極的な核軍縮を行い、核廃絶をめざすべきだと強調しているが、そのことは、この問題の原点が核抑止戦略であり、究極的にはこの問題の解決は核廃絶にあることを意味している。この提言が、オバマ大統領による核兵絶を訴えたプラハ演説につながっていく、といってよい。

したがって、今日問うべき最重要な問題は、核拡散や戦争を防ぐためには、単にすぐれて有用な「テーラード抑止」政策を推進していくべきであるとの問題以上に、冷戦後の「第二次核時代」の変容した新しい世界平和・安全保障環境のなかで、そもそも核抑止論や戦略で核戦争や核拡散を実際にまた確実に防ぐことができるのかどうかといった本質的・根本的問題を積極的に問う作業をしていかなければならない。「核戦争を防ぐには、核戦争に備えよ」命題は、今日でも、基本的には維持され、生きている。「核戦争を防ぐには、平和に備えよ」命題は単なる理想的で、きわめて非現実的であると扱われたままだ。後者の「平和に備えよ」命題は実現への方向の動きはほとんどみられない。そのことは実質的に、いかなる内容の形態の核抑止論や戦略であれ、核戦争の危機も核拡散の危機も避けることも、克服することもできないといってよい。どのような形に変容しても核抑止論や戦略であれ、本質的に核戦争や核拡散を防ぐことができない。現在でも将来であれ、「核抑止」命題から「非核（平和）抑止」命題への転換が実現しない限り、「核時代」は維持・継続することになり、「核のない世界」は実現することはない。

4 「核の支配する世界」と「核なき世界」の間のオバマ政権

2009年に発足したB.オバマ政権はすぐに、ブッシュ政権後の米国の外交・安全保障政策の基本的姿勢を、依然として核の脅威が支配する「第二次核時代」を克服し、究極的には核兵器のない世界と安全を追求していく、とプラハ演説において明らかにしたのである[25)]。オバマの「核兵器なき世界」の追求というプラハ宣言は明らかに、ブッシュ政権の追求する、さまざまな問題や矛盾を内包するMDシステムを中心とする抑止態勢や「グローバル攻撃」ミッションの遂行などといった、「核兵器の存在や役割を維持・強化する世界」を推進する政策に対する批判であり、また、新しく求めていくべき核抑止態勢を模索する試みの挑戦を意味する。実際には、「02NPRそれ自体は『ならず者国家』に対して使用される可能性がありそうもない核兵器の役割を削減する努力のなかで『新しい3本柱』を構築するものとしても官僚によって描かれたが、皮肉なことに、そうした国ぐに対する新しい核攻撃の選択肢をもつことになった。そうした展開は事実上、米国の戦略核の対象を二か国から少なくとも六か国に広げ、そして核兵器が潜在的に使用されうる選択肢やシナリオの数を拡大することになった」。ブッシュ政権の一期目の4年間では、「グローバル攻撃」が特別な能力をもつ卓越した独自の戦略的任務として高められた。だが、05年以降その任務はかなりの程度弱められ、既存の戦略的・地域的計画に組み込まれるようなった。しかし、そのことは、「グローバル攻撃」が弱まったとか、重要性をもっていないことを意味しない。むしろ実際は、それは攻撃的で、専制的な攻撃計画なのだ。「グローバル攻撃」は、「新しい3本柱」の攻撃的核と同類のものとなる。しかし、「グローバル攻撃」は実際に、防御的攻撃計画というより攻撃的、先制的攻撃計画との関わりを深めたのである[26)]。そうしたMD核抑止態勢や「グローバル攻撃」計画は、米国中心の、米国のための防御的というより攻撃的抑止戦略であり、「核兵器のなくならない世界」の維持にほかならない。

オバマの「核兵器のない世界」の定義はたしかに、ブッシュ政権の「核兵器のなくならない世界」構想に対するアンチテーゼである。オバマのその宣言は、すでに述べたように、キッシンジャーはじめ４人の政府高官の「核兵器のない世界」発言とつながりをもっているが、オバマのそれは政権担当者のものだけに単なる理想ではなく、具体的に実現していくことが可能な現実的政策目標なのだ。もちろん、オバマの「核兵器のない世界」は目標であっても、すぐに実現するものでも、また、ブッシュ政権時の核戦略政策の全面的否定でも、批判でないことは、オバマ自身に認識していることはいうまでもない。この目標は直ちに達成できるものではなく、長期にわたる忍耐と粘り強さが必要である。今日の核兵器が存在する限り、米国はどのような敵に対しても抑止可能な安全、安心できる核兵器保有を継続する、核抑止戦略を維持しなければならない、という。

そうした現実を直視しながらも、「核なき世界」に向かって進むべき三つの道筋を提示している。第１として、「核兵器のない世界」に向けた具体的措置として、冷戦思考を終わらせるために、米国の国家安全保障戦略における核兵器の役割を低下させ、そのことを他国にも同調を求め、弾頭とその備蓄の削減に向けてロシアとの間で新たな戦略兵器削減条約（START）を交渉し、核実験の世界的レベルでの禁止を実現するために「包括的核実験禁止条約（CTBT）」を早急に批准するよう努力し、核兵器の拡散禁止のために、核兵器の原料となる物質の生産を禁止すべきだ、などの条件を満たさねばならないという。

第２には、米国は多くの国ぐにとの協力の基礎である核兵器不拡散条約（NPT）を一緒に強化していくことだ。核兵器国は軍縮を推進し、非核国は核兵器をもつことなく、すべての国ぐには平和的核エネルギーへアクセスすることができる。NPT を強化するために、これまで以上の資源と権限をもって国際査察の強化が必要となる。また、国際燃料バンクなどの民間協力のための新たな枠組みを構築すべきことも主張している。

第３には、核兵器がテロリストの手に絶対渡してはならないことだ。この問題がグローバルな平和・安全保障にとってもっとも緊急かつ危機的な脅威であるという。世界各国のすべての核物質管理を４年以内に確保する新たな国際的努力をしていく。闇市場の解体、輸送中の物質の検知・阻止、そのための資金手当ての強化をはかる。長期にわたる脅威に備え、核拡散防止構想（PSI）や核テロリズムに対抗するための、グローバル・イニシアチブといった努力を永続的な国際機構へ発展させるべく協力すべきだ。2010年中に核安全保障に関する世界サミットを米国が先導していく予定だ、という。

以上の「核兵器のない世界」に向けた三つの具体的な道筋を積極的に推進してきたことを簡単にいうならば、核兵器が存在しない世界、つまり核兵器ゼロの状態を志向する、いわば世界的レベルの核軍縮と水平的レベルでの核軍縮を具体的にかつ積極的に推進することを意味する。すなわち、核兵器の数量を単に削減することでも、核が拡散する国や非国家主体（テロリズム）の数を減らすことでもなく、核兵器を保有している国やそれを保有しようとしている国や集団や、それを保有することを可能にする条件（例えば核物質や核テクノロジー）を究極的にはゼロにしていく方向性をもっていなければならない。

オバマ政権の「核態勢見直し（NPR）」は10年４月に国防総省から議会に提出された[27]。「2010NPR」は事実上、09年のオバマの「核兵器のない世界」追求をうたったプラハ演説が基本的には反映されている。すなわち、この報告書は、核兵器の脅威を大幅に削減をすることで究極的に「核兵器のない世界」の実現を追求すると同時に、より広範な米国の国家安全保障上の利益を増進するための大統領の重大な政策課題を推進する政権の方針の基本的枠組みを提示している。2010NPRは、大統領の安全保障に関する優先課題と、2010年版の『４年毎の国防見直し（QDR）』によって示されている、それらの課題を支える戦略目標がほぼ反映されている。

「2010NPR」は全体的に、米国の核兵器政策および態勢における次のような五つの主要目標に焦点を当てている。１．核拡散および核テロリズムの防止。２．米国の国家安全保障戦略における核戦略の役割の縮小。３．縮小された核戦略によって戦略的抑止および安定の維持。４．地域的な抑止を強化し、同盟国およびパートナーに安定の提供。５．安全かつ安心で、効果的な保有核兵器の継続保持。そうした主要目標は重要なものであることはいうまでもないが、それぞれを具体的に切り離すことができないばかりか、それぞれを結びつけるもっとも根本的な目標が明確ではない。五つの個別的目標の間には矛盾が存在している。効果的な保有核兵器の維持的保持によって核拡散や核テロリズムをどうやって防止できるのか、その継続保持をしながらどうやって核兵器の役割を縮小していくのか、どうやって縮小された核戦略によって戦略的抑止や安定を維持することが可能なのか、また、核兵器の役割を縮小化することによってどうやって相手の核攻撃や核兵器の増大および拡散を防ぐことができるのか、などに明確な解答を出すことはむずかしい。そうした戦略目標をいかに適切かつ有用な「テーラード抑止」化作用によって戦略的核抑止政策の実行がどのように「核兵器のない世界」

へつながっていくことが可能となるのであろうか。そう考えていくと、それらの問題の解決は基本的には、核戦争や核の拡散危機を、核兵器によって抑止するという核抑止論や戦略の本質はどのようなものなのかという中核的な問題を解明しなければならない。核抑止とは実際、核兵器を保有していることによってか、また、核兵器が作用することによってか、およびそれを使用する可能性をもっていることによってか、あるいは、核兵器をなくすことによって、可能となるというのだろうか。削減する、極小化する、あるいはゼロにすることなのか、などの問いを避けることはできない。

そうした問題を強調することは、冷戦後の「第二次核時代」においてオバマの「核兵器のない世界」を求めるプラハ演説やオバマ政権の「2010NPR」の核兵器政策や核態勢は重要な意義をもっていないことを意味するのではない。変容する世界平和・安全環境において、世界的核戦争の脅威はたしかに低下したが、核攻撃の危機が著しく高まった状況において極限的な脅威は、核テロリズムやより多くの国ぐにや地域への核拡散、既存の核兵器国、とりわけロシアと中国との戦略的関係の安定確保の緊急性、などを重要な戦略的関係課題として明示し、そして、それら問題への解決への方向性と戦略を模索している。ここでは、オバマ政権のそれら三つの緊急な問題への対応策を簡単にみてみよう。

「核兵器のない世界」をめざすオバマ政権にとって、最初の重大な課題は、2009年12月に失効するSTART Ⅰ・Ⅱに代わる「新戦略兵器削減条約（New START)」を米国主導で締結することができるかどうかであった。オバマ政権誕生以前から、ブッシュ政権時の2002年6月に失効した「対弾道ミサイル（ABM）条約」は、米国のABMシステムにとって障害と考えていたため早くからその失効が求められていた。その失効後には迎撃システムの配備を積極的に配置させていったため、ロシア側はその動向に大きな反発をみせ、米ロ関係は緊張度を高めた。オバマ政権成立時点で、早急に「ロシアとの『リセット』を打ち出さなければならないほどに米ロ関係が悪化していたのは、前半のロシアのジョージア侵攻に加え、05年末までに浮上していた米国によるチェコ、ポーランドへのミサイル防衛の配置計画によるところが大きかった。ミサイル防衛の東欧配備は、イランなど中東地域からの長距離ミサイルに対する米国本土の防衛用に計画されたものであったが、ロシアは自国のICBMを迎撃できるとして猛反発し、核戦力への依存をますます強めていたのである[28)]」。ミサイル防衛システムの抑止態勢は、米国本土のみならず関連する国や地域を含む広い空間に及ぶため、米国の迎撃ミサイル配備はそのままロシアに影響を及ぼすことになり、米ソの直接的な二国間関係への問題として集約化されることにならない。それだけに米ソ間の戦略核戦力の問題は複雑な構図を描くことになる。この問題について米国に対するロシアの反発を緩めるためにも、新STARTを早く締結する必要性があった。また、START・Ⅰ以後、02年５月に、「戦略攻撃兵器削減条約（SORT)」を締結していたが、そこには明確な独自の査察・検証規定が存在せずに、START・Ⅱに準じる査察・検証をおこなうことが決められていた。高橋杉雄がいっているように、START・Ⅰの失効は、「米ロの核戦力に関する査察・検証の削減を意味することになるため、実効的な査察・検証規定を持つ後継条約の締結が不可欠であると考えられていたのである[29]」。

そうした事情のなかで、09年12月にSTART・Ⅰが失効することを受けて、それに代わる新条約締結の交渉が行われ、10年４月に「新戦略兵器削減条約（New START)」が締結された。それによって、米ロ両国は、相互に戦略核弾頭の上限を1,550発に削減し、ICBM・SLBMおよび重爆撃機などの運搬手段についてはその上限を700から800基を上限と定めることを約束した。また、条約発効後の７年以内に削減を完了することや、条約の有効期間は10年とし、５年間の延長を可能とすることなどを規定したのである。この条約の成立で一応、米ロ間の戦略的安定性の維持・強化の枠組みが形成された。しかし、米国側は、この条約の成立によってMDの制約を受けることはないとしたが、ロシア側は、自国の戦略核戦力にとって脅威となるような米国のMD体制構築は新条約から脱退する正当な理由となるとみていた。そうした問題を内包しているものの、それ以降の米ロの戦略核戦力の基本的在り方を方向づけることになった。

その一方で、核拡散および核テロリズムの差し迫った脅威を防止するため、オバマ政権はどのような対応策を実行していったのだろうか。「2010NPR」のなかでは、それらの脅威を防ぐには次のような三つの要素からのアプローチがあるという。一つは、北朝鮮とイランの核兵器保有の野望を絶ち、IAEA保障措置とその遵守の強化をはかり、核の闇取引を阻止し、核拡散リスク拡大を抑え核の平和利用を促進する、などの手を打って、NPTを中心とする不拡散レジームの強化をめざす。二つめは、世界中のすべての核物質の脆弱な保安管理体制を４年以内に確立をめざすオバマ大統領のイニシアチブの履行を加速する。三つめは、新STARTと包括的核実験禁止条約（CTBT）の批准と発効、そしてまた、検証可能な核分裂性物質生産禁止条約の交渉を含む軍備管理促進に努める[30]。

核拡散と核テロリズムの脅威に対応する三つの要素の観点から、オバマ政権は問題解決に向けて積極的な具体的行動を進めていった。オバマ政権は早くから核テロリズムの脅威に注目しており、プラハ演説で「核セキュリティ・サミット」を提唱しており、10年４月に第一回目の会合をワシントンで開催した。そこで核テロ防止についての声明と、その具体的な行動指針（作業計画）も採択された。前者において、今日、核テロは世界安全保障にとって最大の脅威の一つになっていることを認識し、すべての核物質の脆弱な管理体制を４年以内に完全なものにするとのオバマ大統領提案を受け入れた。そうして核安全保障を維持するためのそれぞれの国家の責任や核物質である高濃度ウラン・プルトニウムに対する特別な予防措置を講じることなどが言及された。同サミットはその後３回開催され、14年３月オランダで開かれた第３回サミットでは、「核セキュリティ実施の強化」という名の提案を発表し、国際原子力機構（IAEA）の勧告を実行することを決めている。オバマ政権の核セキュリティ・サミットの開催に象徴されるように、核テロ防止に対する本格的取り組みの姿勢は、それほど大きな具体的成果をあげていないものの、十分に全世界に大きな影響力と刺激を与え、核テロの脅威の解決に積極的に取り組むことがいかに重要であるかを理解することに貢献した。

また、核テロの防止の問題と連動しているが、核拡散の脅威を防ぐことが核攻撃の危険を避けるためにも喫緊の最重要な課題であるとし、オバマ政権は、国連の安保理とIAEAと協調しながら、NPTを中心とする核不拡散レジームの構築にも大きな勢力を注入していくことになる。とりわけ北朝鮮のミサイルおよび核兵器開発の動きと、イランの核疑惑への積極的関与を強化していった。北朝鮮は、1980年代から本格的なミサイル開発を進めていったが、2006年７月にはテポドン２号を含む７発のミサイル飛翔実験をおこなった。それを非難する安保理1675決議が採択され、その10月には、地下核実験に対して国連決議1718が採択され、弾道ミサイル関連活動停止を北朝鮮に義務づけていている。それでもミサイル発射はとりやまず、オバマ政権成立後の４月には、人工衛星として、１万キロメートル以上のテポドン２号改型を発射した。その発射に対して、安保理1718号決議に違反するとの安保理議長声明が出されたものの、かえって、北朝鮮は反発し、６か国協議のボイコットと核燃料棒の再処理再開を宣言したのである。その直後の５月には２回目の核実験実施を発表した。６月に北朝鮮に圧力を加えるために、北朝鮮の貨物検査を含む安保理1874号決議を出すものの、次の日に北朝鮮はウラン濃縮の着手を宣言して、その決議に挑戦する姿勢を示した。13年１月には制裁強化の安保理2087号決議を採択したが、それを拒否する形で北朝鮮は２月に３回目の核実験を発表した。その後も、安保理は対北朝鮮制裁を強化する2094号決議を採択したが何らの効果もなく、16年１月に４回目の核実験実施にふみ切った。安保理は再度にわたる制裁強化を求める決議を出すものの、9月の5回目となる核実験実施を止めることができなかった。国連の制裁強化と北朝鮮の反抗としての核実験実施という形態は定着することとなった。核実験とミサイル開発をめぐって北朝鮮は米国との直接交渉をのぞんだが、米国は直接交渉を避け、一貫して6者協議による問題解決をはかることにした。北朝鮮の核拡散をめぐるその対立的な負の循環構造が形成され、ますます核拡散の脅威が高まってきた。米国は一貫して、軍事的手段によらず、国際機関や国際協調体制をとることによって、北朝鮮の核問題に対応した。

その一方で、イランの核開発疑惑問題に対して、米国はどのように対応してきたのだろうか。この問題は北朝鮮と同様に、核拡散の脅威を高めている国の一つであると位置づけられていることである。すなわち、イランは、米国やその同盟国、国際社会と対立関係にある国家が新たに核兵器を入手する行動をとっている可能性がある国とみなされている。イランは北朝鮮とともに、核兵器を保持したいとの野望を実現するために、核の不拡散義務に違反し、国連の安保理の要求や米国をはじめとする多くの国ぐにの外交的努力を無視して、核兵器開発を推進している。そもそも、イランの核開発疑惑は、2002年8月、反体制組織であるイラン抵抗国民評議会がIAEAに申告していない秘密の核施設の存在を暴露したことで生じることになった。その後、03年4月に、米国はNPT再検討会議準備委員会でイランの核兵器計画を非難したが、03年6月には、IAEA理事会によりイランのそれまでの報告義務不履行を懸念する声明が出された。それ以降、米国やイギリス、フランス、ドイツなどによるさまざまな外交的努力やIAEAおよび安保理による積極的対応策が講じられてきた。そのくり返しのなかで、問題が大きく展開するようになったのが、10年2月に、イランがウラン20%濃縮成功と発表し、また、その直後にIAEAが、イランによる核弾頭開発の可能性に初めて言及し、さらに11年8月に、IAEAによるイランの核兵器装置開発の可能性が報告されたことで、イランによる核兵器入手が現実味を帯びた段階であった。単なる制裁強化では問題の解決にはつながらないとし、13年11月に、英仏独のE3か国および米ロ中の3か国とイランが、「共同行動計画」に合意をみることによって、問題解決の方向に大きく動いた。その延長線上で、15年7月にE3+3との協議の結果、15年間濃縮ウランは3.67%以下の300キログラム未満とすること、15年間にわたり再処理を実施しないこと、イランの合意履行によって制裁が解除されること、などを含む「包括的共同行動計画」が合意された。16年1月には、IAEAがイランによる合意履行を確認したことで、ほぼ同時に国連制裁および米国・EU の制裁の多くも解除された。この時点で、オバマ政権が懸念するイランによる核兵器入手の脅威は一応、解消することになった。

オバマ政権は、核テロリズムと核拡散の脅威に適切に対応していくためにも、NPT の強化をはかる必要性があった。オバマ政権は、NPT 第６条で規定している、核兵器の垂直的拡散防止のための核兵器による核軍縮交渉義務の実行、第４条と第５条で規定している、核兵器製造技術の拡散につながりうる原子力の平和的利用および平和的核爆発応用の非核兵器による利益享受を保証することが、両立するような形での強化をはかっていくことに力を傾注した。たしかに、オバマ政権は、NPT に加盟し、不拡散義務を遵守している非核兵器国に対しては、核兵器の使用も使用の威嚇も行わないこと明確に宣言はしていないものの、実際にはその方針を堅持している。また、ブッシュ政権時に、ウラン濃縮使用済み核燃料の再処理といった機微技術の制限を求めていたが、NPT 第４条で規定された原子力平和利用の権利について、オバマ政権は、それを認めながらも、核セキュリティのための協調体制の再構築をめざした。そうすることが核拡散と核テロリズムの防止につながるからとの考えがあったからだ。しかし、どちらの観点からしても、非核兵器国を納得させるような十分な成果を収めたとはいえない。10年の NPT 運用（再）検討第８回会議で、12年に中東非大量破壊兵器地帯構想に関する会議開催が採択されていたが、実際にはその会議についての対立があって、開催されなかった。まして、00年の第６回再検討会議で、「核兵器の全面廃絶に対する核兵器国の明確な約束」は実現することはなかった。だが、オバマ政権の「核兵器のない世界」を実現していく努力をするとの基本的姿勢および、それをめざしての核戦力（政策）の試みについては一定の評価を加えていいだろう。その一方で、オバマ政権の前半では、米ロの戦略的安定性は維持されていたが、2014年のロシアのクリミア併合を契機に米ロ関係は緊張を高めることになり、また、米中関係も南シナ海および東シナ海をめぐる問題が表出する段階から、米中関係も緊張していくようになり、大国間問題も対立状況が出てきたことに注目しなければならない。

5　トランプ政権の発足と「核の復権」の時代

オバマ政権はその発足時から、「核兵器のない世界」の平和と安全を追求していくと宣言し、「核兵器のない世界」を実現するための具体的な措置を推進していくことになった。たしかに、その試みのいくつかは部分的に実現したものは、その多くはむしろ行き詰ることになり、「核のない世界」の方向をほとんど進めることができなかったといわねばならない。とりわけオバマ政権の２期目以降は、米国とロシアおよび中国との大国間関係が悪化し、緊張と対立を深めていくばかりか、中東やアジアなどの地域での地政学的緊張が拡散していった。2017年１月にD.トランプ政権が成立した際、原子科学者は、「地球最後の日」を夜中の２分30秒へと30秒を動かすことに決めた。この時間は1953年以来もっとも最後の日に近づけたものであった。なぜ最悪の不安全な状態となったかの理由は、実在する脅威として核兵器問題に取り組むことに世界が失敗しているからだ。世界の核備蓄の90％以上も占めている米国とロシアは、核戦力の広範囲におよぶ近代化を進めており、核軍備管理交渉から撤退しており、また、いくつかの紛争地域でお互いに対立していた。インドとパキスタンはカシミール問題をめぐって対立しており、北朝鮮は2017年までに核実験を５回と数回のミサイル実験を実施してきた。核兵器の使用および拡散について大統領に就任したトランプは自ら混乱を引き起こした。そして彼の悪意のある発言、例えば「米国第一主義」のような、排他的なナショナリズムが世界中で大手を振ってまかり通っていた。また、重大な脅威にとり組む民主主義制度の能力に対する人びとの信頼が全般的に失われたようだ[31)]。2017年は、世界中で核兵器をめぐるさまざまな脅威や問題が表出する混迷の状態にあったが、それをさらに加速させた大きな要因が、トランプ政権の登場であった。

トランプ政権の核政策や態勢は、「2018核態勢見直し（NPR）」[32)]は概して、核抑止戦略や核軍縮についての規範的かつ楽観的な思考・行動様式に対する批判的な内容をもっていた。そのNPRの基調は、米国や同盟国、パートナーの保護が最優先課題であることを明確にした上で、一方で、長期的な目標としての核兵器の廃絶と、他方で、核兵器が除去される時までは、安全で安心な、近代的、柔軟かつ弾力性のある核能力を米国が保持するという要件との両者を主張している。後者の事実上の核抑止戦略の維持の必要性は、今日でも不確実な国際安全保障環境が大きく進展しつつあるとの認識に基づいている。

米国はたしかに、核・生物・化学兵器の究極的で世界的な廃絶を実現する努力に強い決意を維持している。実際に、米国は冷戦最中以降85％以上も核兵器保有量を削減し、20年間以上にわたる核能力を配備していない。しかし、「10年NPR」が報告されてから、潜在的な敵対国によるいっそう明確な核脅威を含めて、世界的な核脅威の状況は悪化してきた。今や米国は、これまで以上により多様で厳しい核脅威の環境に直面している。米国は核兵器の数量とその重要性の低

第４章

減を進めてきたが、ロシアと中国をはじめ他国は、核兵器の能力を強化し、戦略と計画における核戦力の重要性を増大させ、宇宙空間およびサイバー空間を含めてこれまで以上に攻撃的行動をとっている。北朝鮮は安保理決議に違反して、非合法な核兵器とミサイル能力を追求している。また、イランは「包括的合同行動計画（JCPOA）」で自国の核計画に対する制約に合意したにもかかわらず、１年以内に核兵器開発に必要な技術能力をすでにもっている。

今では、主要な通常兵器や生物・化学・核兵器、宇宙、サイバーなどの脅威および暴力的テロリストを含めて、従来なかった範囲と複数の脅威が、不確実性とリスクを増大させている。そうした脅威環境のなかで、この「18年 NPR」は、米国は自国を保護するために必要な核政策や戦略、それに対応しうる能力も特定することに焦点を当てている。この NPR は、現在と将来に必要な核戦力態勢と政策要求に指針を提供するものである。

「米国の核政策および戦略の最優先課題は、潜在的な敵対国によるあらゆる規模の核攻撃を抑止することである。しかし、核攻撃抑止が核兵器の唯一の目的ではない。現在と将来の脅威環境の多様な脅威と深刻な不確定性を考えると、米国の核戦力に米国国民安全保障戦略において次のような重要な役割を果たす」としている。核・非核攻撃の抑止、同盟国およびパートナー国への安心提供、抑止が失敗した場合の米国の目標実現、不確実な将来に対して防衛手段を講じる能力、また、核拡散を防止し、テロリストに完成兵器や物質、専門知識（技術）へのアクセスを拒否することも、米国の核政策において重要事項である。核・非核戦略攻撃に対するその効果的抑止には、潜在的な敵対国がある地域や米国自体に対する先行核使用の結果について誤算することがないようにすることが必要だ。米国は広範囲におよぶ敵対国、脅威、状況を効果的に抑止するために適切で柔軟な方策を適用する。そのためにも、米国の核能力および核の指揮・統制・通信（NC３）は、すべての敵対国や脅威に適合するような柔軟なものであるべきだ。米国は、自国や同盟国、パートナー国の死活的利益を保護するために極限的な状況においてのみ核兵器の使用を考慮する。抑止が失敗した場合には、その損害をできる限り最低限の水準に抑え、最良の条件で紛争を終結させるよう努力する。そしてまた、そうした努力と同時に、予想させるリスクや予期しないリスクに対する防衛手段・戦略を講じなければならない。

それでは、そうした米国の核政策・戦略の最優先課題を充足するための、現在と従来の戦略核の３本柱はどうあるべきであろうか。現在の旧・新の戦略の３本柱は1980年代と2000年代に配備をされたものであり、旧と新の三本柱は同一のものではないが、基本的には、潜水艦発射弾道ミサイル（SLBM）、陸上配備型大陸間弾道ミサイル（ICBM）、核弾頭および空中発射巡航ミサイルを搭載した戦略爆撃機から構成される。３本柱と非戦略核戦力は、それを支援するNC３とともに、米国の戦略に適合さるべき必要な多様性と柔軟性を提供する。この多様性と柔軟性が増大していることは、核の３本柱と非戦略核能力を持続し更新され、NC３を近代化する必要性の主要な理由の一つである。３本柱の相乗効果と重複する属性は、攻撃に対する我われの抑止能力と敵対国を危険にさらす我われの能力との永続的に保持する可能性を保証しうる。したがって、更新プログラムが展開されるまで既存の３本柱体制を持続する。

具体的には、14隻のオハイオ級SSBNを交代させ、最低限コロンビア級SSBNを運用する（コロンビア・プログラム）。ICBM戦力はいくつかの州に分配配備され、地下サイロに格納された単弾頭式ミニットマンⅢ型ミサイル400基から構成されている。2029年ミニットマンⅢ型の更新を開始する地上配備戦略抑止（GBSD）プログラムを始めた。このプログラムは400基のICBM配備を支援する450基のICBM発射設置も施行する。さらに、爆撃機の核は、46基の核爆弾搭載可能なB・52Hおよび20機のB・２A「ステルス」戦略爆撃機から構成されているが、次世代爆撃機のB・21レーダーを開発・配備するプログラムを開始した。その上、現在の非戦略核戦略は、F－15Eおよび同盟国にある核・非核両用戦術航空機（DCA）による少数のB61自由落下爆撃から構成されている、この老朽化を早めているDCAの交代機として前方展開可能なF－35に核能力を組み入れつつある。こうした米国の核・非核戦略の新しい要求を充足するために、核戦力の多様性と柔軟性を強化する更新プログラムの補完措置を求める。とりわけ、低威力オプションをも含めた米国の柔軟な核オプションの拡大は、地域侵略に対する信頼できる抑止力を維持することにとって重要である。

また、NC３システムは今は老朽化しつつあるため、大幅に改革の手を加え、今日の脅威に適切に対応しうるものでなければならない。NC３システムの強化がきわめて重要であるところから一連の方策をとる必要性がある。これには、サイバー脅威への防護強化や宇宙空間に存在する脅威への防衛強化、統合された戦術的警告および攻撃評価の強化、指揮センターおよび通信リンクの改善、決定支援技術の推進、計画立案と運用の統合、そして全般的NC３システムの管理の改革などである。その問題を解決していく必要性と同時に、効果的で対応性、回復力のある核兵器インフラは、変容する要求に柔軟に適応する米国の能力に欠かせない。現在、戦略物質と核兵器の構成部品を生産するために必要な物理的インフラへの資金を早急に増強せねばならない。抑止を有用なものにするために、回復力のある効果的な核兵器インフラ整備もさらに、今日、核テロリズム対策を強化しなければならない。米欧の対テロリズム戦略は、危険に対する深層防衛などから成る広範囲におよぶ活動が含まれる。米国は、テロリストによる核兵器あるいは兵器製造に使用可能な特質、技術、専門知識の入手を防止、彼らがそれを取得・移転・活動する動向に対抗、核装置の所在探しを無効にすること、もしくは核爆発の結果の管理、などによって核事故に対応する。テロ集団に関与したり、支援するあるゆる国家、テロ集団、また他の非国家主体に説明責任を問うべきだ。

その上、かなり重要な核問題は、不拡散および軍備管理に関してである。効果的な核不拡散と軍備管理措置は、核物質・核技術の拡散を制御し、核兵器の生産・備蓄・配備を制限し、誤解と誤算を低減し、不安定を生み出す核軍備競争を回避すること、などで米国や同盟国、パートナー国の安全保障を支援することが可能となる。NPT は核拡散防止体制の礎石である。NPT の枠組み以外で核兵器を入手しようとする国や非国家主体に制裁や代価を強いる国際的圧力を増強する。とりわけ、北朝鮮やイランは NPT 体制に挑戦して、国連や関係国による制約や圧力を無視して、前者は今日、核兵器を手にしている。イランは JCPOA で制約を受けているが、米国自身その JCPOA から脱退している。

米国は、包括的核実験禁止条約の批准を求めないものの、自国の保有核兵器の安全性と効果を確保する必要がある場合以外には核実験は再開しない。また、すべての核兵器国に対し核実験の一時停止を宣言するか、その維持を呼びかける。その一方で、軍備管理は米国の戦略的安定の持続能力に役立つための努力はつづけていく。だが、ロシアは一連の軍備管理条約に違反しつづけている。もっとも重要な違反は、INF 全廃条約で禁止されているシステムに関する違反だ。より広い分野でみると、ロシアは、多くの協定で規定された自国の義務を拒絶・回避しており、START の維持ラウンドの削減交渉を実施し、非戦略核戦力の削減を求めていく米国の方針と動向を拒絶した。そうであれ、新 START は2021年2月まで有効であり、相互合意によりさらに5年延長可能だとしている。

そうした内容を規定している「2018年版 NPR」は、米国や同盟国、パートナーの保護が最優先課題であることを明確にした上で、長期的な目標としての核兵器の廃絶と、世界から慎重に核兵器が除去されるときがくるまで、安全で安心な、近代的、柔軟かつ弾力性のある核能力を米国が保有するという条件の両者を強調している。だが、米国は自国と同時に同盟国、パートナーを保護することができるのだろうか。また、長期的目標としてであれ、核兵器の廃絶をどのようにして実現していくのだろうか。「核のない世界」の実現まですぐれて安全で、有用な核能力を米国が保有するは一体、何を意味するのだろうか。核の廃絶と有用な核能力の保有は本質的に、非両立的な関係を構成しているのではないだろうか。あるいは、その意味は、米国が圧倒的に強大な核兵器を独占することなのか。そもそも安全で安心な、近代的、柔軟かつ弾力性のある核能力とは何だろうか。どのようにしてそうしたすぐれて有用な核能力を保有することができるだろうか。そのことによって、全世界の軍縮を実現していくことが可能だろうか。それらの問題や矛盾に、トランプ政権の「2018年版NPR」は実際に、何ら明確な答えをもっていない。これらの問題や矛盾の根源は、トランプ政権（米国の多くの政権も同様であるが）が依然として、事実上、「核戦争を防ぐには、核戦争に備えよ」命題（実際には神話）に基づく核抑止論・戦略に依存しているのである。すなわち、核戦争や核攻撃、核兵器拡散を防ぐには、核兵器の保有であり、その強化であり、また必要ならその行使である。「核戦争を防ぐには、平和に備えよ」命題は、単なる理想であり、非現実的なものとして否定され、無視され、批判されることになる。すなわち、核兵器を保有しない、それを使用しない、保有する核兵器を削減し、そして核兵器を廃絶すること、などは認められない。そこには、「核抑止力」という概念は通用しても、「非核抑止力」概念は通用しない。オバマ政権の「2010年版NPR」の強調する「核兵器のない世界」という長期的目標の実現に向けて、たとえ失敗したり、間違っていることがあっても、その目標の実現をめざして真剣に取り込んできたことは肯定してよい。しかし、トランプ政権の「2018年版NPR」で強調する長期的目標としての「核兵器廃絶の世界」を実現するために何らかの具体的な、可能性のある政策や戦略を試みているようにはみえてこない。長期的目標としての「核兵器のない世界」は、単にトランプ政権の志向する核抑止政策や戦略を正当化するためのものでしかない。

トランプ政権の「NPR」は実際に、核兵器が支配する世界において不確実な平和・安全保障環境のなかで、米国を中軸とする核抑止秩序の構築とその維持・強化を主題としている。今日、主要な通常兵器、化学・生物兵器、核兵器、宇宙、サイバーの脅威および暴力的な非政府主体（テロリスト）を含めて、従来なかった範囲や種類、規模が存在し、また増大しており、不確実性や危機をますます高めている。そうした不確実や危機が支配する世界平和・安全保障環境の悪化する状況において米国の核抑止政策や戦略を構築することが最優先課題という。すなわち、現実の脅威や危機に対応できる米国の核抑止力の在り方や役割と核・非核戦力構成を再構築する試みが最重要課題としている。

米国の抑止力の在り方や役割と戦力の構成はどのようなものであるのか。高橋杉雄は、「2018年版NPR」の大きな論点として、第1は、核兵器の役割についてであり、核攻撃を抑止することが核兵器の唯一の目的ではなく、核兵器の役割は核・非核攻撃の抑止でるとし、その役割を核攻撃の抑止以外にも再拡張したことであるという。また、第2の論点は、低出力核オプションに関するものであるという。「これは、西側にロシアとの武力紛争が生起してしまった場合、ロシアが低出力を先行使用することで、西側がそれ以上対抗するのを断念する『ディエスカレーション(逆エスカレーション)戦略』を試みることに対する強い警戒から、米国も同様の低出力核オプションを整備していく必要があるとしたものである」。具体的に、既存のトライデントD５－SLBMを改良して低出力バージョンのSLBM配備を打ち出し、また、ロシアがINF条約違反を継続するなら、すでに解体したTLAM－Nに代わる潜水艦発射型の核搭載巡航ミサイルを新規開発するとしている[33]。また、太田昌克は、トランプ政権の「NPR」は、米国は自国と同盟国、パートナー国の死活的な利益を守るための極限状況においては、核兵器のみならず核以外の手段を使用した重大な戦略的攻撃が行われる。その「NPR」は、しかもその範疇には、一般市民や重要なインフラへの非核攻撃、軍事作戦遂行に不可欠な指揮・統制・警戒機能などへの攻撃も含まれるとして、核兵器の役割増大と使用の間口拡大をはかっているという。また、太田昌克は別の問題として、今後構築される核戦力能力構成として、１．敵の防衛線を突破できる「迅速反応オプション」を提供する「定爆発力の潜水艦発射弾道ミサイル(SLBM)用核弾頭」であり、２．「非戦略的な地域展開」を可能にし「確証的な反応力」を提供できる「海洋発射巡航ミサイル(SLCM)」であり、使用することが可能な新しい核能力の構成である、という[34]。

いわばトランプ政権の核抑止戦略や核態勢の中核的かつ優先的な課題は、核攻撃や核拡散、軍備拡大競争、宇宙・サイバー紛争、暴力的非国家主体(テロリスト)などの、地球的規模で広がる、多種多様な脅威や危機に抑止することができる、体系的、近代的、柔軟かつ弾力性のある、しかも十分に使用可能な核兵器能力を保持することにある。トランプ政権の核戦略や核態勢の維持・強化は、核兵器規模の削減、核兵器の役割低減、核兵器使用機会・対象の縮小、核兵器ゼロに向かっての軍縮、そして「核のない世界」実現可能性の強化とは、逆の道をすすめている。その核抑止戦略や核態勢は、「核のある世界」あるいは、「核を維持・強化する世界」の再構成でしかない。

そこには、核兵器を所有することによって、あるいは必要によって、いつでも核兵器を使用することによって、核戦争や核拡散の脅威や危機を抑止するという命題が成り立つのであって、核兵器を所有せず、核を全廃することによって、それらの脅威や危機を抑止するという、核兵器にまったく依存しない（通常兵器も含めて）「非核抑止」という政策や方策は通用しない。しかし、「非核抑止（力）」は今では、不十分で、脆弱なものであっても現実に存在していることは否定できない。第二次大戦後以来、今日まで、核抑止が作用して核戦争を防いできたことがあるかもしれないが、ないかもしれない。それを科学的に証明することは容易ではない。以前にも言及したように、反対に、「非核抑止力」が何ら作用しなかったことも科学的に証明することも困難である。しかし、「非核抑止力」が作用した可能性のあることを説明することは決してむずかしいことではない。実際に、その可能性は2017年７月７日の「核兵器禁止条約」の成立にほかならない。今日では、事実上、核抑止力と非核抑止力とは非対称的関係を構成しており、前者は強力で、後者は脆弱であることは否定できない。だが、そうした事態は容易に変革することは困難であれ、実際に変革する可能性を実現していく出発点についたことは否定することができない。その意味で、今日は、「第二次核時代」から「第三次核時代」へ移行したといってよい。

１）Walton, C. Dale,"The Second Nuclear Age: Nuclear Weapons in the Twenty-first Century," in Baylis, John, James J. Wirtz, Collins Gray, eds., *Strategy in the Contemporary World,* 3 rd ed (Oxford: Oxford University Press, 2010), p.210.

２）高橋杉雄「米国―核抑止戦略の再構築―」（秋山信将・高橋杉雄編『「核の忘却」の終わり―核兵器復権の時代―』勁草書房、2019年）22－26頁参照。

３）See Payne, Keith B., *Deterrence in the Second Nuclear Age* (Lexington: The University Press of Kentucky, 1996).

４）See Gray, Colin S., *The Second Nuclear Age* (Boulder: Lynne Rienner, 1999).

５）Walton, C. Dale, *op.cit.,* p.219.

６）*Ibid.,* p.217.

７）コリン・S. グレイ／大槻佑子訳「核時代の戦略―アメリカ（1945－1991年）」（ウィリアムソン・マーレー、マクレガー・ノックス、アルヴィン・バースタイン編／石津朋之・永末聡監訳：歴史と戦争研究会訳『戦略形成・下―支配者、国家、戦争―』筑摩書房、2019年）483－494頁参照。

８）ジャック・シュタインバーガー、エッサム・ガラール、ミハイル・ミシュテイン

「核兵器のない世界―それは望ましいか？必要か？―」（ジョセフ・ロートブラット、ジャックシュタインバーガー、ベルチャンドラ・ウドガオンカー編／小沼通二・沢田昭二・杉江栄一・安斎育郎監訳『核兵器のない世界へ』かもがわ出版、1995年）45－46頁。

9）櫻川明巧「戦略兵器削減交渉（START）」（川田侃／大畠英樹編『国際政治経済辞典』改訂版、東京書籍、2003年）445－46頁。

10）石川卓「核と安全保障」（防衛大学校安全保障学研究会編・武田康裕＋神谷万丈責任編集『安全保障学入門』新訂第４版、亜紀書房、2018年）266頁。

11）Thakur, Ramesh, "Envisioning Nuclear Futures," *Security Dialogue*, Vol.31, No. 1 (2000), p.36.

12）Lantis, Jeffry S. and Darryl Howlett,"Strategic Culture," in Baylis, John, James J. Wirtz, Colin S. Gray, eds., *Strategy in the Contemporary World*, 3 rd ed (Oxford: Oxford University Press, 2010), p.88.

13）See *ibid.*, pp. 89－93.

14）*Ibid.*, p.99.

15）エリノア・スローン／奥山真司・平山茂敏訳『現代の軍事戦略入門―陸海空からPKO、サイバー、核、宇宙まで―』［増補新版］、芙蓉書房、2019年、130頁。

16）Cohen, Michael D., "Fear and Loathing: When Nuclear Proliferation Emboldens,"*Journal of Global Security Studies*, Vol. 3, No. 1 (2018),p.66.

17）Payne, Keith B., *Deterrence in the Second Nuclear Age* (Lexington: University Press of Kentucky,1996),p.117.

18）*Ibid.*, p.123.

19）Kristensen, Hans M.,"Counterproliferation and US nuclear Strategy,"*International Journal*, Vol.63, No. 4 (2008) ,pp.803－805.

20）石川卓、前掲論文、267頁。

21）エリノア・スローン／奥山真司・平山茂敏訳、前掲書、134－35ページ。

22）Rice, Condoleezza and Amy B. Zegart, *Political Risk: How Businesses and Organizations Can Anticipate Global Insecurity* (New York: Twelve, 2018), p.197.

23）エリノア・スローン／奥山真司・平山茂敏訳、前掲書、134－58頁参照。

24）See Kenyon I. and J.Simpson, eds., *Deterrence in the New Global Security Environment* (London: Routledge, 2006).

25）特定非営利活動法人ピースデポ編／梅林宏道監修『イアブック「核軍縮・平和2019」―市民と自治体のために―』緑風出版、2020年、211－13ページ参照。

26）Kristensen, Hans M., *op,cit.*, pp.805－806.

27）特定非営利活動法人ピースデポ編／梅林宏道監修、前掲書、213－23頁参照。

28）石川卓、前掲論文、268－69頁。

29）高橋杉雄、前掲論文、28－29頁。

30）特定非営利活動法人ピースデポ編／梅林宏道監修、前掲書、216頁参照。

31）Thakur, Ramesh,"Nuclear Turbulence in the Age of Trump," *Diplomacy & Statecraft,* Vol.29, No. 1（2018）, pp.105－106.

32）特定非営利活動法人ピースデポ編／梅林宏道監修、前掲書、265－73頁参照。

33）高橋杉雄、前掲論文、32－34頁参照。

34）太田昌克『新核戦略が開くパンドラの箱―トランプNPRと「偽装の被爆国」―』岩波書店、『世界』4、2018年4月、59－68頁参照。

第５章

「第三次核時代」における「核兵器禁止条約」成立と核兵器の復権

1　はじめに ―「第三次核時代」の成立と「核兵器禁止条約」・核兵器の復権

「将来の歴史家は、核時代の終わりの始めとして、2017年夏を記録するかもしれない。2017年７月７日、122か国は、核兵器の包括的禁止を備える法的に拘束力をもつ国際条約（あるいは禁止条約）の本文を採択した」。17年９月22日の署名開放日は50か国が署名し、また３か国が批准を行った[1)]。今日（19年10月１日）現在署名は79か国、批准は32か国となっている。同条約の第15条で、50番目の批准書、受任書、承認書または加入書が寄託された後90日で効力が生じると規定しており、まだ効力は発生していない。批准国数が50か国に達するには少し時間がかかりそうだ（しかし2020年10月24日に中米ホンジュラスが批准したことで50か国に達し、2021年１月22日に条約は発効することになった）。いずれにせよ、国連で核兵器禁止条約（TPNW）が採択されたことの意義は、いま人類が直面する核戦争や核拡散の危機や問題の在り方にとってきわめて重大な影響力をもっている。もちろん、核兵器禁止条約の成立がそのまま、核兵器の廃絶を意味するものではなく、実際にその廃絶にはさまざまな難問を抱えており、その条約の成立が核兵器廃絶の動向にどれだけ決定的な影響力や駆動力を発揮できるかは、安易な予断を許さない。

事実上、17年７月７日の核兵器禁止条約の投票日には、とくに米国やロシアをはじめ核兵器保有国の９か国や日本（公式の参加者リストにないが会議初日に演説だけしている）やカナダなどの同盟諸国はほぼすべて欠席している。たしかに、核兵器保有国や同盟諸国の参加していない核兵器禁止条約の成立は、それらの国ぐにの核抑止戦略や政策に具体的な拘束力をもっていないため、過大評価すべきでない、という声が大きいことは否定できない。米、英、仏の国連常駐代表は７月７日、条約を批判する次のような共同声明を出している。条約の主張は、国際安全保障環境の現実をあからさまに無視しており、核兵器禁止条約への加入は、70年以上におよぶ欧州と北アジアの平和維持に必要な核抑止政策とは両立しない。また、核抑止を不可欠とする安全保障問題に対応することなく核兵器の禁止を求めたところで、何一つ核兵器廃棄を実現することはできない。さらに、禁止条約が慣習国際法を反映しているとか、その発展に寄与するとかの主張を認めることはなく、核兵器に関する我われの国の法的義務に変更は生じることはない、などと強調している。その上、日本が禁止条約採択に欠席する理由も、米国の同盟国としての立場を反映して、上記の共同声明と軌を一にするものにほかならない。「TPNWに照らせば、核抑止力とは条約で禁止された『核使用の威嚇（第１条ｄ項）』によって裏づけられたものであり、米国の抑止力への依存は『支援、奨励、誘導の禁止（第１条ｅ項）』に該当することは明白である。米国の抑止力の有効性の維持を求めることは『奨励、誘導』であるのみならず、米国が拡大抑止力を行使するに当たって必要な『支援』（通信、兵站など）について日常から協議や訓練を行っている可能性も高い。従って日本は、現在の核抑止力依存政策を維持したままでは、禁止条約に参加することは困難である」。こうした日本の立場を主張する限り、「唯一の戦争被爆国として核兵器廃絶を主導する歴史的責務を果たすことはできるはずがない[2)]」。日本は米国の「核のカサ」（拡大核抑止力）に依存して日本の平和・安全が保障されているとの立場をこれまで何の疑いもなく一貫してとりつづけている。

核兵器国やその同盟国、核兵器開発や核武装を求めている国は基本的には、核抑止政策や戦略のみが、厳しい紛争的な世界平和・安全保障環境において、自国の平和・安全が保障されるとの考え方に支配されている。前に何度も強調してきたように、根本的には「核戦争を防ぐには、核戦争に備えよ」命題に基づく核抑止論・戦略が正当化されている。「核戦争を防ぐには、平和に備えよ」命題に立脚する「非核抑止（平和）論・政策」は本質的に、単なる理想で、非現実的な見方として批判されてきた。そのため、核抑止政策が現実的で、正当性をもつことは、核兵器の存在が、また核兵器を保有することが、さらに、必要であればいつでも、自由に使用することが可能であること、などが正当化されていることを意味する。したがって、核抑止政策の観点からすれば、「非核（平和）抑止論・政策」が非現実的で、正当性をもっていないということは、核兵器の不在（廃絶）が、核兵器の不用が、さらに核兵器行使の不必要性が否定されることになる。すなわち、現実主義の核抑止論からすれば、核兵器の廃絶（不在）は本質的に、非現実的であり、そうした考え方は根本的に間違っているいることになる。核兵器禁止条約は実際に、核兵器を禁止することによって核兵器の廃棄には結びついていないとの論理は、一つ目は、禁止条約は法的規範であって現実的に国ぐにへの拘束力は脆弱なものであり、二つ目は、そもそもその禁止条約に参加していない以上、何らその拘束を受けることがないし、三つ目は、厳しい現実の世界平和・安全保障環境のなかでは核兵器の数量を削減することがあっても、それを一定レベルで保有することは絶対的条件であり、廃棄することはできない、というものである。

たしかに、今日の世界平和・安全保障環境は、とりわけ2017年のトランプ政権の成立前後には、核戦争や核紛争、核拡散、核軍拡の危機や問題が表出していることは否定できない。「第一次核時代」の冷戦時に支配的地位を占めていた核抑止論や核戦略は実質的に、冷戦構造の崩壊に伴って、その存在意義を大きく後退させ、また、世界政治における核兵器の役割や機能についての論争や関心を大きく停滞させることになり、いわば「核の忘却」という状態を迎えることになった。それに代って、核軍縮や平和思想・運動、核兵器廃絶問題への関心が大きく移っていった。ところが、冷戦後の「第二次核時代」に入ると次第に水平的レベルでの核の拡散問題が重要な核問題として展開することになり、また、21世紀に入り垂直的レベルでも軍拡競争が高まり、世界全体が多様で複雑な核問題に直面するようになった。その危機的状況が表出するなかで、再び核抑止論や核戦略、核軍拡競争の再検討や、また、グローバル危機政治における核兵器の役割や問題の再構成が試みられたり、関心を高めることになり、いわば「核の復権」状態が現われた。

しかし、そのことは、核抑止や核兵器の役割や重要性が再認識されたことを意味するものではない。N.リッチィも述べているように、それは明らかに、核兵器のグローバル政治を構成する一連の支配的な考え方や制度、実践、つまり核秩序に対する疑いや不安、不信の現われにほかならない。核兵器の存在や核抑止力を根本的に非難し、核兵器の非合法化や核抑止力を非正当化する必要性が出てきたのである。「核兵器に対する人道主義的発案（HINW)」と同様に、核兵器禁止条約（TPNW）は、そうした、状況のなかから出てきたといってよい。したがって、TPNW の成立は、核秩序を浸食するための激しい批判であり、また、その成立は、次のような多くの不安定な問題の存在と結びついている。実際に、米ロ関係・核軍備管理過程の悪化や NATO 諸国へのモスクワによる核脅威、北朝鮮による確実な長距離核兵器庫の存在、イラン合意の潜在的な崩壊、そしてトランプ政権のもとで同盟諸国による米国の核安全保障関与の重要な意義、などを含む多くの不安定な問題の展開が存在している。同時に、そうした展開（一方での禁止条約と、他方での再生の核脅威の形成および核軍備管理の衰退）は、核不安の時代の兆候なのだ[3)]。そのことは本質的には、単に米国や北側の先進諸国にとってより広がる地政学的、文化的に出てくる不安というよりも、核兵器をめぐるグローバル核秩序に対する地球的レベルのすべての人びとや地域、集団、国ぐにの疑いや不安、不信である。今日では、核兵器問題は、特定の空間や時間を選択しない。地球上のすべての存在が本来的に、「第一次核時代」の厳しい冷戦時と同様な、あるいはそれ以上に、地球環境破壊問題の悪化と結びつきながらも、人類世界の絶滅の危機的状況を強化している。現実に存在しているそうした危機的状況は、核抑止論（戦略）や核戦力の役割についての神話によって、正確かつ適切に認識することが妨げられている。そのため、核兵器の存在やその使用がもたらしている危機的状況をまともに理解できないばかりか、その危機的状況を変革していく必要性も可能性についてもほとんど問題にされることはない。

そうした一方で、たとえ一部分であっても、そうした核危機状況を認識し、それを批判し、そしてまたそれを変革する必要性や可能性を主張する、人びとや集団、組織、運動などの勢力が出てくることは、何ら不思議なことではない。こうした事態の推移は、例外的なことではない。長い間の人類史のなかで、何らかの危機が発生し、強化される状況が出現すると、それを認識し、批判し、またそれを克服しようとの何らかの理論（思想）的・実践的試みが不十分であれ出てきたことは、容易に知ることができる。第二次大戦後の「第一次核時代」および冷戦後の「第二次核時代」を通して、潜在的にも顕在的にも存在してきた核危機状況に対して出現してきた重要な動向の一つが、HINW とともに TPNW の成立をめぐる動向にほかならない。その核危機状況の原点は本質的には、単に核兵器を使用するかしないかの問題というより、むしろ核兵器を保有していること、つまり核兵器が存在しているという問題なのだ。実際、第二次大戦後、核戦争や核攻撃がこれまで生起しなかったし、また、これらも生起しないことがあっても、核兵器が存在する限り、つねにそれを使用する可能性が存在しているという問題なのだった。すなわち、核戦争の危機を克服するには、「核兵器のある（存在する）世界」ではなく、「核兵器のない世界」を創出する以外ない。TPNW はそうした認識のもとに、最終的に核兵器を廃絶するために、まず法的拘束力のある核兵器禁止条約を形成することをめざしたのである。その意味で、「核兵器のない世界」を構築するための第一歩として TPNW を生み出したことは、核兵器廃絶を可能にする出発点を築いたことを意味している。当然のことながら、TPNW に関連する勢力と核抑止論（戦略）や核戦力の存在を擁護する勢力との関係は事実上、対称的ではなく非対称的な関係を形成しており、後者の勢力がきわめて強いことは否定できない。今日、たしかに両者の勢力関係は対等なものでなくても、また長期にわたるかもしれないが、次第に後者の勢力を浸食し、「核兵器のない世界」を実現する可能性をもっていることも否定できない。なぜならば、単なる理想的な規範ではなく、法的拘束力をもつ TPNW の成立は明らかに、核兵器保有国やそれを保有したがっている国や非国家主体の思考・行動様式に影響を及ぼしたり、それを具体的に規制することが可能となるからだ。その上、核抑止論や戦略、核兵器の役割についての神話性が適切に認識され、グローバル核秩序において核抑止力以外に非核抑止力が現実に存在しており、それが大きく作用することで、第二次大戦後から今日まで核戦争や核紛争の危機を克服する大きな要因であったことが理解できるからである。そうした観点から、現在、グローバル核危機秩序が存在していながらも、TPNW の成立をもって、「第三次核時代」に入ったといってよい。

そうした視点を明らかにするために、２において、どうして2017年に TPNW が成立するようになったのかを、その歴史的背景をみることによって、検討していく。３のなかでは、核兵器禁止とその廃絶とは異なるものだが、前者と後者はどのような関係にあるのかを明らかにしていく。４では、TPNW の成立は実際に、グローバル核危機秩序にどのような影響を及ぼしたのか、また、TPNW をより有用なものにするには、それをどうしたらいいのかを検討していく。

２　「核兵器禁止条約（TPNW）」成立背景

なぜ、2017年７月に国連会議で、核兵器禁止条約（TPNW）が成立するようになったのだろうか。核兵器の完全廃絶につながる、核兵器の禁止のための法的拘束力のある核兵器禁止条約の締結の意味は、端的にいうならば、核兵器の完全廃絶という最終目的のための基点（出発点）となる手段としての核兵器禁止という、いわば禁止が廃絶に先行する関係にほかならない。なぜ、核兵器禁止という法的拘束力のある条約の形成が必要とされるようになったのであろうか。それは、第二次大戦後の「第一次核時代」と「第二次核時代」において、核抑止論や戦略を前提としながらも、核戦争や核紛争、核拡散、核軍拡競争などの危機を和らげたり、防ぐために、核軍備管理や軍備縮小（軍縮）、核不拡散、核廃絶（通常兵器のそれぞれのレベルでの試みも含む）などが模索され、それらの一部は十分なものでもないが実施されてきた。

概して、「核軍備管理課題は次のような三つの相互に結びついた構成要素をもっている。不拡散、軍備管理（例えば無警戒または対立を生まない）、そして軍縮（核兵器の部分的、限定的あるいは全面的廃絶）である。軍備管理措置は軍事関係を安定化する助けとなり、拡散は状況を悪化させ、また軍縮は状況を改善する。多くの国ぐに（正当な５か国と事実上の核兵器国である３か国のみならず、いくつかの非核同盟国を含む）の核政策は、矛盾だらけである[4)]」。第３章で詳しく述べてきたように、核兵器（原子爆弾）の廃絶の必要性については、広島・長崎への原爆投下の直後第二次大戦後の早い段階から、世論や意見、構想、具体的な提案が出てきた。広島・長崎の壊滅的な災害を知るなかで、「核兵器の存在する世界は大変危険なものになるという信念が生まれた。1945年11月に米国大統領はイギリスとカナダの首相と共同で、（他の義務とともに）国家の軍備から原子兵器を除去するという目的を達成するために、国連原子力委員会の創設を提案した。46年１月に、この提案は国連総会のまさに最初の決議として、全会一致で採択された[5)]」。国連総会が全力をあげて原爆使用がもたらした恐るべき問題を取り上げることを決定したほど、この問題を本格的に解決すべき最重大事項であるとの認識があった。そのため、国連の最初の決議として、原子力の発見によって生じた問題およびその他の関係事項を扱うことを委託する国際原子力委員会の設置を決定し、同時に、同委員会の任務として、できるだけ迅速に仕事を進め、問題のすべての局面を調査し、必要な特定な提案を行う、という条項が規定された。そして、とりわけ原子兵器およびその他のすべての大量破壊兵器を各国の軍備から撤去することが要求された。そうした早い段階から、国連による核兵器をはじめ大量破壊兵器廃絶の本格的取り組みが試みられたのにもかかわらず、75年ほどたっても、満足できる解決策は成功をみていない。むしろ、今日、「核兵器のない世界」の実現にますます遠のいている現状を認めざるをえない。グローバル・レベルで核戦争や核紛争、核兵器拡散、核軍備拡大競争の危機によって構成されている危機的核秩序が形成されている。2017年７月に成立したTPNWは、これまでの「第一次・二次核時代」における核軍縮（廃絶）のさまざまな試みがさまざまな失敗の歴史で、「核兵器のない世界」の実現を困難にしているとして、本質的な問題がどこになるのか、その目的を実現する方策や方法、アプローチが悪いのかあるいは間違っているのか、また、どうしたらいいのか、この問題にどう対応すべきか、などについて、批判・検討したうえで、引き出した答えにほかならない。

そのことはTPNWのなかで、次のような問題意識と目的について主張している。長くなるが重要なものを提示したい[6)]。この条約の締約国は、○国連憲章の目的および原則の実現に貢献することの決意、○核兵器のいかなる使用がもたらす壊滅的な人道上の帰結を憂慮し、それ故に核兵器が完全に廃絶されることが必要であり、いかなる場合にも核兵器が決して再度使用されないことを保証する唯一の方法でありつづけていることの認識、○核兵器の継続的存在によりもたらされる危険（事故や誤算、または意図的な核兵器の爆発によりもたらさせるものも含む）に留意し、これらの危険はすべての人間の安全に関わり、すべての国が核兵器のあらゆる使用を防止する責任共有を強調、○核兵器の壊滅的な帰結は、適切に対処できないものであること、国境を越えること、人類の生存や環境、社会経済的な発展、世界経済、食料の安全および現在・将来の世代の健康に重大な影響を与えること、ならびに女性・少女に不均衡な影響を及ぼすことの認識、○核軍縮を求める倫理上の要請があることおよび核兵器のない世界を達成しかつ維持する緊急性があることを認め、このことが世界の最上位の公共善であり、国・集団双方にとって安全保障上の利益に資することの容認、○すべての国がいかなる時も適用可能な国際法（国際人道法および国際人権法を含む）を達する必要性の再確認、○国際人道法の諸原則および諸規則、とくに武力紛争の当事者が戦闘の方法及び手段を選ぶ権利は無制限ではないという原則や区別の規則、無差別攻撃の禁止、攻撃の際の均衡性および予防措置の規則、その性質上過度の傷害または無用の苦痛を与える兵器を用いることの禁止という規則、自然環境保護の規則に立脚すること、○核兵器のいかなる使用も武力紛争に提供される国際法の規則、とくに国際人道法の原則および規則に違反することの考慮、などである。

そしてまた、○1946年１月24日採択の国連総会の最初の決議および核兵器の廃絶を求めるその後の決議の想起、○核軍縮の進展が緩慢であること、軍事上・安全保障上の概念、狭義および政策において継続的に核兵器に依存していること、ならびに核兵器システムの生産、維持および近代化の計画のために経済的および人的資源していることの憂慮、○核兵器の法的拘束力のある禁止は、核兵器の不可逆的で、検証が可能であり、かつ透明性を有する廃絶を含む「核兵器のない世界」の達成・維持に向けた重要な貢献となることを認識し、この目的に向けて行動することの決意、○厳重かつ効果的な国際管理のもとにおける全面的かつ安全な軍縮に向けての効果的な前進を達成する目的をもって行動することの決意、○厳重かつ効果的な国際管理のもとにおけるあらゆる点での核軍縮に至る交渉を誠実に追求・完結させる義務が存在することの再確認、○核兵器の不拡散に関する条約は核軍縮および不拡散の礎石として機能しており、その十分かつ効果的な実施は、国際の平和・安全の促進において不可欠な役割を果たしていることの再認識、○核軍縮・不拡散体制の中核的要素としての包括的核実験禁止条約およびその検証体制の不可欠な重要性の認識、○当該地域の諸国間で自由に締結される取極めを基礎として、国際的に承認された非核兵器地帯を創設することは、世界・地域の平和・安全を強固にし、核不拡散体制を強化し、また、核軍縮の目標を実現することに貢献する、という確信の再認識、○この規定のいかなる規定も、無差別に平和目的のための原子力の研究・生産・利用を発展させるためのすべての締約国の権利に影響を及ぼすものと解すべきでないことの強調、○核兵器の全面的廃絶の要請に示された人道の諸原則の推進における公共の良心の役割を強調し、また、このために国連をはじめ国際赤十字・赤新月運動、その他の国際機関や地域的機関、非政府機関、宗教指導者、議員、学術研究者およびヒバクシャの努力の認識、などである。そうした事項を前提として、禁止事項をうたっている。

これまでみてきたように、TPNW の成立によって事実上、核兵器の完全廃絶を最終的には可能にする、核兵器の禁止のための法的拘束力のある条約ができあがったのである。まず核兵器の禁止の枠組みを形成することによって、核兵器の完全廃絶につなげる方式を選択することになった。こうした TPNW 先行方式をとることを可能にした条件は、人道主義的視点の重視であり、開放的な多数の関係者の参加する核問題に関わる政策決定過程であり、そしてまた、五つの核兵器保有国中心の核不拡散条約（NPT）体制の不平等性を克服する作業にほかならない。M. ハンソンが強調しているように、この問題の根源的本質は、「第一次・第二次核時代」において核兵器の存在と核抑止（力）論や戦略が世界平和・安全保障環境のなかで不可避的な要因とみなされた「核主義」の過程は、きわめて正常なものとみなされてきたといってよい。しかし、この正常なるものは、「人道主義的考慮の相対的不在、閉鎖的な少数者による核問題の政策決定、そして、五つの核兵器国家が自らの条件で核秩序を形成してきた核不拡散条約の不平等性などである」。したがって、TPNW の成立過程とその内容は、「人道主義的発案」と直接に結びついており、核兵器の常態に挑戦し、それらを人道主義法と両立できないものとして作り直し、そして核兵器をすべての国に対して非合法化する試みといってよい[7)]。すなわち、TPNW の擁護者は、次のような三つの段階的過程を採用することを求めている。「第1は、核兵器の非人道的な結果を公にすることによってそれを非難すること、第2は、その製造や所有、使用に反対する法の支配を通して核兵器を非合法化すること、第3に、一定の期間にわたって国家の兵器庫から核兵器を廃絶すること、などである。そうした状態の上で、核兵器は、最初の２段階が完成された後によってのみ、削減され、廃絶される、と理解することができる」。いい換えると、特定な兵器を容認するかどうかの明確な法的定規は、そうした兵器が広範囲に所有・使用された形態から変容する長期間の過程が不可欠である。それらと同様な段取りが今では、核兵器に適用されているのである[8)]。

そうした核軍縮計画（最終的には全面的廃絶）のための３段階という段取りを求めることはすぐれて適切なことであることはいうまでもないが、そもそも核軍縮問題の本質が、これまで何度も強調してきたように、「核戦争を防ぐには、核戦争に備えよ」命題に基づく、核抑止論や戦略である以上、それらは本質的に誤りであり、単なる神話でしかないことを明らかにすることが重要かつ必要である。核戦争や核紛争、核拡散、核軍拡競争の危機を防ぎ、抑止するのは、核兵器の所有・使用・維持強化ではない。そうした危機を防ぎ、抑止できるのは本質的に、「核戦争を防ぐには、平和に備えよ」命題に基づく、非核抑止論や戦略であることを明らかにし、それを強調する必要がある。そうした一連の核危機を抑止可能にするのは実質的に、非核抑止力（その究極的形態が核兵器の絶滅である）以外ないといってよい。核兵器を作らず、核兵器を保有せず、核兵器を維持強化せず、そして一切、核兵器に依存しない政策や戦略を実行しなければならないだろう。もちろん、さまざまな核危機に対しむしろ偶然的要素によって、また一時的に、実際に核抑止力が作用したことは明確に否定できない。しかし、その核抑止力が有用なものであり、また正しいものとして正当化され、維持強化されることが何よりも避けるべき重要な問題なのだ。これまでの世界政治過程（古くからのとりわけ政治世界についてもいえるが）において、本質的に正しく、有効な政治思想や政策、戦略でなくても、それが現実の政治世界のなかで一時的に作用してしまうと、それらは意図的に維持強化されて、政治世界の構造に深く根をおろし、正当化また合法化されることが一般的である。そうなればなるほど、それらを変革することはきわめて困難となり、それらに内在する矛盾や問題があっても、それらの思想・政策・戦略体制（秩序）を根本的につき崩していくことは決して容易ではない。現実に、戦後の「第一次・第二次核時代」において、核抑止論や戦略を前提とする、核軍備管理や軍備縮小、軍事的紛争管理をめぐるさまざまな協定や条約、取極め、妥協、解決策のほぼすべては、核抑止（力）論や戦略を前提としている。事実上、今日の国家は原則的には、核兵器国家やその同盟諸国、核兵器開発国、核兵器を手に入れたいと考えている国などは、核抑止論や戦略の正当性や有効性を信じていようといないとに関係なく、その政策をとっている。例えば、核拡散防止を志向するNPTは、五つの核所有国がその所有を認められながらも、核軍縮交渉を進めて廃棄することが義務づけられていても、まったく廃棄する兆しはない。また、オバマ元大統領が2009年のプラハ演説で、「核兵器のない世界」実現のために具体的措置を講じると誓約したが、その一方で、現実の厳しい平和・安全保障環境のなかでは核抑止政策を放棄することはできない、といわざるをえなかった。核兵器を廃絶するために核抑止力が必要であろうというジレンマが、すなわち、それが特別に批判されることなく、仕方ないとして容認されているというジレンマが今日でも存在している。

TPNW成立を求める核兵器軍縮（廃絶）計画を推進していく過程では、核抑止論や戦略の本質的ジレンマについてとくに検討しなくても、それを前提として、とりわけ核問題について特定の一部の少数者によって政策決定が行われるという決める方法、人道主義的考慮の軽視、そしてNPTの不平等性について批判・検討が行われていくのはきわめて当然のことだった。前述したように、2017年に交渉過程に入ったTPNWをめぐる議論に大きな影響を及ぼしたのは、「核兵器における人道主義的発案（HINW）」であった。そのことは実質的に、TPNWの本質的内容がHINWの影響を受け、人道主義的視点が大きく取り入れている内容となったことを意味する。人道主義的規範を法的規範に加えたり、あるいは前者の影響力を後者が受け入れることによって、法的規範性をより強化すると同時に、その正当性や妥当性を維持することが可能となるようだ。TPNW成立をめざした関係国や関係者は、非核兵器国の指導者や軍部、国民、集団からなる政策決定過程ばかりか、核兵器国や核開発国家、核兵器の獲得を望んでいる国家や非国家主体にとっても無視することができない、普遍的で無差別の法的拘束力を与えることができるだろうとの考え方をもっていたのである。

そうした核危機をめぐる問題へのアプローチの必要性と可能性の背後には何よりも、従来の単純な「戦争不在状態としての平和観」や「国家の、国家による、国家のための安全保障観」ではなく、人道主義観（視点）が存在している。もちろん、そのことは一部の少数者や特別な一部の少数国に代って、より多くの人びとや集団、組織およびすべての国家による政策決定過程への参加という、危機問題へのアプローチの必要性と可能性とが相互に結びついていることはいうまでもない。「支配的な核秩序に対する不満の歴史によって世界の核兵器国と非核兵器国との二分性が大きく強化された。こうした分割によって、2012年に非核兵器国は『人道主義的発案』を、また、17年には『核兵器禁止条約』交渉を導き出したのである[9)]」。

こうして、とりわけ2012年から人道主義的視点に立脚して核戦争をはじめ核紛争、核軍拡競争、核拡散などからなる核危機の支配するグローバル核秩序において、核兵器禁止条約を成立させることによって、その廃絶を実現させることをめざして具体的な運動が展開していくことになった。そうしたなかで、実際にこれまでの国家安全保障志向というより人道主義志向の核軍縮の問題として、さまざまな二国間の外交関係や多国間の国際会議、とくに国連を中心とする国際機関、より幅広い世界的レベルでの討論や交渉の場を通して、核軍縮問題の解決策が模索された。そうしたさまざまな試みは、いくつかの主要な影響を受けていることを理解しなければならない。その一つが、1996年7月の核兵器の威嚇または使用の合法性に関する国際司法裁判所の勧告的意見であった。その意見の主なものは次のようなものである。NPT 第6条の「誠実に核軍縮交渉をおこなう義務」の法的重要性は、単なる行為の義務という重要性を超えるものである。すなわち、ここで問題になるという義務とは、あらゆる分野における核軍縮という正確な結果を、誠実な交渉の追求という特定の行為を通して実現する義務にほかならない。この交渉の追求および公式に達成するという二重の義務は、NPT に参加する182か国、つまり国際社会の圧倒的多数に関わるものである。核軍縮に関する国連総会決議の全会一致の採択が意味するように、実際、全面的かつ完全な軍縮、とりわけ核軍縮の現実的な追求には、すべての国家の協力が必要となる。そして、裁判所は、国連総会の諮問に次の方法で答えている。「A　核兵器の威嚇または使用のいかなる特別の権限も、慣習国際法上も条約国際法上も存在しない（全会一致)。B　核兵器それ自体の威嚇または使用のいかなる包括的または普遍的禁止も、慣習国際法上も条約国際法上も、存在しない（11票対3票)。C　国連憲章2条4項に違反し、かつ、その51条のすべての要請を満たしていない、核兵器による武力の威嚇または武力の行使は、違法である（全会一致)。D　核兵器の威嚇または使用は、武力紛争に適用される国際法の要請とくに国際人道法の原則および規制の要請、ならびに、核兵器を明示的にとり扱う条約および他の約束の特別の義務と、両立するものでなければならない（全会一致)。E　上述の要請から、核兵器の威嚇または使用は、武力紛争に適用される国際法上の諸規則、そしてとくに人道法の原則および規則に、一般に違反するだろう。しかしながら、国際法の現状および裁判所の有する事実の諸要素を勘案して、裁判所は、核兵器の威嚇または使用が、国家の存亡そのものがかかった自衛の極端な状況のもとで、合法であるか違法ではあるかをはっきりと結論しえない（7票対7票、裁判所長のキャスティング・ボート)。F　厳格かつ効果的な国際管理の下において、すべての側面での核軍縮に導く交渉を誠実におこないかつ完成させる義務が存在する（全会一致）[10]。

Eにあるように、核兵器の威嚇または使用が、国家存亡の危機に関わる自衛の極端な状況下では、合法か違法であるかについては明確な結論をくだすことはできないとしながらも、核兵器の威嚇または使用は、武力紛争に適用される国際法の、とくに人道法の原則および規則に、一般に違反するであろうとした点、また、国連憲章２条４項に違反、かつ51条のすべての要請を充足していない核兵器による武力の威嚇または使用は、違法であるとした点、さらに、厳格かつ効果的な国際管理のもとで、すべての側面での核軍縮につながる交渉を誠実に行いかつ完結させる義務が存在するとした点は、その後の核兵器の威嚇や行使の問題に対して、一般的に国際法上とくに人道法上の違法性をもつとの判断基準となったし、また、NPT 第６条義務について批判的な意味をもつ明確な定義をしたことはきわめて重要なことだ。

また、2007年に、米国政府での外交・安全保障の政策決定過程で指導的役割を担ってきた長老のH.キッシンジャーやG.シュルツ、S.ナン、W.ペリーの４名が、世界的核軍縮を本格的に推進するために米国が一方的に大規模な核軍縮を実行することを提言したことも、TPNW 成立に何らかの影響を及ぼしたとみることができる。冷戦期の「第一次核時代」において核抑止戦略を強力に進めてきた中心的政治家であっただけに、究極的には核兵器の廃絶を実現すべきとの主張は重要な意味をもっているといってよい。冨田宏治がいうように、彼ら４人の発言の意図は、最も破壊的な兵器がテロリストや「ならず者国家」などの危険な存在が手に入れるという現実の可能性に直面し、そうした危険性を防ぎ、世界的脅威である核兵器を究極的に廃絶するために全地球的レベルでの努力を行うよう呼びかけたのである。たしかに核兵器が非人道的なものだから廃絶しようと考えたわけではない[11]。彼らの発言の本意はそうしたものであっても、きわめて破壊的な兵器が無原則に拡散している危機的現状を防ぐためには、世界の脅威である核兵器を最終的に廃絶が可能となるよう努力することが重要だとの呼びかけは、客観的に「核兵器のない世界」を求めていかざるをえない必要性を強調しているとみてよい。キッシンジャーらは、そうした発言をせざる立場に置かれていることの認識のなかで、米国自らが一方的に核軍縮を行うことを提言したのだ。彼らの提言は、彼らが考えていた以上の影響力を及ぼしたことは認めなければならない。

事実、彼らの提言は、2009年４月のオバマ大統領のプラハ演説や、10年４月の

「米核態勢見直し（NPR)」報告書につながっていった。21世紀の核の危険な脅威を克服するために、米国は核保有国として、核兵器を使用した唯一の国として行動する道義的責任があるとして、「核兵器のない世界」の平和と安全を追求すると宣言し、そのための具体的な策を講じていくと主張したことは、「第一・第二次核時代」に米国が求めるべき核兵器に対する基本的姿勢を打ち出したものである。人類が直面する最大な核問題を解決するには究極的には「核兵器のない世界」を実現する以外ない、と核兵器の廃絶の必要性と可能性について明確な指針を提示したことの重要性と妥当性について高く評価されなければならない。しかも、核兵器を使用した唯一の核保有国として、米国には核兵器廃絶の目標に向って行動する道徳的責任があると明示したことは、この問題の解決のための本源的な責任の所在が米国にあることを認めたことを意味する。しかもこの問題の解決を単なる抽象的な規範として提示したのではなく、米国の大統領として公的立場にある人物が明言したことは、この問題の解決すべきという現実的規範性をもっているとみてよい。そのため、米国は核兵器のない世界に向けた具体的措置を講じることを強調している。それはオバマ政権の「NPR」報告書のなかで具体的に最重要な政策課題としてとりあげている。核兵器廃絶を単にリップサービスとしてではなく、そのための本格的なかつ現実的な取り組みが模索されていることが理解できる。それだけに、その後のTPNW成立に対して何らかの影響を及ぼしているといってよいだろう。

また、TPNW成立に大きな影響を及ぼしたのが、「核兵器に対する人道主義的発案（HINW)」の存在であり、また、その積極的な活動である。実際に、HINWは、グローバル核秩序を構成している一連の考え方や制度、実践について批判を展開してきた。また、127か国が核兵器に対して明確かつ率直な法的禁止を求めることを公約している、オーストリア主催の「人道の誓約」の国際会議が、国連内のオープンエンド作業部会として開催されたことだ。2017年に、TPNWの成立につながったのだ[12]。

冨田宏治が強調するように、とりわけそのオープンエンド作業部会の議論が重要な役割を果たしてきた。TPNWの成立に際しても、このオープンエンド作業部会での会合の存在と役割が重要な意味をもっている。TPNWの構想は、国連が設置した「オープンエンドの作業部会」の議論のなかから明確な形が現われてきたのだ。そもそも、「オープンエンドの国連作業部会」という言葉は、2015年のNPT再検討会議の最終文書、すなわち採択されなかった最終文書のなかに出てきたものである。最終文書はたしかに反故になったものの、実際には、ほぼすべての内容は合意をみていた。その合意のなかにあったきわめて重要な要件が、このオープンエンドの国連作業部会開催というものだった。国際社会では、オープンエンドの国連作業部会開催の声が強かった。2015年の国連総会決議によって、作業部会の設置が決まった。その決議とは、「『核兵器のない世界を達成・維持するために結論を下す必要のある具体的で実効ある法的規定や基準を扱うために、すべての国に開かれ、市民の参加も推奨されるオープンエンドの作業部会を設置する』」。この決議によって、16年２月、５月、８月に、国連欧州本部において、実際に作業部会が開催された。これらの会議は、核保有国がボイコットして、日本をはじめとする同盟国は核兵器の代弁者として会議を妨害したものの、16年８月に国連総会に提出する報告書が採択されることになった。オープンエンド国連作業部会の建設的かつ生産的な議論が積極的に行われることによって、核兵器の完全廃棄を可能にするような、核兵器禁止のための法的拘束力のある文書（条約）を交渉する会議を17年に召集することになった。すなわち、「『過半数の国は、2017年に国連総会において、すべての国家、国際機関、市民社会に開かれた形で、核兵器の完全廃棄につながるような、核兵器を禁止する法的拘束力のある文書の交渉を開始することに支持を表明した。この法的文書は、一般的禁止と義務を確立することに加え、核兵器のない世界の達成と維持に対する政治的な誓約を確立するものなのである。市民社会の代表もこの見解に支持を示した』」。そしてまた、この法的文書が、核兵器に対する一般的禁止と義務を確立することと、政治的誓約を確立するということをめざしていることが、重要な意味をもっている。なぜなら、この文書（条約）は明らかに、核兵器の法的な禁止を先行させ、その後で、核兵器のない世界を実現し、それを維持するという政治的な合意をとりつけようとしているからである[13)]。

したがって、採択された法的文書つまり条約の内容は、特定の少数者ではなく、多種多様な声をもつ多数の立場の市民社会、非政府（NGO）、国ぐに、政治社会集団、国際機関・組織などが参加する開放的な政策決定過程、国家安全保障利益よりも人道主義的視点の重視、NPT の不平等な法体制への批判、という要件を反映するものであると同時に、核兵器の禁止という法的拘束力のある枠組みの構成を先行させ、最終的には、「核兵器のない世界」の実現をめざしていくという方策をとっていくことを示唆している。

3 「核兵器禁止」と「核兵器廃絶」の関係性

「核兵器禁止条約」は実質的に、核兵器の法的禁止を先行させ、その後で核兵器の廃絶をしていく、という方策であるが、前者と後者の関係は具体的には、どのようなものであろうか。もちろん、核兵器の禁止とその廃絶とは事実上、同一のことではない。TPNW が核兵器の法的先行方式の採用の意図は、核兵器の法的禁止とその廃絶とが同一でないことを無視したり、軽視したり、あるいは否定しているからではない。むしろ両者が同一のものではないことを明確に理解し、それを前提に、その法的禁止を先行することは、最終的に「核兵器のない世界」の実現を可能にするための前提条件であるという考えからである。核兵器の法的禁止方式が実質的に、核兵器廃絶を実現していく最善の選択と理解しているからである。第二次大戦後の「第一次・第二次核時代」において、ほとんどの核軍備管理や部分的な核軍縮、核廃絶の試みは、NPT という核兵器廃絶の枠組の欠陥の例が物語っているように、十分な成果を出すことに失敗している。とりわけ、核廃絶の試みは、例外的に1987年の米ソの「中距離核戦力全廃（INF）条約」以外、成功していない。

それでは、TPNW では、核兵器の法的禁止と核兵器廃絶とはどのように結びつくのだろうか。この TPNW では、そのことを、核兵器の全面的な廃絶に向けての措置をとることによって結びつけている。まず、TPNW では、締約国の禁止事項として次のように規定している[14)]。(a)核兵器およびその他の核爆発装置の開発・実現・生産・製造・その他の方法による取得・保有・貯蔵などの禁止。(b)核兵器その他の核爆発装置またはその管理をいずれの者への直接・間接に移譲することの禁止。(c)核兵器その他の核爆発装置または管理を直接・間接に受領することの禁止。(d)核兵器その他の核爆発装置の使用または使用するとの威嚇の禁止。(e)この条約締約国に禁止されている活動につき、いずれかの者に対して、どのような態様であるか関係なく、援助・推奨・勧誘の禁止。(f)この条約締約国に禁止されている活動につき、いずれかの者に対して、どのような態様であるかに関係なく、いずれかの援助の要求または援助の需要禁止。(g)自国の領域または自国の管轄・管理下の場所で、核兵器その他の核爆発装置の配置・設置・配備許可の禁止。

そうした禁止事項のもとで、第４条では、核兵器の全面的な廃絶に向けてどのような措置がもうけられているのだろうか[15)]。1　TPNW 成立後の2017年７月７日以後に、核兵器その他の核爆原装置を所有・占有・管理し、かつこの条約が自国に対し効力を有する前に、核兵器施設のすべての除去あるいは不可逆的転換を含む自国の核兵器計画の除去した締約国は、その計画除去の確認をするため、当該４条６にしたがって、指定された権限のある国際当局と協力する。この当該締約国は、申告した核物質が平和的核活動からの転用はないこと、また、申請していないそれらが存在していないことを信頼できる保障措置協定を国際原子力機関と締結する。２　第１条(a)に関係なく、核兵器その他の核爆発装置を所有・占領・管理している締約国は、直ちにそれらを撤去し、即座に最初の締約国会合の決定期日までに、決められた一定の手続きにしたがって、その核兵器などを廃棄する。３　前２項が適用される締約国は、申告された核物質が平和的な核活動から転用されていないこと、また、申告されていないそれらが存在していないことにつき、信頼できる保障措置協定をIAEAと締結しなければならない。この協定は、交渉開始の日の後18か月以内に効力を生じるものとする。４　第１条(b)と(g)に関係なく、自国の領域または自国の管轄・管理下にある場所に、他国が所有・占有・管理する核兵器などが存在する締約国は、早急に最初の締約国会合により決定される期日までに、その核兵器などの速やかな撤去を確保する。それらの撤去に際し、この第４条に基づく自国の義務の履行につき国連事務総長に対して申告を提出する。５　この第４条が適用される締約国は、それに基づく自国の義務の履行が完了するまで、この義務の実施の進捗状況について締約国会合および検討会合に報告する。６　その締約国は、この４条の１、２、３によって、核兵器計画の不可逆的な除去につき交渉し、この除去を確認する権限のある国際当局を指定する。この１と２の規定が適用される締約国につきこの条約の効力が生じる前に、この指定が行われない場合に、国連事務総長は必要な決定を行うために締約国による特別の会合を招集する。

そうした第４条の核兵器の全面的な廃絶に向けての具体的な措置はたしかに、TPNW締約国の間での場合には、適切で、妥当なものとして評価してよい。事実上、条約締約国のほとんどの国はそもそも核兵器その他の核装置を所有し、占有し、あるいは管理していない。締約国のなかでも、核兵器開発を進めている国であったり、それを望んでいたり、あるいは、潜在的に核兵器を入手しうる資源的・技術的条件を所有している国に対しては、そうした核兵器の全面的廃絶に向けた措置がある程度妥当するかもしれない。問題は実質的に、どれだけ多くの核兵器保有国を、TPNWの枠組のなかに組み入れる（参加させる）ことができるか、あるいはTPNWに参加させることができなくても、その枠組みを考慮したり、尊重したり、あるいは容認（参加しなくても）させることができるか、できないかである。すなわち、TPNW の枠組みを実際により拡大するために TPNW の非締約国へ影響を及ぼすことができるか、あるいはそれらの国々の核兵器観(思想)・政策・戦略・行動の在り方を規制することができるかどうかである。閉鎖的な TPNW から開放的 TPNW へ変換していく努力や工夫が要求される。

4 TPNW 成立のグローバル核支配秩序への影響

TPNW の成立は実際、グローバル核秩序、とりわけ核兵器保有国に対してどのような影響を及ぼしているのだろうか。とりわけ現在の核兵器保有国やそれらの同盟国、核兵器開発国などに対してどのような影響を与えるだろうか。あるいはまた、それらの国ぐにの核兵器観（思想)・政策・戦略・行動に対してどれだけ規制することが可能だろうか。概して、核兵器国やその同盟は少なくとも初期の時点では、核兵器禁止条約の締約国になることはないだろう。なぜならば、核兵器の保有は自国の平和・安全保障にとっても、世界平和・安全保障にとっても、必要・不可欠なものであって、核軍縮は可能であっても核兵器の廃絶は実際には不可能であるばかりか、廃絶すべきではない、と考えているからだ。米国をはじめ核兵器保有国やそれらの同盟諸国にとって TPNW の締約は、今日の現実の厳しい世界平和・安全保障関係環境を認識することができない、きわめて単純な、非現実的な理想を反映しているとみている。そうした TPNW は明らかに、第二次大戦後の「第一次・第二次核時代」における世界平和・安全保障の維持・安定にとって不可欠であった核抑止論や戦略を軽視したり、否定するものである。核兵器を禁止したところで、いかなる国や地域にとっての平和・安全保障の確保を何ら保証することにならないし、また、何らかの核兵器を削減していく適切で有用な方策（措置）とはならず、まして「核兵器のない世界」の実現につながることはない、と批判的見方をしている。さらに、現実的かつ確実に核軍縮そして全面完全軍縮という目標に向けた取り組みは、核不拡散条約（NPT）を中核とするレジュームに引きつづき忠誠を確認し、その権威、普遍性、実効性を強化していくことであり、すべての人びとは、世界の平和・安定・安全をさらに推進していくために、とりわけ NPT 体制の擁護・強化に対する共通の責任を有している、という。

概して、核兵器国やその同盟諸国はほぼ、例外なく、TPNW の成立には批判的であり、世界政治への影響力は大きいものではないとされている。しかし、核兵器保有国やその同盟国の視点ではなく、グローバル社会の視点からみると、

TPNW 成立は、むしろグローバル核秩序に対してかなりの挑戦的な圧力を及ぼしたといえる。B. フィンがいうように、不幸にして、核兵器禁止運動が進展し、TPNW 成立と同時に、その運動は再び、より難しい国際安全保障環境に直面したのである。ナショナリズムが国際協力や国際制度を弱いものにし、核武装国家間の緊張が生まれ、核兵器と結びついた脅威が誇張され、また、核兵器近代化計画が大きく進展している。核爆発の危機は冷戦時より最も高い。トランプは、核戦力の軍事的潜在力を強化するという V. プーチンの発言に呼応して、米国の核能力を大きく強化し、拡大することになるという発言をしている。実に両国の間では、世界の核兵器の90% 以上を支配している。核兵器は決して、再び使用されないという保証はより緊要な課題となっている。「核兵器が安全保障にとって必要な戦略的資源として価値をもつ限り、たとえ可能であっても、重要な核軍縮はきわめて困難となろう。核兵器を除去するために、国際社会は、そうした兵器はもはや許容できない、あるいは望ましいものではない、ということを表明しなければならない。世界の大多数の国ぐににとって、そうした時がきている[16)]」。

とりわけ核超大国である米国が、TPNW に参加せず、その成立に批判的態度をとっているが、米国のいう世界平和・安全保障環境の悪化といったところで、そうした状況を生み出した最大の主役は米国自身である。また、核戦争や核紛争、核拡散の危機を防ぐことができるのは核抑止論や政策という神話を創り、それを正当化してきたのもとりわけ米国自身だ。さらに、NPT 体制を維持・強化することによって核軍縮そして全面核軍縮という目標に向けた取り組みの強化を要求しているものの、そもそもその NPT 体制は本質的に、矛盾を内包する不平等なものを米国を中心とする核兵器国家自らがあくまでも維持・強化を志向している。したがって、米国の核抑止戦略や核戦力政策の遂行にとって TPNW の成立は無視できる、無関係のことではないどころか、困った存在なのである。なぜならば、TPNW 体制は本質的に、米国を中心とする核保有国家やその同盟諸国に対抗する、批判の対象だからだ。したがって、逆に、そうした国ぐににとって、TPNW は批判の対象でしかない。

しかし、実際にそうした国ぐにが TPNW に参加せず、批判的態度をとったことで、TPNW 成立はグローバル核秩序に大きな影響を及ぼしているように考えられている。実際はどうであろうか。核兵器国やその同盟国は、TPNW に対して二つの選択肢がある。核兵器を廃絶し、そしてこの条約にかかわるか、あるいは、この条約に加わらず、その核兵器を廃絶する自らの特別な計画案をつくるかである。核に依存する同盟国にとって、このことは核抑止の教義を否定することになるので、核運搬のための基地や飛行機のような、その可能なシステムを要求することになる。もちろん、核保有国はこの条約を完全に否定し、そして、何兆ドルものコストをかけて近代化する計画を推進することになる。後者を選択することは、非核国家と核国家との分裂を維持することになり、NPT によって確立した不拡散レジュームを脅かすことになる[17)]。そもそも非核保有国が自ら核兵器廃絶計画案を作っても、核保有国や同盟国はそれに加盟しない。そうであっても、いつか核廃絶の認めざるをえない立場に置かれている、との認識は避けられないようだ。

それにしても、いくつかの点で今日のグローバル核秩序に対して影響力を及ぼしていることを指摘しなければならない。TPNW をめぐる核兵器の擁護者とその批判者との間で展開される論争によって、核兵器の使用で引き起こされる戦争がいかに膨大な破壊をもたらすかを理解させ、また、核軍縮の必要性を認識させることは役立つことになる。どのような核兵器の使用がいかに国際人道法と矛盾しているかを明らかにする。こうした内容をもつ条約の交渉が、核兵器の全面的廃絶へ向けての第一歩となることを、人びとに知らせるばかりか、その条約の人道主義的発案はさまざまな国際会議を組織させることになった。その重要なものの一つが、この TPNW の成立を可能にしたのである[18)]。その後も、2018年12月に日本が主導した決議「核兵器の完全廃棄へ向けた新たな決定の下での団結した行動」が、また、新アジェンダ連合諸国の決議「核兵器のない世界へ―核軍縮に関する誓約の履行を加速する―」が、採択されている。

また、TPNW の成立は、核兵器国やその同盟国の行動を最終的には変質させる二つの勢力を生み出すと考えられている。その一つが、核兵器産業の実態をさらすことで銀行や投資ファンドなどの民間会社に対する制限を助長するだろう。もう一つは、TPNW が、核兵器に対するグローバル規範を明らかに強化するだろうし、また、それを保有しつづけている国家に対する非難を増大させることになる。それに伴って、核兵器の将来について新しい社会的・政治的論争を引き起こすだろう。とくにヨーロッパにおける NATO の核戦力について、また、NPT 体制の在り方についても核兵器国や同盟国のなかに生まれることになる。そして、重要な平和組織や運動が活発となってくる[19)]。

そうして、何よりも TPNW 成立の影響は核兵器国家や同盟国がそうしたさまざまな動向を無視したり、反対したり、否定することができなくなり、何らかの具体的対応が迫られることになった。それらの国ぐにの政策決定者や知識人、国民の間に広く核兵器行使を禁止する強力なタブーが形成されることになる。そのタブーは国境を超えたグローバルな広がりをもって拡大・強化されることになる。N. タネンワルドは、国内世論や世界世論、個々の指導者の個人的道徳的信念の三つの特別なメカニズムが、米国の政策において効力を発揮したことを明らかにしている[20)]。TPNW の成立がいかに重要な影響力をもっているかについては、次章でさらに詳しく述べたい。

1）Meyer, Paul and Tom Sauer, “The Nuclear Ban Treaty：A Sign of Global Impatience,” *Survival*, Vol. 60, No. 2018), p. 61.

2）特定非営利活動法人ピースデポ編／梅林宏道監修『イアブック「核軍縮・平和2018」—市民と自治体のために—』緑風出版、2018年、57頁。

3）Ritchie, Nick, “A hegemonic nuclear order：Understanding the Ban Treaty and the power politics of nuclear weapons,” *Contemporary Security Policy*, Vol. 40, No. 4 (2019), pp. 409－410.

4）Thakur, Ramesh, “Envisioning Nuclear Futures,” *Security Dialogue*, Vol. 31, No. 1 (2000), p. 26.

5）フランク・ブラッカビー「核兵器のない世界」（ジョセフ・ロートブラット、ジャック・シュタインバーガー、バルチャンドラ・ウドガオンカー編／小沼通二、沢田昭二、杉江栄一、安斎育郎監訳『核兵器のない世界へ』かもがわ出版、1995年）1頁。

6）特定非営利活動法人ピースデポ編／梅林宏道監修、前掲書、223－25頁。

7）See Hanson, Marianne, “Normalizing zero nuclear weapons：The humanitarian road to the Prohibition Treaty,” *Contemporary Security Policy*, Vol. 39, No. 3 (2019), pp. 464－88.

8）*Ibid.*, pp. 464－65.

9）*Ibid.*, pp. 475－76.

10）特定非営利活動法人ピースデポ編／梅林宏道監修、前掲書、177－78頁。

11）冨田宏治『2017年７月７日国際会議で採択　核兵器禁止条約の意義と課題』かもがわ出版、2017年、46－48頁参照。

12）Hanson, Marianne, *op. cit.*, p. 476.

13）冨田宏治、前掲書、15－28頁参照。

14）特定非営利活動法人ピースデポ編／梅林宏路監修、前掲書、225頁。

15）同上書、226－27頁。

16）Fihn, Beatrice, “The Logic of Banning Nuclear Weapons,” *Survival*, Vol. 59, No. 1 (2017), pp. 43－44.

17）Meyer, Paul and Tom Sauer, *op. cit.*, p. 62.

18）*Ibid.*, pp. 65－66.

19）*Ibid.*, pp. 68－69.

20）See Tannenwald, Nina, *The Nuclear Taboo：The United States and the Normative Basis of Nuclear Non-Use*（Cambridge：Cambridge University Press ,2002), pp. 47－50.

第６章

グローバル非核秩序の構築
―「核兵器のない世界」構築の必要・可能条件―

1　はじめに―「核抑止力の世界」対「核廃絶の世界」―

これまで「第一次・第二次核時代」において核兵器をめぐるグローバル秩序は、核兵器の存在と核抑止力の役割の合法化および正当化を主張する現状維持志向国家（勢力）が支配的地位を占めてきた。ところが、TPNW の成立によって、核兵器の存在と核抑止力を非合法化・非正当化する、現状変革志向勢力が、前者を全面的に批判し、また、それに挑戦・否定する条件を具体的にもつようになった。前者が依然として、大きな要件であるものの、グローバル核支配秩序は事実上、核秩序と非（反）核秩序から構成されることになった。こうして、第二次大戦後の「第一次・第二次核時代」から、2017年７月の核兵器禁止条約（TPNW）成立を契機に「第三次核時代」を迎えることになった。この TPNW の成立は実際に、戦後から長期にわたって支配してきた「核時代」を終焉させることなく、これまでの「核時代」が新しい局面を迎えることになったことを意味する。なぜならば、今日、核戦争や核紛争、核拡散、核軍拡（通常兵器も含め）競争の危機は、なくなるどころか、とりわけトランプ政権の成立前後から、グローバル政治世界全体でその広がりと程度を大きく高めている。それらの危機を終息するとか、低下させている実態をみることはできない。依然として人類世界の廃絶の可能性は決してなくなっていない。その一方で、そうした現状認識は、むしろ単なる杞憂であって、きわめて現実離れした、悲観的なものでしかない、という批判も大きく存在している。そうした批判こそ、現実の世界の異常な状態を正確かつ適切に理解することができない、きわめて楽観的な現実無視の態度に起因しているといってよい。そのため、現実のそうした厳しい危機状況に対応する形で、TPNW 成立が要求されたのである。

もちろん、その反対に、TPNW の成立が「核兵器の人道主義的発案（HINW）」

とともに、急速に核兵器の廃絶を可能にするという理解も、きわめて単純かつ楽観的な、現実を無視したものということはいえる。しかし、TPNWは実質的に、先ず法的拘束力のある核兵器禁止条約を成立させ、それを前提として具体的に核兵器の廃絶を推進していくことを目指していく行程を設定している。核兵器禁止は実際には、核兵器全廃を決して意味するものではない。前にみてきたように、「核兵器禁止」先行方式は最初から、明確に意図されていたもので、決して単純なものでも、楽観的なものでもない。問題となるのは、TPNWが成立すれば、核廃絶に向って確実にその推進の道を歩むことができると考えるならば、それは単純で、楽観的なものであり、それを実現するための本格的な手を打つことができるかどうかである。TPNW成立の意図を実現するためには、現在の核支配秩序を支える核兵器の存在および核抑止論・戦略の非合法化および非正当化を全面的に展開すると同時に、核兵器廃絶を実現するための具体的な方策を積極的に提示していかなければならない。

したがって、TPNWの成立は、「核兵器のない世界」の実現への重要な第一歩を進めたといってよい。もちろん、その第一歩の勢力は明らかに、グローバル核支配秩序を支える勢力と対等で、対称的なものではない。それら二つの勢力は実質的に、きわめて非対等で、非対称的なものでしかない。今日では両勢力は圧倒的に後者が優位であることは否定できない。それだけに、前者は具体的に、対等な勢力となるための積極的な方策を創出しなければならない。そうであっても、そうすることは事実上、容易なことではない。なぜならば、後者の勢力は、戦後の「第一次・第二次核時代」が推移するなかで、いわばグローバル核支配秩序を構成しており、米国を中心とする核兵器保有国は自らが占めている権力や地位、利益を放棄したり、削減をめざすことはない。むしろそれらをあくまで維持・強化をはかることが一般である。一定の構造化された形をもった核秩序を構成し、支持する、核兵器や核兵器装置、核物質資源（材料）、それらの特質的条件を維持・強化するための制度や組織、そして核兵器についての理念や考え方、イデオロギーつまり核抑止論や政策を内包している。それらに内在する矛盾や問題が明らかであっても、それらを自ら変革するのではなく、それらの維持・強化が志向される。

そうしたグローバル核支配秩序は本質的に、現状維持志向勢力と、非核抑止力やTPNWの存在と役割を中心とする現状変革志向勢力とで構成されているものの、後者はたしかに、核兵器のグローバル政治において挑戦的勢力としての地位と役割を遂行しても、対等な立場でグローバル核政治ゲームを行うことができない。現在では、そうした認識をもつことは決して間違ってはいないが、しかし、その状態が永続的につづくということを意味するのではない。例えば、古くは奴隷制を維持している農園主や奴隷を使用している所有者、奴隷業者が自ら奴隷制を廃止しないが、歴史の流れのなかでそれがいかに不当で、人道上でも反しているとの矛盾や問題が明らかとなり、同時に奴隷制に反対し、その廃止を求める国内外の声や運動の高まりや政治的圧力によって奴隷制が廃止されている。また、植民地の解放も好例であろう。第二次大戦後に欧米の植民地支配から解放され多くの新興独立国家が次つぎに誕生していった。冨田宏治が強調しているように、そうした戦後の国際政治過程が大きく変容するなかで、「1960年に国連総会が『植民地独立付与宣言』を採択します。『いかなる形式及び表現を問わず、植民地主義を急速かつ無条件に終結せしめる必要がある』（前文）として、『外国人による人民の征服、支配及び搾取は、基本的人権を否定し、国際連合憲章に違反し、世界の平和及び協力の促進の障害になっている』などと宣言したのです」。この宣言は、米英仏などの主要植民地宗主国の９か国の棄権があり、宣言が採択された時点では、植民地支配が違法であるとの法的確立はしたとはいえなかったものの、この宣言を力に、さらに多くの国が独立を手にし、それらの宗主国も植民地を手放さざるを得なくなった。そうした歴史的過程を通じて、植民地はなくなり、植民地支配は違法であるとの認識が定着したのだ。核兵器禁止条約をめぐっても、それと同じようなことが起きるのではないだろうか。たとえこの条約の発効時点では核兵器保有国が参加しなくても、その条約を力に核保有国に圧力を加えていけば、違法性を認めさせ、廃絶に向わせていくことが可能なのである[1)]。

さらに、1987年12月の米ソの中距離核戦力（INF）全廃条約の成立についても、それを可能にした歴史的背景が存在していたことは明らかである。米ソの間で、それぞれの軍事同盟国への中距離核ミサイルの配備競争が激しく展開されることでヨーロッパの局地核戦争の危機が急激に高まるに応じて、とりわけヨーロッパ諸国を中心とする世界的レベルでの反戦・反核の世論と運動が展開され、また、ゴルバチョフ政権の新思考外交の展開、米ソ両国の経済的混迷状態などが大きく作用するなかで、その条約の成立を可能にした。この条約の成立を契機に、米ソ関係改善が大きく進展することになり、冷戦構造の解体が可能となった。米ソ間の激しい相互確証破壊（MAD）関係は実際に、緩和すると同時に、全面的核戦争の危機も大きく低減することになった。

これまでの例が示していることは、ある強固に構造化された不変の状態なり事態（秩序）であっても永遠に変化しないものではなく、何らかのその秩序をめぐる環境の在り方とそのなかで行動主体の在り方が複合的に結びつくなかで、その秩序は変化も変革も可能となる、ということである。とりわけ、第二次大戦後の「第一次・第二次核時代」における核兵器をめぐる政治の支配的なグローバル核支配秩序とは本質的に、米国を頂点とする覇権的なグローバル核秩序を意味している。第二次大戦後の核問題に関わるこの主導的グローバル核秩序は実際に、その形成・発展・展開・変容の歴史的過程をたどっているとみることができる。この核秩序は本質的に、その秩序の現状維持を志向する勢力とその変革を志向する勢力から構成されている。前者の勢力は、その自らの核秩序内部に矛盾や問題を抱えていながらも、その現状の核秩序を本質的に維持するために、最小限度の方策でその矛盾や問題の解決をはかる試みがみられるものの、その核秩序の根本的な構造的変革を自ら志向することはない。そのため、支配的なグローバル核秩序は事実上、大きく変容をみることなく維持されることになる。

そうした見解はたしかに、肯定できるものの、そのことが、現実の支配的なグローバル核秩序には実質的に、その核秩序に抵抗したり、挑戦したり、否定したり、あるいはまたその変革を求めたりする勢力や条件がまったく存在していないことを意味するものではない。前述したように、その変革志向勢力は、前者の現状維持志向勢力と比較して、概して、大きな脆弱性をもっているといってよい。しかし、第二次大戦後の世界政治の展開と同時に、支配的なグローバル核秩序が形成・展開・発展・変容する過程においてつねに、大きいものでなくてもある種の現状変革志向勢力が存在しており、現状維持志向のグローバル核秩序に一定の影響力を及ぼし、またその秩序の在り方を規定してきたことは、容認されなければならない。事実、1945年８月に米国の原爆投下で広島と長崎が想像を絶する巨大な破壊を経験したことを契機に、二度と再びそうした事態を起してはならないとの意識や声、運動が、さまざまな場面で生まれ、高まりをみせてきた。46年１月に第一回国連総会で最初の決議が出され、原子力の発見によって生じた問題およびその他の関連事項を扱うことを委託する国連原子力委員会の設置が決定され、そこで扱う項目として、「……原子兵器およびその他のすべての大量破壊兵器を各国の軍備から撤去すること」を明確にうたった。その一方で、「第三次世界大戦」の勃発を懸念する、一般市民や社会集団、国際組織、国際機関などによる反核・反戦の世論と運動が世界的規模での広がりをみせた。その後もそうした世論や運動に、とりわけ科学者や組織、国際会議や集会、国際機関が重要な役割を遂行するなかで、反核・反戦の声や運動がより広範囲に拡大されると同時により強化されることになった。その反面、国連の場を通して、あるいは直接的に核問題に対する外交交渉が行われ、不十分なものであれ、核軍備管理や軍縮の二国間および多国間条約や取極めの成立を可能にしてきた。その主要な条約の一つが核兵器不拡散条約（NPT）にほかならない。このNPTは本来、非核国による核兵器の水平（ヨコ）的拡散防止の規定と、核兵器国によるその垂直（タテ）的核軍縮交渉義務の規定とが両立する内容をもっているが、実際には水平的拡散防止にも、垂直的拡散防止にも役立ってはいない。このNPTは実質的に、核大国である米ソ協調体制の維持・擁護のための試みであり、また、核兵器国と非核兵器国の権利・義務が異なる不平等条約にほかならない。NPTは、米ソの、とりわけ米国による主導的グローバル核秩序の変容や変革を求める勢力としての役割を果たすのではなく、むしろその核秩序を維持する勢力なり条件として機能している。水平的な核拡散を防ぐため（実際に防ぐことができなかった）に、核兵器国の核軍縮交渉義務を実行していくというのは、水平的核拡散防止のためのリップ・サービスに過ぎない。NPT成立後今日まで、このNPTは明らかに、米国の主導するグローバル核秩序の中核的地位を占め、現状維持の中心的役割を演じている。

だが、事実上、米国主導のグローバル核秩序を構成する核兵器の存在、核抑止論や戦略、核管理制度、核不拡散体制、軍縮体制が、適切かつ有効に機能していないのに、なぜ核戦争や核紛争、核拡散、核軍備競争などに対して一定の歯止めとしての、抑止としての役割を果たすことが可能となったのであろうか、との問いに対する答えを出さなければならない。換言すると、そのグローバル核秩序は本質的に、核戦争や核紛争、核拡散、核軍拡競争の危機という矛盾や問題を内包させているにもかかわらずなぜ、その秩序が解体したり、あるいは大規模の変容が起こることなく、継続を可能にしているのだろうか。冷戦期のとりわけ米ソの厳しい相互確証破壊（MAD）関係が展開するなかで、なぜ核戦争の勃発を防ぐことが可能だったかの根拠として一般的には、核抑止論・戦略に基づく核抑止力が求められてきた。戦後から今日までの「長い間の平和」を維持したのは核抑止が有効に作用したからだとの考えを前提に、現在でもほとんどの国は事実上、核抑止戦略を実施している。核兵器をすでに保有している国はもちろんのこと、そうした国と同盟関係にある日本や韓国、多くのヨーロッパ諸国、核兵器開発を進めている国、核兵器を保有したいと考えている国でも核抑止戦略を遂行していたり、実際にその戦略を採用していない場合でも、それが適切で、有効なものとみている。また、それらの国ぐに以外の国でも実際に、その戦略に無関心であっても、その妥当性や有効性を否定していない。そうした事態がありながらも、長期にわたって核抑止力が核戦争の勃発を防いだかどうかを科学的に証明も、否定することは実際にできない。核戦争が起きていないことが、核抑止力による作用の効果であるかを、合理的に証明することは著しく困難である。核抑止力と関係なく、核戦争が生起していないことも否定できない。核兵器の抑止力という原因と核戦争の防止という結果の因果関係はきわめて不透明である。もしそうであるならば、核戦争を防止したと想定されている核抑止力以外に別の力（条件）の存在を考えるべきだし、また、考えることができる。

第２章で検討してきたように、そもそも核抑止論・戦略は本質的に、矛盾の体系であり、核戦争の危機に対する抑止力をもっているかどうか不透明であり、ある状況のもとでは、核抑止力は逆機能として作用することでかえって核戦争の危機を高めるといってよい。したがって、核戦争の危機を克服することを可能にするのは、核抑止力や核兵器の存在ではなく（あるいは控え目にいってその力と存在と共に）、いわば非核抑止力や非核兵器（通常兵器ということではなく非軍事力という意味）の存在である。それは具体的には、グローバル・レベルでの反核・反戦の世論や運動、外交的手段、民間・市民・国民外交、NGO や NPO などの非政府組織の役割、非国家間国際組織、政府間国際組織・制度、さまざまなレジュームの役割、多種多様な国際法・世界（国際）人権法などの法規範、人道主義、道徳規範、正義、公正、平等、宗教心、グローバル核ゼロ運動、多様な平和思想、倫理規範、核兵器の使用を禁止する強力なタブー、また、そういった以上のいくつかの複合体としてのグローバル・ガバナンスなどを指摘することができる。その上、J. ナイは、さまざまな核兵器問題領域で自国の行動様式や国家間関係様式をルール化していく米ソ間の安全保障レジュームの形成を可能にする「核の学習効果」を強調する。核の不使用の学習を通して熱戦化する危機を克服してきた、という。また、J. ミューラーの「一般安定化」も過去の戦争の経験を学ぶことで人びとが戦争に対する意識や態度を変化させ、戦争回避志向性を高めていくことによっても、第二次大戦後の大国間の「長い間の平和」を実現したという主張もある程度認めてよい。しかし、米ソのような核超大国間の平和については、すなわち、米ソ間のような相互確証破壊関係を構成していることで両者の絶滅を可能にする核報復能力を懸念する大国間の平和では、相対的に核兵器の存在意義が大きいことはたしかに、否定することはむずかしい。だが、そのことは、在来の通常兵器によっては大国間レベルでの「一般的安定性」を維持することは容易ではなく、「一般的安定性」を強化して「長い間の平和」を支えることが皮肉にも核兵器にほかならない、ということを意味するのではない。その核兵器の使用を規制し、抑止した重要なひとつの要因が、国際レジュームや「一般安定性」であったことは認められてよい。そうした要因も、規範や核タブーと同様に非核抑止力の一種と理解してよい。核戦争の危機の抑止には、核兵器に依存するのではなく、核兵器の廃棄である、との考え方が、1946年1月の国連総会の第1号決議以来、すでに規範として今日でも定着している[2)]。実に、戦後の「第一次核時代」が開始された当初から、核戦争の危機には、核兵器による抑止ではなく、核兵器の廃棄以外ない、つまり非核抑止力が強く要求されてきたことを理解することは、何よりも重要なことだ。

そうした問題意識の上で、2においては、グローバルな核兵器をめぐる支配秩序はどのように形成され、展開し、発展し、変容していくかのメカニズムを核秩序と非核秩序の観点から明らかにする。3では、そのメカニズムを形成する現状維持志向核秩序であるNPT体制を、4では現状変革志向非核秩序としてのTPNW体制がそれぞれどのようなものであるかを検討しながら、後者の体制を中心とするグローバル核秩序の変革の必要・可能条件の抽出を試みる。

2　グローバル核支配秩序における核秩序と非核秩序

そうした核戦争の危機を抑止するのは核兵器の存在および核抑止力なのか、あるいはその核兵器の廃絶なのか、という重大な核問題についての重要な視点は、今日、米国主導のグローバル核秩序において、一方で、その秩序をあくまで維持・強化を求める核抑止体系（実際には核戦争を抑止できるとかぎらない矛盾の体系であっても）を支える現状維持志向勢力（条件）と、他方で、核軍縮・全廃を求める非核抑止体系を支える現状変革志向勢力（条件）が併存しているという理解である。先にみてきたように、もちろん、両勢力は著しく非対称性を構成しており、これまで、事実上、前者の現状維持志向勢力がつねに優位な地位を占めてきている。そのため、現状維持志向勢力が自ら変化や変革をしていかない限り、現在のグローバル核秩序はほぼ維持されることになる。そのグローバル核秩序の変化や変革を実質的に可能にするには、現状維持志向勢力が自ら変化や変革を積極的に推進していくか、あるいは、現状変革志向勢力が維持志向勢力に抵抗したり、挑戦したり、抑止する勢力を強化して、その核支配秩序の変革を主体的に試みていく以外ない。これまで米国主導のグローバル核秩序をめぐる現状維持・変革の本格的なグローバル政治ゲームを行うことが可能となったのが、前述したように、2017年7月のTPNWの成立である。もちろん、両勢力が対等の関係のなかでゲームを行うというよりも、そのゲームを行う可能な出発点を一歩進めたといった方が正しい。何よりも重要な問題は、核廃絶を実現するために、どのような具体的で、生産的な方策や政策、戦略をとることができるか、また、そのためにも、権力や権力関係の視点を重視することができるか、どうかである。

N. リッチーが次のような点を強調していることは肯定してよい。TPNW と核兵器の権力政治を理解するためには、権力とヘゲモニーを分析の中心に置くことによって、主導的核秩序と TPNW の重要な概念を進展させる必要がある。この中核的議論は、「グローバル核秩序とは、歴史的構造として相互に作用する物質的能力や秩序理念、制度の間で適合するものとしてヘゲモニーのコックスの概念に基礎を置く、核兵器とエネルギーの複合体を支配する主導的秩序を意味する。その歴史的構造のなかで、米国の権力は中核的なものであるが、それに還元できるものではない。この主導的核支配秩序は、その他の要因を無視したり、考慮しないものではないが、核兵器のグローバル政治に特別な一連のアイデンティティや利益、理解、実践にすべて特権を与える。……この主導的権力構造こそ、TPNW が以前の軍縮発案よりかなり直接的対立に投げ込まれるものだ。なぜならば、核兵器と核抑止を非合法化し、また非難するその明確な目的であるからだ[3)]」。

そしてまた、グラムシがこれを「カウンター・ヘゲモニー」の行為として認識したものである。すなわち、それは、確立されたヘゲモニーの構造のなかで政治の代替的形態を創り、そしてまた基本的変化を可能にする積極的過程なのである。コックスによると、このことは、HINW や TPNW のように既存の社会において代替的制度と知的資源を創出し、また、同様に熱心に追従している集団間での結びつきを形成していることを意味しているのだ。まさにそれは、核兵器をグローバル政治における確立した権力構造と、核ヘゲモニーの構造をきわだたせ、またグローバル核秩序の概念により批判的関与をやむなくさせる集団的抵抗の形態としての人道主義的発案との間の弁証法的なものである[4)]。

そういったコックスやグラムシの権力やヘゲモニー、カウンター・ヘゲモニー概念と結びつけたグローバル核秩序や覇権的核支配秩序の概念はきわめて適切で、妥当なものといえるが、このグローバル核秩序の変動をもたらす二つの勢力（条件）を注視する観点から、少し表現や用語を変えたい。グローバル核秩序は、核兵器および関連装置・核物質、核抑止論や核主義、核抑止戦略や同盟、軍備管理からなる合成体としてのヘゲモニーに基礎を置く核兵器・エネルギー複合体（核抑止体系）をコントロールする覇権的秩序を構成する。しかし、グローバル核秩序は、とくに覇権的秩序を構成するばかりか、同時に、核軍縮（廃絶)、非核抑止論・核廃棄主義、反核・反戦の世論と運動やレジューム・ガバナンスからなる合成体としての反ヘゲモニーに基礎を置く非核抑止力の複合体（非核抑止体系）を創成する反覇権的秩序を構成している。

グローバル核秩序は実際には、そうした、一方の、現状の核兵器体系を維持する覇権的秩序と、他方の、現状変革の非核兵器体系を創成する反覇権的秩序から構成されているが、両者は、対等で、対称的な関係ではなく、不平等で、非対称的な関係を形成している。第二次大戦後の「第一次・第二次核時代」を通して、グローバル核秩序は基本的には、現状維持の覇権的秩序が圧倒的に優位な地位を占めてきたため、グローバル核秩序は表面的には、覇権的秩序のみが存在しているようにみなされてきた。しかし、グローバル核秩序は実際には、たしかに脆弱なものであっても、反覇権的秩序を内在させてきたのだ。事実上、グローバル核秩序においては、一方の強力な覇権的秩序と他方の脆弱な反覇権的秩序と弁証法的運動過程が形成され、展開してきている。それだけに、戦後の「第一次・第二次核時代」のそれぞれの局面において、前者の覇権的秩序はあくまでも維持・強化していく現状維持志向勢力として、また、後者の反覇権的秩序はあくまでも、前者の覇権的秩序によって支配されているグローバル核秩序に挑戦したり、抵抗してその現状の変革を求める現状変革志向勢力として、核ゲームを展開させる力学が作用する権力関係の世界なのだ。事実上、これまでの「核時代」では、両者は対等の立場で核ゲームを行うことができなかったが、2017年７月のTPNWの成立によって、それ以降は「第三次核時代」に移行したということができるように、これまでの「第一次・第二次核時代」とは異なる局面が転換することを可能にしたといってもよい。そのことは、もちろん現段階では依然として、両勢力は非対称的関係を形成しているものの、これから両者が対等な関係を構成しうる可能な段階への一歩を進めたということを意味する。その事態の推移のなかで、核戦争や核紛争、核拡散、核軍拡競争の危機がつねに存在する「核兵器が存在し、支配する世界」から、「核兵器のない世界」への転換に向って第一歩を進めていくことができたのである。核兵器の禁止を法的に規定したTPNWの成立はそのまま、核兵器の絶滅ではない以上、その目的を実現するための強力かつ適切な方策や政策、戦略、実践などの具体的かつ生産的な手を打ち出すことが要求されることはいうまでもない。「核のない世界」を実現するためにどのような手を打ち出すべきか、また可能かについて検討しなければならない。そのためにもまず、今日、グローバル核秩序の現状はどのような覇権的秩序が支配的であるかを具体的に明らかにしていかねばならない。

3　現状維持志向核秩序としてのNPT体制の現状と課題

今日、我われ人類は、1945年８月に広島・長崎の原爆投下後、「第一次核時代」に入ってから70年以上経っても、「核兵器のない世界」実現に向けての確実な動きをみつけることはできなかった。やっと2017年７月の核兵器禁止条約の成立によって、たしかに「核兵器のない世界」実現に向って可能性のある第一歩を進めることになった。TPNWの成立は実際に、あくまでも核兵器廃絶の単なる可能なチャンスを手に入れたにすぎないといったほうがいい。なぜならば、現実の世界にはそれとはまったく逆に、核戦争や核紛争、核拡散、核軍拡競争などといったさまざまな重大な核危機や問題が支配しており、事実上、「核兵器の存在する、また核戦争危機の存在する世界」に人類は生存している。戦後の「第一次核時代」を迎えると同時に、国際社会や各国、政策決定者、市民社会、一般大衆の多くは、核戦争（第三次世界大戦）の勃発の危機を回避するための、核兵器およびすべての大量破壊兵器の撤去（破棄）の試みを構築してきた。しかし、厳しい冷戦が展開するなかで、核兵器の破棄どころか、米ソの間で核軍拡競争がますます勢いをつけて激しくなった。核戦争の危機が低下するどころか、核戦争勃発は杞憂に終わらず、現実のものとなった。

50年代中葉から巨大な破壊力をもつ熱核兵器の拡大競争がますます激しいものとなっても、それらはそれぞれの国（米ソ）が相手にそれを使用して壊滅的な打撃を与える、つまり相手を攻撃（戦争）するためではなく、両者がそれぞれ核戦争を防ぐ、抑止するためとして、その限界のない核軍拡競争を正当化してきたのである。核戦争の勃発を防ぐのは、核兵器の廃棄ではなく、核兵器そのものを大量に保有することだとの核抑止論や戦略は、戦後の「第一次核時代」の出発時点での国際社会全体の支配的認識であった。一方で、「核兵器の存在」は「核戦争の不在」を意味し、両者は両立する関係にあるとみなされてきた。他方で、核戦争に反対する立場から、「核兵器の不在」は「核戦争の不在」という認識から、核戦争反対は同時に核兵器反対、つまり反戦・反核は一体の関係であり、そこには何ら矛盾は存在してはいない。当時の国際社会においては、「核兵器の不在」は本質的に、「核戦争の不在」を意味した。すなわち、「核兵器の存在」は事実上、「核戦争の存在」と同じことなのだ。したがって、人類は今、核兵器の廃絶か、核戦争の廃絶かを問われている危機状況に置かれている。この選択からのがれることはできない、といわれていた。その後、米ソ間の核軍拡競争が激化すると同時に、全面的核戦争の危機が大きく高まってくる局面が現われてくると、「核兵器の存在＝核戦争の不在」の論理が強調された。とりわけ、米ソの核兵器保有国やその同盟国においては、後者の論理がきわめて正しいものとして通用するようになってきたことは否定できない。もちろん、その一方で、前者の論理をあくまでも主張し、核兵器廃絶の世論や運動を高めていく勢力が存在していたし、また今日でも、あくまでも後者の論理に反対する勢力として存在していることも明らかである。

何がそうした論理のすり代えを可能にしたのであろうか。それが核抑止論・戦略である。先に述べてきたように、これは古くからの「核戦争を防ぐには、核戦争に備えよ」の命題にほかならない。核戦争を防ぐには、核兵器により抑止する以外ないという論法が、どれだけ正当なものかどうかに関係なく、当然のように通用してきた。そこからつねに核兵器の存在が必然のこととなり、それが抑止力となることで核戦争を防ぐことが可能となる。核兵器を所有しない限り、その国が戦争を防ぐことができずに、その安全と生存は保障できなくなってしまう。核兵器をただ保有するだけでは不十分で、いざとなればいつでもそれを使用することができる、という条件付きであることが核抑止論の本質である。もしそれを保有することで相手の行動を抑止することができない場合には、いつでも使用する意図をもっていることが必要条件である。単に核兵器をもつだけで相手を抑止することは実質的にできない。なぜならば、それを所有していても使用する意図がないことを相手が認識したら、恐れることなく逆に核兵器か通常兵器を使用することで、戦争をしかけてくることは容易に理解できよう。

事実、冷戦期においても、政策決定者や軍部、戦略研究者の間でも、核兵器を使用しないことを相手に示すことがその相手の行動を抑止できると考える集団と、反対に核兵器を使用する意図をもっていることを相手に示すことによって相手が脅威を感じてその行動を抑止することができると考える集団とで、戦略的な論争がまたは対立がつねにあった。もちろん、核兵器国は、相手国がまったく抵抗できないほどの圧倒的な巨大な力の差に脅威を抱いて、武力行使を断念させることがありうるが、それ以上に、前者に対して何らかの武力行使をとると核兵器が行使される可能性が高いことを相手国が懸念することで特別な行動をとらないといえよう。核保有国がつねに巨大な破壊力を所有しているからではない。結局、核抑止力で核戦争の危機を抑止することがあっても、核戦争を生起する可能性を抑止することはできない。もしそれが発生する可能性がないならば、そもそも核抑止論は本質的に、核戦争が生起しうる可能性を前提としており、また、核兵器が存在する限り、核戦争が生起しうる可能性があることも前提としている、という矛盾の論理であるといわなければならない。「核戦争を防ぐには、核戦争に備えよ」命題は実質的に、核兵器が核戦争を防ぐことができないとするならば、核戦争の抑止力を何に求めることができるだろうか。

そうした観点からすると、「核戦争を防ぐには、平和に備えよ」命題に基づく、非核抑止力に求められることができる。核抑止論を前提とする限り、相手を抑止するための核兵器が必要となり、とりわけ相互抑止のためには相互により大きな破壊力のある核兵器を求めることになり、永続的な軍拡競争が必然化する。核戦争を防ぐために核戦争を行うことができるより多くの、またより強力な核兵器を求める、という悪循環に陥ることになる。それをたち切ることができるのは、核兵器ではなく非核兵器（通常兵器ではない、非軍事力という意味）によって抑止する以外ない。「非核抑止力」は核兵器の全廃を意味する。核戦争の危機を防ぐには、「核抑止力」ではなく、「非核抑止力」しかない。すなわち、「核戦争を防ぐには、平和に備えよ」命題が通用しなければならない。そうしてみると、オバマ大統領のプラハ演説で、米国は「核兵器のない世界」の平和と安全を追求していくとの発言は、重要なものであることは認めることができるものの、その一方で、核兵器が存在する限り、米国はいかなる敵をも抑止できる安全・安心で効果的な核兵器保有を継続するという。またオバマ政権の2010年度「NPR」報告書では、「核兵器のない世界」の実現に向けて努力していくが、核兵器がなくなるまで核抑止政策を継続していくとうたっている。だが、核兵器の全廃を実現するため、核抑止政策を維持することは困難である。核戦争を防ぐため核抑止政策を維持する限り、核兵器もつねに維持しなければならず、核兵器の廃絶は永遠にむずかしくなる。核兵器を廃絶するためには、核抑止政策でなく、非核抑止政策をとる以外ない。核抑止力ではなく、非核抑止力が必要なのだ。

しかし、「はじめに」で述べたように、この非核抑止力が実際に、戦後の「第一次・第二次核時代」にも作用してきたのであり、これからはじめて求められるものではない。その非核抑止力は、グローバル核秩序が形成・展開・強化・変容する過程においても、一定のレベルで今日まで作用してきた。それを認めることができても、グローバル核秩序のなかでは事実上、米国中心の核兵器をめぐる覇権的秩序が支配的地位を占めており、反覇権的核秩序は従属的地位にある。米国中心の覇権的核支配秩序は具体的に、1970年のNPT体制（NPTは68年に成立）として構成された。この体制（秩序）の形成までは、冷戦の激化する過程と連動して米ソ間の核軍拡競争も激しさを加速させ、70年代に入る前後に核の手詰り状態も大幅に進み、米ソ間に事実上の相互確証破壊（MAD）関係が構成され、とりわけ米ソ間を中心とする垂直的核拡散はほぼ頂点に達しつつあった。その一方で、アイゼンハワー政権の原子力の平和的利用政策が打ち出されると、原子力発電が世界的レベルで展開されることになった。

その結果、非核兵器国が平和的核爆発の技術を利用したり、開発することが可能になるに伴って、水平的レベルでの核兵器拡散の可能性が出てくるようになった。ヨコの核兵器拡散の動向は、米国中心のグローバル核支配秩序にとって不安定な要素であり、その秩序の混乱状況を高めることになる。同時に、その動向は明らかに、五つの核保有国家の特権に挑戦することになる厄介な存在であった。非核兵器国のなかには、五つの核兵器国の核独占体制に不満をもっており、自国も当然、核兵器をもつことによって、核兵器集団の仲間入りをめざす国があっても不思議ではなかった。垂直的核拡散状態がほぼ極大化している米ソ核超大国にとっては、その緊張状態をNPT体制のヨコの核拡散の動向によってよりいっそう悪化することを回避し、また、両国の覇権的支配管理体制を維持したいという思惑からも、水平的拡散の問題はきわめて深刻な問題であった。そのことから、米ソの間では核軍拡競争では厳しい対立関係にありながらも、水平的レベルでの核不拡散問題については共通利益関係にあった。その意味で、NPT体制は、米国一極なり、米ソ二極の覇権的核支配秩序であるといってよい。あるいはまた、このNPT体制の形成は、戦後の「第一次核時代」においては、その初期の段階から模索されてきたさまざまな核軍備管理や核軍縮の試みはほぼ失敗したり、あるいは十分に有効な成果を収めることなく終っている、そうした結果を反映したものであるといってよい。NPT体制の成立は、とくに米ソ間の核軍拡競争をほとんどコントロールすることができなかったことと、ヨコの核拡散を防ぐことと結びつけて、ある一定レベルで両者の問題をともに解決していくとの試みにほかならない。両者の問題は無関係な別の世界領域の問題ではなく、両立しうる核軍縮の一方策である、と米ソの考え方が一致していた。だが、そのことは、米ソが実際に、対等な権力関係にあり、米ソ両国でさまざまな核問題を解決していく意図や姿勢をもっていた結果ではなく、米国にとってもっとも都合のよい米国中心の覇権的核支配秩序を維持したい、との考えからであった。

そうした米国中心の覇権的核支配秩序が形成されうる背景には、核戦争や核紛争、核拡散、核軍拡競争の危機に適切かつ確実に対応できる条件が、核抑止政策、核兵器の存在、核不拡散、核軍縮などの核支配秩序を構成する理念や物質的能力、制度である、とのコックスの主張するパラダイム[5)]が存在していた。この覇権的核支配秩序の形成過程には、二つの要因が大きくかかわってきた。M.ハンソンが強調するように、一つは、戦後の「第一次・第二次核時代」を通して、核兵器の正常化（常態化）が支配的な勢力として構造化されたことである。正常化とは、核兵器の保有がその保有者によって当然のこととして、またほとんど何ら問題なく保有されるようになった状態の形成として理解されうることといってよい。このことは、長期にわたって核兵器に対する信頼を育成し、また原子兵器の前例のない質をもっているものの、不可避的かつ必要な発展として人びとに提供していることも含むものだ。核兵器は実際には、その破壊能力と現実の軍事的有用性にとってかなり異常なものである。「核兵器のパラドクスはつねに、それが信頼と恐怖の二面性でみられている、ということだ。同時に、我われがその将来の本質的な決定要因として核兵器を信頼し、そしてまた、その兵器は脅威と死の生存感も含んでいる」。もちろん、核兵器の正常化という事態について問題や論争にならなかったということはできない。実際に、正常化は、核兵器が少なくとも核兵器国家にとって受け入れられ、また望まれるという信仰に基づいて、1945年以来核国家において無数の官僚の、また戦略的日常の実践のなかにみられている。核兵器の忘却という現象は、直接的な核危機に直面するまでみられる。概して、核兵器の正常性は、とりわけ著名な個人や市民社会集団によって批判や挑戦を受けてきているが、また、核兵器の使用に対する忌避や不使用の規範があっても、核兵器は核兵器国家の安全保障教義の中心的要素として受け入れられてきた[6)]。一般的には、核兵器国やその同盟国によって、核兵器の存在とその使用は「絶対悪」というよりも「必要悪」としてみなされ、通用するようになったのである。

そしてまた、グローバル覇権的核支配秩序形成過程で核兵器の正常化という要因と結びついて大きな影響力を及ぼしてきた要因は、N.リッチィが主張しているように、核兵器の物質的能力や制度、支配的理念が核秩序の歴史的構造を構成するが、それが特別な構造的効果を及ぼしてきたことである。それは次のような四つの理由から覇権的構造である。第１は、相対的安定的・覇権的形態のなかで70年にわたって展開してきた権力関係構造としての持続であり、第２は、それが、60年代のドイツと日本、90年代までの中国、そしてインドなどを例外として、世界の主要な国のほとんどからの広範囲な支持をえてきたことであり、３番目が、40年代初期から今日まで、一連のより広い覇権的構造のなかで世界の最も強大国として核秩序化することでの米国の中心的役割であり、第４は、核支配秩序が45年以後の資本主義国際自由主義秩序のより広がりをもつ覇権的構造にさまざまな方法において深く埋め込まれていることである。物質的能力や支配理念、制度から成るヘゲモニック構造は、寡頭核社会構造と秩序化のための米国の優越的な能力の両方を含んでいる。実際に、こうした不平等で、階層的な秩序は必ず、基本的な権力関係をかくす方法で、普遍的、正常な、また正当なものとして形成されている[7)]。そうした秩序の背後には表面化していなくても、権力関係が存在しており、それを支えており、また秩序の在り方を規定している。核秩序は事実上、核権力を反映するものであり、それは権力の核階層の解消ではなく、それを再生産する過程にほかならない[8)]。

そうした諸条件に基づいて形成された覇権的核支配秩序の象徴的な中核的地位を占めているのがNPT体制（秩序）である。その体制は1968年の核兵器不拡散条約（NPT）の成立に基礎を置いている。前でもみてきたように、この条約は、68年７月に、67年１月１日以前に核兵器および核爆発装置を製造および爆発させていたいわば核兵器国である米ソ英仏中の５か国と、それ以外の国を非核兵器国として位置づけた上で、５か国以上の新しい核兵器国を増やさないこと、つまり水平的レベルでの核の拡散を防止することを目的として、成立した条約である。この条約は、第１条で、核兵器国による核兵器移譲などの禁止、第２条で、非核兵器国による核兵器の受領・製造の禁止、第３条で、締約国である非核兵器国の国際原子力機関による保障措置受諾義務、などによって核兵器の水平的拡散防止を規定した。また、第６条で、一方で、条約交渉過程において非核兵器国が強調したものであるが、他方で、米ソの譲歩で挿入されたもので核兵器の垂直的拡散（軍拡）防止のための核兵器国による核軍縮交渉義務を規定した。さらに、第４条で、核兵器製造技術の潜在的拡散にもつながる原子力の平和利用、第５条で、平和的核爆原応用の非核兵器国による利益享受、などを規定している。NPTはタテマエとしては、非核兵器国側が核軍縮を求めなければ、核兵器国側は自ら核軍縮について誠実に交渉することを約束すると同時に、原子力の平和的利用を認めている。しかし、NPTのねらいは実質的には、五つの核兵器国以外の核兵器国の広がりを防ぐことにある。第６条の規定を詳しくみると、「各締約国は、核軍備競争の早期の停止および核軍備の縮小に関する効果的な措置につき、ならびに厳重かつ効果的な国際管理のもとにおける全面的かつ完全な軍備縮小に関する条約について、誠実に交渉を行うことを約束する」。この規定は、単に交渉を行うことを約束しただけの、いわばリップ・サービスにすぎない。NPTは本質的に五つの核兵器国が核兵器を独占するための条約で、核兵器を保有する権利についても、義務についても差別的で対等のものではなく、不平等条約であるとみてよい。

ハンソンが述べてるように、この不公正な核秩序を維持する理由は、５核兵器国が核軍縮に動くべきだという、NPT 第６条のなかに規定された法的必要条件にもかかわらず、それらの国ぐにの核兵器庫を保持することにそれらの国ぐにが固執することだった。それらの５つの国は第６条のもつ意義に気づいていながらも、あたかもそれらが無期限の事実として核兵器の所有を正当化している。そうした信念は英国の元首相である T. ブレアの発言にも現われている。NPT 自らの条文の表現によると、今日まで軍縮が行われねばならないと記載している。また、そのことはそれらの国ぐにとって、国連安保理の常任理事国としての資格や権威がそれらの核能力と融合されているようだ。それらの国は実に、核拡散が歓迎されないグローバル秩序において責任ある核プレイヤーとして自らを描いている[9)]。五つの核兵器国は、いくら自らが核軍縮を実現するために交渉義務をもつといっても、それが実際には非核兵器国に核をもたせないための便法にすぎないことは明らかである。それらの真の意図が表出するならば、非核兵器国に対する説得力をもつどころか、かえって抵抗を引き起こすだけで、水平的レベルでの核不拡散は一向に進むはずがない。本来、垂直的レベルの核不拡散と水平的レベルのそれは両立的関係にあるものだが、前者のレベルでの核不拡散（軍縮）が進展しない限り、後者のレベルでのその進展は困難となることはいうまでもない。後者の実現によって、前者の実現が可能となることではない。前者の軍縮へ向っての動きがあることで、後者の核不拡散がはじめて可能となる。そのことは実際に、NPT のなかで明確に規定されている。

そのことが何らの実現可能性がみられないのは、米ソ（ロ）英仏中の核兵器国の本意にあることは明らかである。95年開催の NPT 延長会議以前からも、それ以降も事実上、その５か国の動向には何らの変化もみられない。NPT は当初、無期限の条約として成立したため、条約発効から25年後に条約をそれまで通りに無期限なものにするか、あるいは一定期間延長するかを決めるための会議を開催することを第10条で規定している。それによって開催されたのが NPT 延長会議である。この会議で、今後５年ごとに NPT 再検討会議を開くことと、また、「核不拡散と核軍縮のための原則と目標」と「運用の再検討プロセスの強化」という二つの主題を採択した。その後の５年ごとに開かれた NPT 再検討会議の00年会議では「核兵器の全面廃絶に対する核兵器国の明確な約束」に言及する最終文書が採択されたものの、具体的な一歩を進めることなく、単なる約束のままで終っている。05年、10年、15年とおのおののNPT再検討会議でも、基本的には、保有核兵器の完全廃棄を達成するという核兵器国の明確な約束を再確認するのみで、具体的な実行の促進は何らみられない。核軍縮の具体的な行動はほとんどとられていないというのが実情である。

なぜそうなのであろうか。核兵器国は何を目的としてNPTを作ったのだろうか。それは実質的には、五つの核保有国がその特権をあくまで維持するための核管理体制の確立をはかるためである。そうした国だけで世界中の核兵器を独占することによって、その特権を維持することで、グローバル社会において自分たち中心の核の政治的・軍事的支配秩序を構築することである。その意味で、NPT体制は実質的に、現状維持志向核体制であり、また、そのNPT体制（サブ秩序といってもよい）を中核とするグローバル核支配的秩序も現状維持志向核支配秩序ということができる。また、ここで忘れてならないのが、そうしたNPT体制やグローバル核支配秩序を基本的に支えているものが、核兵器の存在と核抑止論にほかならない。

4　現状変革志向非核秩序としてのTPNW体制の成立

当然のことながら、2017年の「核兵器禁止条約（TPNW)」の成立の意義は何よりも、核兵器の存在や核抑止論、現状維持志向のNPT体制や核支配秩序などの合法性や正当性に対する批判であり、挑戦であり、あるいはまた否定である。なぜならば、核兵器が存在する限り、それをどのように合法化・正当化を試みたところで、核戦争や核紛争、核拡散、核軍拡競争の危機は克服することができず、人類の平和・安全保障を浸食し、また、不平等・不公正・不正義を拡大・強化し、究極的には人類世界の廃絶を可能にすることになる、と考えてよい。そのため、TPNWの成立は、そうした危機意識の現われであり、N.リッチィとK. E.イグランドが述べているように、核覇権や核階層、そしてまた、核兵器の存在や核抑止の実践、壊滅的核暴力のリスクを正当化し、また永続化する核コントロールの実践、などの諸側面への集団的抵抗の現われにほかならない[10)]。

そうしたTPNW体制とNPT体制との関係は基本的には、非対称的であり、また非両立的関係を構成しており、前者が後者にとって代わることは容易なことではないことは明らかだ。なぜならば、後者のNPT体制は本来的に、現状維持志向核体制（秩序）であり、自ら変革を求めたり、あるいはまた、前者のTPNW体制（秩序）の目的や存在意義を正確かつ好意的に理解できないし、また理解しようとしない。核兵器国はたしかに、TPNW（UN 禁止条約）が NPT の信頼性と権威にとって潜在的脅威であると強調しているが、その禁止条約交渉参加者はその相補性を主張する。禁止条約会議が成功するならば、相互に核不拡散と軍縮のための唯一の規範的枠組みであり、また多国間解決法として、NPT の軍縮会議を閉じることができるであろう。だが作業のために多国間組織を活性化することによってそうするであろう[11]。明らかに、今日では、TPNW 体制が成立したことが自動的に NPT 体制にとって代わることは容易ではない。そのためには、TPNW 体制自らが現状変革志向勢力としての存在意義と能力強化を積極的にはかっていくことが要求される。TPNW 体制参加者は、NPT 体制との相補性を求めるべきではない。TPNW がその相補性を求めていく限り、NPT 体制は実質的に、脆弱な存在となるどころか、維持・強化されることになり、何ら変わることはない。依然として、グローバル核支配秩序を構成し、それを支える中核的体制（秩序）としての役割を果たしていくことになろう。そして、核戦争や核紛争、核拡散、核軍拡競争の危機は低減されるどころか、より高まることになる。TPNW 体制と NPT 体制の相補性は本質的に成り立たない。なぜならば、TPNW 体制の目的は核兵器の存在および核抑止論の全面否定であり、また軍縮はより少ない核兵器の削減ではなく核兵器の全廃の実現である。その一方で、NPT 体制は本質的に、核兵器の存在および核抑止論の肯定であり、核軍縮はより少なく核兵器の削減を前提としている。したがって、TPNW 体制と NPT 体制の相補性関係は事実上、前者が後者に組み込まれ、その存在意義が失われることになる。

ハンソンがいっているように、「TPNW は、核兵器を非正当化し、非合法化し、そして最終的に放棄することを目的とする過程における法的処置である。この過程は人道主義を議論することになったばかりか、それはまた、国から市民社会から広範囲にわたる新しい声を聞くことを可能にしたのだ」。このことはきわめて重要なことである。なぜならば、既存の会議は国際システムにおいてきわめて小規模のまた中規模の国家や市民社会からのいかなる現実の挑戦を認めてこなかったからだ[12]。形成期の NPT 体制の在り方を決定したのが、事実上、少数の５か国が、またわずかな政策決定者や政治家、専門家、軍部であった。それはいわば少数の特権者が主人公であった。核問題についての狭い、閉鎖的な政策決定過程であればあるほど、その内容も特権的な国や一部の政策決定者の利益や価値、思考様式が反映されることになる。特権的主体（国）以外のほとんどの国ぐにや非国家主体、市民社会の考えや利益、要求は無視されることが常態化する。

そのため、前者に対する後者の影響はほとんど及ばなくなる。したがって、現状維持志向核支配秩序は自ら変革を志向しない限り、その秩序はより閉鎖的、固定的レベルを強めることになる。

その意味で、TPNW 体制（秩序）は、反 NPT 体制の勢力を結集して、現状変革志向勢力をグローバル化、普遍化、平常化、そして日常化を積極的に強化していくことが必要となる。その際、現状変革志向非核秩序（勢力）としての TPNW 体制は明らかに、現状維持志向核支配秩序としての NPT 体制に対して、全面的に批判・抵抗・挑戦・否定の姿勢をもって臨むべきだ。もし前者が単に、後者に相対的な影響力を及ぼすとか、それに相対的変化を求めるものである以上、後者の勢力を根本的に変革することはできない。そうであるならば、後者は解体されることなく、つねにその再生産が可能となる。それを防ぐには、NPT 現状維持志向核秩序を維持し、支えている基本的要件である、核兵器の存在と核抑止論を非合法化や非正当化すると同時に、核兵器廃絶への具体的な動向を担保する必要がある。換言するならば、「核戦争を防ぐには、核戦争に備えよ」命題から「核戦争を防ぐには、平和に備えよ」命題への変革が具体的に通用できるようにしなければならない。後者の命題は、核兵器の存在および核抑止力（論）に依存することなく、「核兵器のない世界」での平和・安全保障が実現することにほかならない。ここで、「核兵器の存在する世界」から「核兵器のない世界」への転換の実現の必要性と可能性の問題が解明されることが必要となる。そのためにも、「核ゼロ世界」の実現および「核抑止力」ではなく「非核抑止力」の存在と機能、その必要・可能条件の抽出が重要な課題となる。そもそも「非核抑止力」は、「第一次核時代」においてもすでに存在しており、「長い間の平和」を可能にしてきたことは、第２章でも論じてきた。「第三次核時代」においても、グローバル・レベルでの反戦・反核の世論や運動、国際レジュームの役割、人道主義、国際法、強力なタブーなどを中心に多種多様な「非核抑止力」が、TPNW 体制と結びついて、現代としての現状変革志向非核秩序を構成している。あるいは、グローバル非核ガバナンスといい換えることができる。TPNW 自体も中核的な「非核抑止力」にほかならない。

「核兵器の存在する世界」から「核兵器のない世界」への転換の試みは、TPNW 体制が形成される以前から軍縮のための本格的な運動として存在してきた[13)]。重要なものでも、1980年代前後のパルメ委員会として大きな役割を果たしてきた。この委員会は、「共通の安全保障」という、国際安全保障の新しい概念的枠組みを創出し、また、東西軍備管理交渉を通して核軍備競争を逆転させるための戦略を提供した。実に、このパルメ委員会の「共通安全保障」報告書は、M.ゴルバチョフの「新思考外交」に重大な影響力を及ぼした。また、キャンベラ委員会は、1996年にINF条約やSTARTⅠ・Ⅱ、包括的実験禁止条約（CTBT）などが成立し、核軍備削減のための前例のないチャンスが存在していた時に、核兵器の危険性をいかに終了させるかについての最も権威的で詳細な報告書を出している。オーストラリア首相のK.キースと外務大臣のG.エバンズは、核兵器をゼロにまで削減する見通しを検討するための独立の国際委員会を設けた。この委員会は、核弾頭を運搬手段から取除くことや核実験を終了させること、最初の核兵器不使用政策を確立すること、核関連物質の生産を中止すること、などの提案を出している。さらに、キャンベラ委員会の影響するなかで、ブラジルやエジプトをはじめとする8か国が、軍縮へより大きく進展させるための新アジェンダ連合を形成している。そしてそれらの国ぐには、2000年NPT再検討会議において、核兵器の全廃に向けての具体的な段取りを要求することで、中心的役割を果たした。

そういった核軍縮をめぐる運動や活動の上に、TPNW成立が可能となったのである。TPNWの成立は、核兵器の全廃を反対し、批判し、否定して、その実現を阻止するNPT体制への挑戦である。NPT体制こそ、それに内在している矛盾や不平等、不公正をより永続化させている以上、その核支配秩序と、またその核支配の中核的政治的・軍事的・社会的制度の合法性・正当性に挑戦する必要性がある。まさにTPNW成立は、核兵器廃絶の必要性と可能性に反対し、否定するNPT体制の維持、存続、強化をめざす動きや勢力を抑止して、「核兵器のない世界」を実現する必要・可能条件の抽出していく作業の現われにほかならない。

吉田文彦がいうように、今日の核兵器をめぐるグローバル秩序は激変期を迎えている。グローバル・レベルでも、地域レベルでも、また二国間レベルでも、核の存在が分断線を色濃くしている。その一方で、核兵器の持てる者と持たざる者の間の「垂直冷戦」というべき事態が形成されつつある。それは、北半球と南半球の「垂直冷戦」である[14)]。いわば核兵器をめぐる南北問題の形成は、グローバル核支配秩序の維持と変革をめぐって弁証法的に展開している時代にあることを象徴的に示している。このグローバル核危機状況において、TPNWを中核とする現状変革志向非核秩序勢力の強化が重要なカギを握っている。それだけにグローバル現状維持志向の核支配秩序を変革して、核兵器全廃実現を可能にする、必要・可能条件を抽出することができるかが最重要な課題となる。核兵器が存在する世界では、核抑止機能が作用するかしないかに関係なく、偶発・誤解・狂気、不確実性などによって核戦争（原発事故も含め）が起こりうるばかりか、通常兵器による戦争や小規模の武力紛争から核戦争が発生しうることも否定できない。とくに非核戦争でなくても一般的な戦争や軍事行動が核戦争にエスカレートする可能性はつねに存在している。そのために、我われは明らかに、核戦争や核紛争、核拡散、核軍拡競争の危機のみならず、一般的な戦争、武力紛争、非核兵器拡散、そして非核軍備拡大競争の危機の克服にも注視しなければならない。

１）冨田宏治『2017年７月７日国連会議で採択　核兵器禁止条約の意義と課題』かもがわ出版、2017年、21頁。

２）星野昭吉『グローバル時代の平和学―「現状維持志向平和学」から「現状変革志向平和学」へ―』同文舘出版、2005年。

３）Ritchie, Nick, “A hegemonic nuclear order：Understanding the Ban Treaty and the power politics of nuclear weapons,” *Contemporary Security Policy*, Vol. 40, No. 4（2019）, p. 427.

４）*Ibid.*, p. 427.

５）See Cox, Robert, “Social Forces, States and World Orders：Beyond International Studies,” *Millennium：Journal of International Studies*, Vol.10, No,2（1981）, pp.126－55.

６）Hanson, Marianne, “Normalizing zero nuclear weapons：The humanitarian road to the Prohibition Treaty,” *Contemporary Security Policy*, Vol. 39, No. 3（2018）, pp. 466－67.

７）Ritchie, Nick, *op. cit.*, pp. 423－24.

８）See Ritchie, Nich and K. Egeland, “ The diplomacy of resistance：Power, hegemony and nuclear armament, ” *Global Change Peace and Security,* Vol., 30, No.2（2018）, pp.121－41.

９）Hanson, Marianne, *op. cit.*, pp. 474－75.

10）Ritchie, Nick and K. Egeland, *op.cit.*, p. 123.

11）Thakur, Ramesh, “Nuclear Turbulence in the Age of Trump,” *Diplomacy & Statecraft*, Vol. 29, No. 1（2018）, p. 123.

12）Hanson, Marianne, *op. cit.*, p. 451.

13）See Cortright, David, *Peace：A History of Movements and Ideas*（Cambridge：Cambridge University Press, 2008）, pp. 321－33.

14）吉田文彦「核の『水平冷戦』と『垂直冷戦』―INF 条約消滅が促す軍拡・軍縮新時代―」（『世界』no. 916、2019年１月号）195－204頁参照。

主要引用参考文献

【和文文献】
A.ラパポート／関寛治編訳、『現代の戦争と平和の理論』岩波書店、1969年。
秋山信将編『NPT―核のグローバル・ガバナンス―』岩波書店、2015年。
秋山信将・高橋杉雄編『「核の忘却」の終わり―核兵器復権の時代―』勁草書房、2019年。
朝日新聞大阪本社「核」取材班『核兵器廃絶の道』朝日新聞社、1995年。
アラン・M.ディン／ジャック・ディージ（杉江栄一・中須賀徳行訳／新村猛監修）、水曜社、1988年。
池上雅子「核兵器廃絶への課題―『核帝国主義の超克』―」（『世界』2016年８月号）126－44ページ。
石川卓「核と安全保障」（防衛大学安全保障学研究会編・武田康裕＋神谷万丈編集『安全保障学入門』新訂第５版　亜紀書房、2018年。
井出洋『核軍縮交渉史』新日本出版社、1989年。
ウイリアム・H.マクニール／高橋均訳『戦争の世界史―技術と軍隊と社会―』中央公論社、2014年。
ウィリアム・マーレー、マクレガー・ノックス、アルヴィ・バーンスタイン編／石津朋之・永末聡監訳、歴史と戦争研究会訳『戦略の形成―支配者・国家・戦争―』上・下、筑摩書房、2019年。
植木千可子『平和のための戦争論―集団的自衛権は何をもたらすのか？―』筑摩書房、2015年。
エリノア・スローン／奥山真司・平山茂敏訳『現代の軍事戦略入門―陸海空からPKO、サイバー、核、宇宙まで―』｛増補新版｝芙蓉書房出帆、2019年。
大久保賢一『「核の時代」と憲法９条』日本評論社、2019年。
岡井敏『核兵器は禁止に追い込める―米英密約「原爆は日本人に使う」をバネにして―』社会評論社、2016年。
岡倉古志郎『非同盟運動』＜科学全書24＞、大月書店。
オルドリッジ、R. C.／服部学訳『核先制攻撃症候群―ミサイル設計技師の告発―』岩波書店、1978年。
カール・フォン・クラウゼヴィッツ／篠田秀雄訳『戦争論』上・中・下、岩波書店、1968年。
加藤朗『入門・リアリズム平和学』勁草書房、2009年。

加藤朗・長尾雄一郎・吉崎和典・道下徳也『戦争—その展開と抑制—』勁草書房、1997年
金沢工業大学国際学研究所編『核兵器と国際関係』内外出版、2006年。
川崎哲『核拡散—軍拡の風は起こせるか—』岩波書店、2003年。
川崎哲『核兵器はなくせる』岩波書店、2018年。
川田侃・大畠秀樹編『国際政治経済辞典』改訂版、東京書籍、2003年。
川名英之『核の時代』緑風出版、2015年。
菅英輝編『冷戦史の再検討—変容する秩序と冷戦の終焉—』法政大学出版局、2010年。
木村朗＋高橋博子編『核の戦後史—Q&Aで学ぶ原爆・原発・被ばくの真実—』創元社、2016年。
ギュンター・アンダース／青木隆嘉訳『核の脅威—原子力時代についての徹底的考察—』法政大学出版局、2016年。
黒沢満『核軍縮と国際平和』有斐閣、1999年。
斉藤道雄『原爆神話の50年—すれ違う日本とアメリカ—』中央公論社、1995年。
坂本義和『新版　軍縮の政治学』岩波書店、1988年。
坂本義和編『核と対決する世紀』(核と人間Ⅰ・Ⅱ)、岩波書店、1899年。
ジェームズ・キャロル／大沼安史訳『戦争の家』上・下、緑風出版、2009年。
ジョセフ・ナイ／土山實男訳『核戦略と倫理』同文館出版、1988年。
ジョージ・F.ケナン／佐々木担・佐々木文子訳『核の迷妄』社会思想社、1984年。
ジョナサン・シェル／斎田一路・西俣総平訳『地球の運命』朝日新聞社、1982年。
ジョン・ハケット／青木栄一訳『第三次世界大戦』講談社、1984年。
ジョン・ルイス／ギャネット／赤木莞爾・斎藤祐介訳『歴史としての冷戦—力と平和の追求—』慶応義塾大学出版会、2004年。
杉江栄一『軍縮と平和の論理』法律文化社、1986年。
杉田弘毅『検証　非核の選択』岩波書店、2005年。
鈴木一人編『技術・環境・エネルギーの連動リスク』〈シリーズ日本の安全保障7〉岩波書店、2015年。
スウェーデン王立科学アカデミー編／高榎尭訳『1985年6月世界核戦争が起こったら—人類と地球の運命—』岩波書店、1983年。
セーガン、C.／野本陽代訳『核の冬—第三次世界大戦後の世界—』岩波書店、1985年。
大量破壊兵器委員会、西原正日本語版監修、川崎哲・森下麻衣子・メレディス・

ジョイス訳『大量破壊兵器―廃絶のための60の提言―』岩波書店、2007年。
高榎堯『現代の核兵器』岩波書店、1982年。
田代明『現地ルポ　核超大国を歩く―アメリカ、ロシア、旧ソ連―』岩波書店、2003年。
チャード・ローズ／神沼二真・渋谷泰一訳『原子爆弾の誕生』上・下、紀伊国屋書店、1995年。
特定非営利活動法人ピースデポ編『イアブック「核軍縮／平和2017」―市民と自治体のために―』緑風出版、2017年。
特定非営利活動法人ピースデポ編『イアブック「核軍縮／平和2018」―市民と自治体のために―』緑風出版、2018年。
トーマス・シェリング／斉藤剛訳『軍備と影響力―核兵器と駆け引きの論理―』勁草書房、2018年。
冨田宏治『2017年７月７日　国連会議で採択　核兵器禁止条約の意義と課題』かもがわ出版、2017年。
豊田利幸『新・核戦略批判』岩波書店、1983年。
トンプソン・E. P.／D. スミス編、丸山幹正訳『世界の反核理論』勁草書房、1983年。
中川八洋『核軍縮と平和』中央公論社、1986年。
日本国際政治学会編『「核」とアメリカの平和』＜国際政治163号＞有斐閣、2011年。
ピエール・ルルーシュ／三保元［監訳］,『新世界秩序』NHK 出版、1994年。
非核の政府を求める会編『核抑止か核廃絶か』大月書店、1988年。
福井康人『軍縮国際法の強化』信山社、2015年。
広島市立大学・広島平和研究所監修／吉川元・水本和実編『なぜ核はなくならないのかII―「核なき世界」への視座と展望―』法律文化社、2016年。
広島平和研究所編『21世紀の軍縮―広島からの発信―』法律文化社、2002年。
米国技術評価局編、西沢信正・高木任三郎訳『米ソ戦争が起こったら―上院へのレポート―』岩波書店、1981年。
ヘンリー・キッシンジャー／伏見威蕃訳『国際秩序』日本経済出版社、2016年。
星野昭吉『グローバル社会の平和学―「現状維持志向平和学」から「現状変革志向平和学」へ―』同文舘出版、2003年。
星野昭吉『戦後の「平和国家」日本の理念と現実』同文舘出版、2017年。
星野昭吉『変態するグローバル危機（リスク）社会と現状変革志向ガバナンス』

文眞堂、2018年。
ポール・ロジャーズ／岡本三夫訳『暴走するアメリカの世紀』法律文化社、2003年。
マクナマラ、R.／藤本直訳『世界核戦略論』PHP研究所、1988年。
水元和美「日本の非核・核軍縮政策」(広島平和研究所『21世紀の核軍縮』2002年。
モートン・H.ハルパリン／岡崎維徳訳『アメリカ新核戦略―ポスト冷戦時代の核理論―』筑摩書房、1989年。
矢野義昭「世界が隠蔽した日本の核実験の成功―核所有こそ安価で確実な抑止力―」勉誠出版、2019年。
柳沢協二・道下徳成・小川伸一・植木（川勝）千可子・山口昇・加藤朗・広瀬佳一『抑止を問う―元政府高官と防衛スペシャリスト達の対話―』かもがわ出版、2010年。
山田浩・吉川元編『なぜ核はなくならないのか』法律文化社、2000年。
山田浩『現代アメリカの軍事戦略と日本』法律文化社、2002年。
湯川秀樹・朝永振一郎・坂田昌一編『核時代を超える―平和の創造をめざして―』岩波書店、1968年。
吉田文彦「核の『水平冷戦』と『垂直冷戦』」(『世界』no.916、2019年1月号)195－204頁。
ラルフ・E.ラップ／西脇安・田中源一／由谷聡致訳『原子力と人類―分裂した原子力と分裂した世界の物語―』東洋経済新報社、1959年。
ラルフ・E.ラップ／八木勇訳『核戦争になれば』岩波書店、1963年。
レイモン・アロン／佐藤毅夫・中村玉雄訳『戦争を考える―クラウゼヴィッツと現代の戦略―』政治広報センター、1978年。
ロバート・D.グリーン／梅村宏道・阿部純子訳『検証「核抑止論」―現代の「裸の王様」―』高文研、2000年。
ローレンス・フリードマン／貫井桂子訳『戦略の世界史―戦争・政治・ビジネス―』上・下、日本経済新聞出版社、2018年。

【欧文文献】

Allan,Bentley B.,“ Second Only to Nuclear War：Science and the Making of Exisitential Threat in Global Climate Governance,” *International Studies Quarterly,* Vol.61 (2017),pp.809－20.
Armstrong,David, Theo Farrell and Bice Maiguashca,eds.,*Force and Legitimacy*

in World Politics (Cambridge：Cambridge University Press,2005).

Art,Robert J.,Kenneth N.Waltz,eds.,*Military and International Politics：The Use of Force* (New York：Lanham,1993).

Australian Government,*Report of Canberra：Commission on the elimination of nuclear weapons* (Canberra：Department of Foreign and Trade,1996).

Baylis,John,James J.Wirtz,Colin S.Gray,eds.,*Strategy in the Contemporary World*, 3rd ed (Oxford：Oxford University Press,2010).

Beilenson,Laurence W., *Survival and Peace in the Nuclear Age* (Chicago：Regnery/Gateway,1980).

Bellamy,Alex J.,*War：Critical Concepts in Political Science* (London：Routledge,2009).

Betts,Richard K.,"From Cold War to Hot Peace：The Habit of American Force," *Political Science Quarterly*, Vol.127, No.3 (2012),pp.353－68.

Binnedijk,Hans and David Gompert, "Decisive Response：A Nuclear Strategy for NATO,"Survival,Vol.61,No,5 (2019),pp. 113－28.

Boder,Ingvildd and Henderik Hueless, "Autonomous weapons and changing norms in international relations," *Review of International Studies,* Vol.44,part3 (2018),pp.393－413.

Booth,Ken and Toni Erskine,eds., *International Relations Today*,2nd ed (Cambridge：Cambridge University Press, 2016).

Bowen,Wyn Q.,"Deterrence and Asymmetetry：Non-State Actors and Mass Causality Terrorism," *Contemporary Security Policy*, Vol.25,No.1 (2004),pp.54－70.

Brecher,Irving,"In Defence of preventive war：Canadian's perspective,"*International Journal*,Summer 2003,pp.253－80.

Brodie,Bernard,ed.,*The Absolute Weapon：Atomic power,and world order* (New York：Harcourt,Brace and Company,1946),

Brodie,Bernard,*Strategy in the Missile Age* (Princeton：Princeton University Press,1959).

Chin,Warren, "Technology,war and the state：past,present and future," *Internatioal Affairs*,Vol.95,No.3 (2019),pp.61－109.

Chilton,Kevin and Greg Weaver, "Waging Deterrence in the Twenty-First Centuries," *Strategic Studies Quarterly* (2009), pp.1131－42.

Chandler,David,"War Without End (s) : Grounding the Discourse of 'Global War' ," *Security Dialogue*,Vol.40,No.3 (2009), pp.243－62.

Cooper,N.,"Putting disarmament back in the frame," *Review of International Studies*,Vol.32 (2006),pp.353－76.

Cortright,David,*Peace : A History of Movements and Ideas* (Cambridge : Cambridge Univrsity Press,2008).

Cox,Robert,"Social Forces,State and World Orders : Beyond International Studies," *Millennium : Journal of International Studies*, Vol.10, No.2 (1981),pp.126－55.

Craig,Campbell,"When the whip comes down : Marxism,the Soviet experience,and the Nuclear Revolution,"*European Journal of International Security*,Vol.2,part2 (2017), pp.223－39.

Cunningham,Fiona S,and M.Taylor Fravel," Dangerous Confidence? : Chinese Views on Nuclear Escalation," *International Security*,Vol,42,No.3 (2019),pp.61－109.

Da,Alice D. and Matthew J,Hoffmann,ed.,*Contending Perspectives on Global Governance,Contestation and world order* (London : Routledge,205).

Dombrowski, Peter and Simon Reich,"Does Donald Trump have a grand strategy?," *International Affairs*,Vol.93,No.5 (2017), pp.1013－1037.

Doyle,James E.,*Renewing America's Nuclear Arsenal : Options for the 21st Century.*

Falk,Richard and Ri Lifton,*Indefensible weapons : The political and psychological case against nuclearism*,2nd ed (New York : Basic Books,1991).

Farrell, Theo,"Nuclear non-use : constructing a Cold War history,"*Review of International Studies*,Vol.36 (2010), pp.819－29.

Fihn.Beatrice,"The Logic of Banning Nuclear Weapons,"*Survival*,Vol.59,No.1 (2017),pp.43－50.

Freedman,Lawrence,*The Evolution of Nuclear Strategy* (New York : Palgrave Macmillan,2003).

Freedman,Lawrence,*Deterrence* (Cmbridge : Polity,2004).

Fuhrmann,Matthew, "On Extended Nuclear Deterrence,"*Diplomacy and Statecraft*, Vol.29,No.1 (2018),pp.51－73.

Gavin,F.,"Strategies of inhibition : U.S.grand strategy,the nuclear revolution and non proliferation," *International Security*,Vol.40,No.1 (2015),9－46.

Geller,Daniel S.,"Nuclear Weapons,Deterrence and Crisis Escalation,"*The Journal of Conflict Resolution*,Vol.34,No.2 (1990),pp.291－350.

Gill,Stephen,*Power and resistance in the new world order* (London : Palgrave,2003).

Gompert,David C.and Martin Libicki,"Cyber War and Nuclear Peace,"*Survival*, Vol.61,No.4 (2019),pp.45－62.

Gray,Colin S. and Keith Payne,"Victory is Possible,"*Foreign Policy*,Vol.39 (1989), pp.14－27.

Gray,Colin S.,*The Second Nuclear Age* (Boulder : Lynne Rienner,1999).

Hanson,Marianne,"Normalizing zero nuclear weapons : The Humanitarian road to the Prohibition Theory," *Contemporary Security Policy*,Vol.39,No.3 (2019),pp.464－86.

Harrington de Santana A.,"The Strategy of non-proliferation : Maintaining the credibility of an incredible pledge to disarm," *Millennium : Journal of International Studies*, Vol.40 (2011),pp. 3－19.

Held,David and Anthony McGrew,eds., *Globalization Theory : Approaches and Controversies* (Cambridges : Polity,2007).

Held,David and Pietro Maffettone,eds.,*Global Political Theory* (Cambridge : Polity,2007).

Heuser,Beatric,*Nuclear Mentalities? : Strategies and Beliefs in Britain, France and the FRG* (Basing Stoke : MaCmillan Press,1998).

Hobden,Stephen and John M.Hobden, eds.,*Historical Sociology of International Relations* (Cambridge : Cambridge University Press, 2002).

Howlett,Darryl,"The Emergence of Stability : Deterrence-in-Motion and Deterrence Reconstructed," *Contemporary Security Policy*, Vol.25,No.1 (2004),pp.18－36.

Inglehart,Ronald F.,Bi Puranen,Christian Welzel,"Declining willingness to fight for one's country : The individual-level basis of the long peace," *Journal of Peace Research*, Vol.52,No.4 (2015) pp.418－34.

Internal Panel on Fissile Materials,*Reducing and Eliminating Nuclear Weapons : Countries Perspectives on the Challengers to Nuclear Disarmament* (Princeton : Report for Princeton University,2010).

Jervis,Robert,"The Future of World Politics : Will it Resemble the Past?" *International Security*,Vol.16,No.3 (1991), pp.37－73.

Jervis,Robert,*The Illogical of American Nuclear Strategy* (Ithaca, New York : Cornell University Press1984).

Kahn,Herman,*On thermonnulear war* (Princeton,Princeton University Press, 1960).

Kahn,Herman,*On Escalation : Metaphors and Scenarios* (New York : Frederick A.Praeger, 1965).

Katzenstein,Peter J.,"Protean Power and Uncertainty : Exploring the Unexpected in World Politics,"Vol.62 (2018),pp.80－93.

Kaufman,Scott,"Project Plowshare versus Non-Proliferation of Nuclear Weapons Theory,"Dipromacy & Statecraft,Vol.29, No.1 (2018),pp.74－93.

Kesssler,Oliver,"Practices and the Problem of World Society,"*Millennium : Journal of International Studies*,Vol.44, No.2 (2016),pp.269－77.

Knopt,Jeffrey W.,"After diffuson : Challenges the enforcing nonproliferation and disarmament norms," *Contemporary Security Policy*,Vol.39, No.3 (2018),pp.367－98.

Kriesberg,Louis,*Realizing Peace : A Constructive Conflict Approach* (Oxford : Oxford University Press,2015).

Kugler,Jacek,"Terror Without Deterrence : Reassessing the Role of Nuclear Weapons," *The Journal of Conflict Resolution*,Vol.28,No.3 (1984),470－506.

Larsen,Jeffrey and Kerry Karchner,eds.,*On Limited Nuclear War in the 21st Century* (Stanford : Stanford University Press, 2014).

Laurence W. Beilenson, *Survival and Peace in the Nuclear Age* (Chicago : Regnery/Gateway,1980).

Lee,Steven P.,*Morality,Prudence and Nuclear Weapons* (New York : Cambridge University Press,1996).

Lerner,Max,*The Age of Overkill : A Preface to World Politics* (New York : Simon and Schuster,1962).

Lifton,Robert Jay and Richard Falk, *Indefensible Weapons : ThePolitical and Psychological Case Against Nuclearism* (New York : Basic Books,1982).

Lupovici,Amir,"Toward a Securitarization Theory of Deterrence : Theory Note," *International Studies Quarterly*,Vol.63 (2019),pp.177－86.

Maas,Matthijs,"How viable is international arms control for military artificial intelligence?：Three lessons from nuclear weapons," *Contemporary Security Policy*,Vol.4,No.3 (2019).pp. 285-311.

Mazarr,Michael J.,*Nuclear Weapons in a Transformed World* (New York：St.Martin's Press,1997).McCrmack,Tara,*Critique, Security and Power：Political Limits to empancipatory Approaches* (London：Routledge,2010).

Meijer,Hugo and Marco Wyss,"Upside down：Reframing European Defence Studies," *Cooperation and Conflict*,Vol.54,No.3 (2019),pp.378－406.

Miller,Steven E.,ed.,*Strategy and Deterrence：An International Reader* (Princeton：Princeton University Press, 1984).

Monteiro,Nuno P. and Alexander Debs, "The Strategic Logic of Nuclear Proliferation," *International Security,* Vol.39,No.2 (2014),pp.7－51.

Morgan,Patrick,*Deterrence Now* (Cambridge：Cambridge University Press,2003).

Mueller,John,"The Obolescence of War in the Modern Industrialized World," *International Security*,Vol.13,No.2, (1988).

Nash,Henry T.,*Nuclear Weapons and International Behavior* (Leyden：A.W. Sijthoff,1975).

Newhouse,John,*War and Peace jn the Nuclear Age* (New York：Alfred A.Knopt, 1989).

Owens,Patricia,"Human Security and the rise of the social," *Review of International Security*,Vol.38 (2012),pp. 547－67.

Payne,Keith D.,*Deterrence in the Second Nuclear Age* (Lexington：The University Press of Kentucky,1996).

Payne,Keith D.,*The Fallacies of Cold War Deterrence and a New Direction* (Lexington：The University of Kentucky, 2001).

Paul,T.V.,Richard J.Harknett and James J.wirtz,eds.,*The Absolute Weapon Revisited：Nuclear Arms and the Emerging International Order* (Michigan：University of Michigan Press,2000).

Pogany, Istvan, ed., *Nuclear Weapons and International Law* (Aldershot：Avebury, 1987).

Potter,William,"Disarmament Diplomacy and the Nuclear Ban Treaty," *Survival*,Vol.59,No.4 (2017),pp.75－105

Rhodes,Richard,*The Making of the Atomic Bomb* (London : Penguin Books,1985).

Ritchie,Nick,"Valuing and devaluing nuclear weapons,"*Contemporary Security Policy*,Vol.34 (2013),pp.146－73.

Ritchie,Nick,"A Hegemonic nuclear order : Understanding the Ban Treaty and the power politics of nuclear weapons," *Contemporary Security Policy*,Vol.40 (2019),pp.409－34.

Rothgeb,John M.,Jr.,*Defining Power : Influence and Force in the Contemporary International System* (New York : St. Mertin's Press,1993).

Rublee,Maria Rost and Avner Cohen," Nuclear norms in global governance : A progressive research agenda," *Contemporary Security Policy*,Vol.39,No.3 (2018),pp.317－40.

Sheehan,Michael,"The changing character of war,"in Baylis, John,Steve Smith, Patrocia Owens,eds.,*The Globalization of World Politics : Introduction to International Relations* ,6th ed (Oxford: Oxford University Press,2014),pp.215－28.

Shue,Henry,ed.,*Nuclear Deterrence and Moral Restraint* (New York : Cambridge University Press,1989).

SIPRI,*SIPRI Yearbook 2019 : Armament, Disarmament and International Security* (Oxford : Oxford University Press,2019).

Tannenwald,Nina,"Stigmatizing the Bomb : Origins of the Nuclear Taboo," *International Security*,Vol.29,No.4 (2005),pp.5－49.

Tannenwald,Nina,*The Nuclear Taboo : The United States and the Normative Basis of Nuclear Non-Use* (Cambridge : Cambridge University,2007).

Thakur,Ramesh,"Envisioning Nuclear Futures,"*Security Dialogue*,Vol.31,No.1 (2000),pp.25－40.

Thakur,Ramesh,"Nuclear Turbulence in the age of Trump,"*Diplomacy & Statecraft,* Vol. 29,No.1 (2018),pp.105－28.

Verdier,Daniel,"Multilatralism, Bilateralism, and Exclusion in the Nuclear Proliferation Regime," *Internatioal Organization,* Vol.62,Summer 2008,pp.439－76.

Walker,William,*A Perpetual Menace : Nuclear Weapons and International Order* (Oxon : Routledge,2012).

Walker, William, “International Affairs and the ‘nuclear age’,” *International Affairs*, Vol. 90, No. 1 (2014), pp. 107 − 23.

Wilkening,Dean,“Hypersonic Weapons and Strategic Stability,” *Survival*,Vol.61, No.5 (2019),pp.129 − 48.

Williams,Paul P. and Matt McDonald,eds., *Security Studies：An Introduction*,3rd ed (London：Routlege,2018).

Younger,Stephen M.,*The Bomb：A New Histoy* (NewYork：Ecco,2010).

Zaukerman,Edward,*The Day AfterWorld War III：The U.S.Government's Plans for Surviving a Nuclear War* (New York：Viking Press,1984).

Ziegler,David W.,*War,Peace, and International Politics*,3rd ed (Boston：Little,Brown,1984).

Zwigenberg,Ron,*Hiroshima：The Origins of Global Memory Culture* (Cambridge：Cambridge University Press,2014).

筆者紹介

星野昭吉（ほしの あきよし）

現在：獨協大学名誉教授
北京師範大学客員教授・北京大学客員教授・南開大学客員教授ほか
経歴：東京大学大学院社会学研究科国際関係論博士課程を経て、津田塾大学、亜細亜大学、獨協大学で、国際政治学、政治学、平和学などを担当。

〈主要著書〉

『変態するグローバル危機（リスク）社会と現状変革志向ガバナンス』（文眞堂、2018年）
『戦後の「平和国家」日本の理念と現実』（同文館出版、2017年）
『グローバル危機の構造とガバナンスの展開』（亜細亜大学購買部ブックセンター、2014年）
『グローバル政治の形成・展開・変容・変革』（テイハン、2013年）
『世界政治の構造と弁証法』（テイハン、2010年）
『世界政治の弁証法』（亜細亜大学購買部ブックセンター、2009年）
『世界政治と地球公共財』（同文館出版、2008年）
『世界政治の理論と現実』（亜細亜大学購買部ブックセンター、2006年）
『グローバル社会の平和学』（同文館出版、2005年）
『*Deconstruction of International Politics and Reconstruction of World Politics*』（テイハン、2003年）
『世界政治の原理と構造』（同文館出版、2002年）
『世界政治における行動主体と構造』（アジア書房、2001年）

「核時代」における戦争と平和の枠組み
―「核兵器のある世界」から「核兵器のない世界」へ―

2021年４月14日　初版第１刷印刷　定価：2,970円（本体価：2,700円）
2021年４月26日　初版第１刷発行

不許複製

著　者　星　野　昭　吉
発行者　坂　巻　　　徹

発行所　東京都文京区本郷５丁目11-3　株式会社 テイハン
電話 03(3811)5312 FAX03(3811)5545/〒113-0033
ホームページアドレス http://www.teihan.co.jp

〈検印省略〉

印刷／広研印刷株式会社
ISBN978-4-86096-130-5